Hildi Keel-Leu Vorderasiatische Stempelsiegel

ORBIS BIBLICUS ET ORIENTALIS

Im Auftrag des Biblischen Instituts
der Universität Freiburg Schweiz,
des Seminars für Biblische Zeitgeschichte
der Universität Münster i. W.
und der Schweizerischen Gesellschaft
für orientalische Altertumswissenschaft
herausgegeben von
Othmar Keel
unter Mitarbeit von Erich Zenger und Albert de Pury

Zur Autorin:

Hildi Keel-Leu (1937) studierte moderne Sprachen in Freiburg i.Ue. und in Paris. Sie arbeitete sich teils durch Vorlesungen und Übungen (Bern), teils durch Selbststudium in die altorientalische Glyptik ein. Freie Mitarbeiterin am Biblischen Institut der Universität Freiburg i.Ue.

Orbis Biblicus et Orientalis 110

Hildi Keel-Leu

Vorderasiatische Stempelsiegel

Die Sammlung des Biblischen Instituts der Universität Freiburg Schweiz

mit einem Beitrag von Othmar Keel

Universitätsverlag Freiburg Schweiz
Vandenhoeck & Ruprecht Göttingen

Die Deutsche Bibliothek – CIP-Einheitsaufnahme

Keel-Leu, Hildi:
Vorderasiatische Stempelsiegel: die Sammlung des Biblischen Instituts der Universität Freiburg, Schweiz / Hildi Keel-Leu. – Freiburg, Schweiz: Univ.-Verl.; Göttingen: Vandenhoeck und Ruprecht, 1991
(Orbis biblicus et orientalis; 110)
ISBN 3-525-53743-3 (Vandenhoeck und Ruprecht)
ISBN 3-7278-0785-7 (Univ.-Verl.)
NE: GT

Veröffentlicht mit Unterstützung des Hochschulrats der Universität Freiburg Schweiz und der Schweizerischen Akademie der Geisteswissenschaften

Die Druckvorlagen wurden von der Herausgeberin als reprofertige Dokumente zur Verfügung gestellt

ISBN 3-7278-0785-7 (Universitätsverlag)
ISBN 3-525-53743-3 (Vandenhoeck & Ruprecht)

Inhaltsverzeichnis

	Vorwort	5
	Zeittafel	8
I	Die Luristān-Gruppe: Westiranische Siegel der Susa I- und frühen Susa II- (Susa A und B) Zeit ca. 4000-3400 (Nrn. 1-16)	9
II	Siegel verschiedener Herkunft der ʿUbaid 4- und der frühen Gaura-Zeit bzw. der Susa I- und frühen Susa II- (Susa A und B) Zeit ca. 4200-3400 (Nrn. 17-25)	20
III	Giebelförmige Siegel und eigentliche Giebelsiegel: Nordsyrisch-/südost-/ostanatolische Siegel von der ʿUbaid 4-Zeit bis zum Ende des Chalkolithikums ca. 4200-3400 (Nrn. 26-34)	27
IV	Siegel mit Kugelbohrerdekor: Mesopotamische bzw. elamische Amulettsiegel der späten Uruk-Zeit ca. 3400-2900 (Nrn. 35-48)	36
V	Frühbronzezeitliche Siegel Anatoliens und des östlichen Mittelmeerraumes 3. Jt. (Nrn. 49-51)	44
VI	Palästinische Stempelsiegel der ausgehenden Spätbronze- und frühen Eisenzeit ca. 13.-10. Jh. (Nrn. 52-64)	46
	A. Lokale Kalksteinsiegel mit Grifföse: 13.-11. Jh. (Nrn. 52-54)	46
	B. Pyramidenförmige, ägyptisierende Siegel aus Südpalästina: 12./11. Jh. (Nrn. 55-56)	47
	C. Kegelförmige Siegel aus Palästina bzw. der Levante: 12.-11./10. Jh. (Nrn. 57-64)	49

VII Nordsyrische Stempelsiegel der Eisenzeit II ca. 10.-7. Jh. (Nrn. 65-76) 56

A. Hämatit-Gruppe: 10. Jh. (Nrn. 65-66) 56

B. ʿAmuq-Gruppe: 10. - 7. Jh. (Nrn. 67-74) 57
1. Plattenförmige Siegel mit verziertem Knauf: (Nrn. 67-70) 57
2. ‚Pferd und Zweig'- oder ‚Capride und Zweig'-Gruppe (Nrn. 71-74) 60

C. Hammer-Siegel: 10.-8. Jh. (Nrn. 75-76) 62

VIII Palästinische bzw. levantinische Skaraboide der Eisenzeit II 10./9. Jh. (Nrn. 77-89) 65

Exkurs: E. Schmid: Zur Unterscheidung verschiedener „Bein"-Arten bei der Prüfung von sieben Siegeln (Nrn. 83-84, 90-92, 100 und 174) 73

IX Judäische Knochensiegel der Eisenzeit II ca. 9./8. Jh. (Nrn. 90-94) 75

X Verschiedene syro-palästinische Stempelsiegel der Eisenzeit I und II, die keiner der hier definierten Gruppen zuzuordnen sind 12.-7. Jh. (Nrn. 95-100) 79

XI Levantinisch-phönikische Stempelsiegel von der Eisenzeit II bis und mit der Perserzeit 9.-5./4. Jh. (Nrn. 101-126) 84

A. Levantinisch-phönikische Kalkstein-Skaraboide: 9./8. Jh. (Nrn. 101-103) 84

B. Phönikische Skarabäen und Skaraboide aus hartem Stein: 8.-5./4. Jh. (Nrn. 104-108) 86

C. O. Keel: Phönikische Skarabäen aus (gemasertem) Steatit: 6.-4. Jh. (Nrn. 109-115) 92

Exkurs: M. Maggetti: Röntgenographische Untersuchung von sieben Siegeln (Nrn. 109-115) 98

D. Phönikische Fayencesiegel mit gräzisierendem oder ägyptisierendem Dekor: 7.-4. Jh. (Nrn. 116-126) 99

XII Nordwestsemitische (z.T. aramäische?) Siegel der Eisenzeit II 8./7. Jh. (Nrn. 127-137) 106

A. Ein beschriftetes Achat-Skaraboid: 8. Jh. (Nr. 127) 106

B. Siegel mit Astral- bzw. Mondkult-Ikonographie: 8./7. Jh. (Nr. 128-137) 107

XIII Skaraboide und Konoide aus der assyrisch-babylonischen Peripherie 8./7. Jh. Nrn. 138-145 117

XIV Assyro-babylonische Stempelsiegel der neuassyrischen und spätbabylonischen Zeit Ende 8./7. bzw. Ende 7./6. Jh. (Nrn. 146-165) 122

XV Ein urartäisches Siegel des 8. Jhs. (Nr. 166) 133

XVI Achämenidische Siegel der westlichen Satrapien 5./4. Jh. (Nrn. 167-171) 134

XVII Ein spätbronzezeitliches Siegel aus Zypern und zwei ägäische Siegel des 7. Jhs. (Nrn. 172-174) 140

XVIII Varia (Nrn. 175-187) 143

Literaturverzeichnis 151

Tafeln 169

Vorwort

Die am Biblischen Institut Freiburg/Schweiz untergebrachte Sammlung altvorderasiatischer Stempelsiegel wurde bereits 1990 in einem grösseren Rahmen kurz vorgestellt.[1] Dort sind auch die Umstände ihres Zustandekommens sowie ihre Einbettung in die weiteren Sammlungen altorientalischer Miniaturkunst am nämlichen Institut beschrieben. Die vorliegende Arbeit nun dient ihrer vollständigen und systematischen Publikation.

Die 187 Stempelsiegel lassen sich in einen frühen, prähistorischen (51 Stück) und einen späten, vorab dem 1. Jt. a zugeschriebenen Teil (136 Stück) gliedern. Es gehört zur Eigenheit der Sammlung, dass hinsichtlich der Herkunft der Siegel vor allem die Randgebiete Mesopotamiens zum Tragen kommen: Für die Frühzeit ist es der Iran, für die Spätzeit sind es Syrien/Palästina.

Bemerkungen zum Katalog

Die neben der jeweiligen Siegelnummer aufgeführte Angabe hat mit der Entstehung der hier als Ganzes präsentierten Stempelsiegelsammlung zu tun. So stehen die Namen Schmidt und Matouk für die ehemaligen Sammlungen dieser Namen, die Abkürzungen VS + Jahreszahl für Neuerwerbungen und PS für die Dauerleihgaben einer Privatsammlung.

Die Materialbestimmung hat Afra Fraefel vorgenommen. Bisweilen war eine Analyse im Laboratorium erforderlich; in diesen Fällen ist der Name des Analytikers in Klammern gesetzt.

Bei den Rubriken "Herkunft" und "Datierung" geht es selbstverständlich um eine versuchsweise erfolgte Zuordnung, wobei letzterer je nach der Schlagkraft der vorausgegangenen Argumentation mehr oder weniger Gewicht zukommt. Für die frühen Stempelsiegel wurden die für die entsprechende Gegend gebräuchlichen relativen Zeitbegriffe, für die späten absolute Zahlen verwendet. Die

1 O. Keel/Ch. Uehlinger: Altorientalische Miniaturkunst. Die ältesten visuellen Massenkommunikationsmittel. Ein Blick in die Sammlungen des Biblischen Instituts der Universität Freiburg/Schweiz, Mainz 1990.

Tabelle auf S. 8 legt dar, wie die im Text nicht näher umschriebene Periodisierung in der vorliegenden Arbeit gehandhabt wurde.

Die Beschreibung der Basisgravur bezieht sich stets auf das Original.

Die Rubrik "Parallelen" kollidiert gelegentlich insofern mit dem einleitenden Text, als hier nur die jeweils nächstliegenden Vergleichsstücke, dort aber zur Erhärtung der räumlichen und zeitlichen Einordnung eine Anzahl weiterer Belege vorgeführt werden.

Die Photos im Bildteil sind im Massstab 1:1, und zwar in der Reihenfolge: Siegelform, Siegelbild und Abdruck aufgeführt. Letzterer fehlt dort, wo er nichts zum Verständnis der Gravur beitragen kann. Andererseits ist hie und da zur Verdeutlichung des Siegelbildes eine leicht vergrösserte Strichzeichnung beigefügt.

Dank

Am Anfang und am Ende dieser Publikation steht mein Mann, Othmar Keel. Er hat mich zu diesem Unternehmen herausgefordert, mich im darauffolgenden, weitgehend autodidaktischen Arbeitsprozess unermüdlich unterstützt und zum Schluss das Manuskript einer kritischen Durchsicht unterzogen. Er hat auch die Bearbeitung der mehr ins Gebiet der Ägyptologie gehörenden Skarabäen übernommen. Bei Markus Wäfler, Universität Bern, wurde ich nicht nur in den Umgang mit archäologischem Material eingeführt, sondern erhielt von ihm auch jederzeit Antwort auf die vielfältigsten einschlägigen Fragen. Er hat freundlicherweise die im Text erwähnten arabischen Ortsnamen korrigiert[2], kann aber sonst in keiner Weise für die Mängel in diesem Buch verantwortlich gemacht werden. Den Herren P. Amiet, Paris, und P.R.S. Moorey, Oxford, durfte ich eine Handvoll zweifelhafter Stücke zur Begutachtung vorlegen. Dominique Collon hat mir Zugang zu der noch unpublizierten Stempelsiegelsammlung des British Museum verschafft. L. Vanden Berghe liess mich die in Gent aufbewahrten und aus den Gräberfeldern von Hakalān und Parčinah/Luristān geborgenen Siegelfunde sehen. J.W. Meyer, Saarbrücken, gewährte mir Einsicht in die Dokumentation des für das 1. Jt. so wichtigen und von ihm zur Veröffentlichung vorzubereitenden ʿAmuq-Materials. A. von Wickede hatte mir in liebenswürdiger Weise seine damals noch ungedruckte Dissertation über die Entwicklung des Stempelsiegels in Vorderasien zur Verfügung gestellt, so dass ich seine Ergebnisse in

2 Für den palästinischen Bereich wurde z.T. die eingedeutschte Schreibweise bevorzugt.

den zu dieser Zeit bereits fertiggestellten ersten Teil meiner Arbeit einfügen konnte. Sein 1990 erschienenes Buch[3] ist zum Standardwerk für all jene geworden, die sich in Zukunft mit prähistorischer Glyptik befassen wollen. Inzwischen hat M. Rashad eine zweite umfassende Studie über das Stempelsiegel im Iran vorgelegt[4]. Sie gab jedoch keinen Anlass zu weiteren Änderungen in meinem Text. J. Zbinden, Bern, hat die schwierige und Geduld heischende Aufgabe des Photographierens übernommen. Die Materialbestimmung haben neben Afra Fraefel, Bern, das Team Julia Asher-Greve/W.B. Stern, Basel, G. Galetti, M. Magetti, E. Nickel, Fribourg, Elisabeth Schmid, Basel, besorgt. Die reprofertigen Druckvorlagen wurden von Bernadette Schacher, Andrea Jäkle und Ch. Uehlinger erstellt. Ch. Uehlinger hat den Text zusätzlich auf seine Systematik hin geprüft.

Ihnen allen gilt mein aufrichtiger und herzlicher Dank.

Freiburg/Schweiz, im September 1991 Hildi Keel-Leu

3 A. von Wickede: Prähistorische Stempelglyptik in Vorderasien, München 1990.

4 M. Rashad: Die Entwicklung der vor- und frühgeschichtlichen Stempelsiegel in Iran, Berlin 1990.

Zeittafel

Vor- und Frühgeschichte

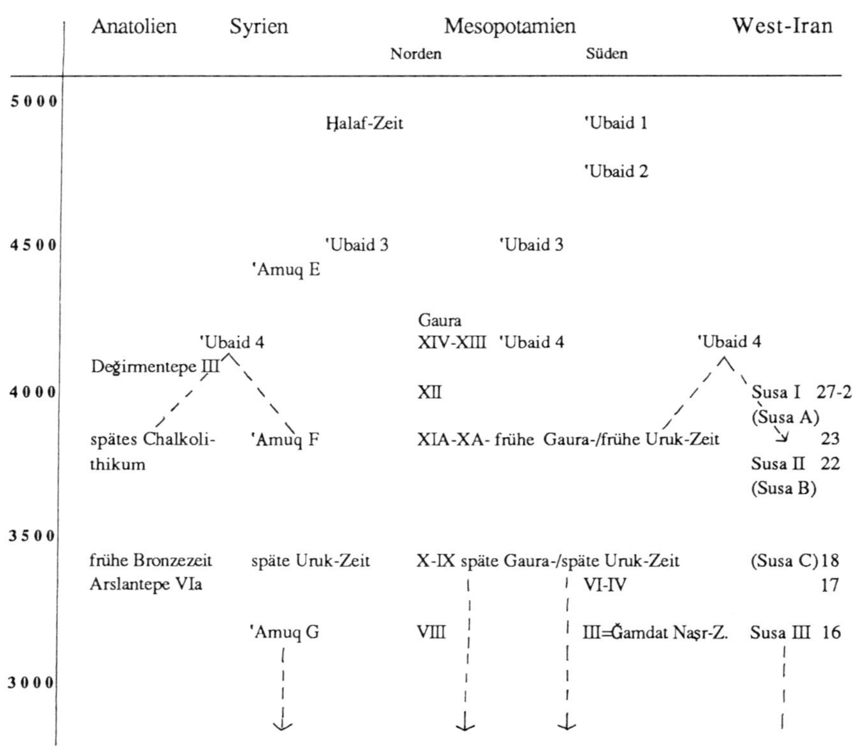

Spätzeit

Mesopotamien

Neuassyrische Zeit Neubabylonische Zeit	1045-612
Spätbabylonische Zeit	612-539
Achämenidische Zeit (Perserzeit)	539-331

Syrien/Palästina

Eisenzeit I	1250 (1150)-1000
Eisenzeit II	1000-586

I

Die Luristān-Gruppe: Westiranische Siegel der Susa I- und frühen Susa II- (Susa A und B) Zeit ca. 4000-3400 Nrn. 1-16

Die Nrn. **1-16** zeichnen sich aus

- durch eine bestimmte Form: Hemisphäroide, zumeist mit dachartig gewölbtem Rücken (Nagel 1954: „Giebelkalotten"; Buchanan 1967: „carinated hemispheroids"; von Wickede 1990: „abgeknickte Kalotten", ferner: „kielförmige Kalotten", „abgeschnittene Kalotten"), leicht konvexer oder glatter Siegelfläche und senkrecht abgeplatteten Durchbohrungsenden. Ist die Form betont oval und die Stempelfläche konvex wie bei Nrn. **3** und **4**, erhalten die Siegel ein perlenhaftes Aussehen. Perlensiegel sind typisch für die ʿUbaid-Zeit und bilden nach von Wickede (1990: 223-226) den Ausgangspunkt in der Entwicklung der Hemisphäroide sowie der Giebelsiegel (Nrn. **28-34**) und der plattenförmigen Stempelsiegel. Letztere sind hier durch die beidseitig gravierte rechteckige Platte Nr. **14** vertreten.
- durch ein bevorzugtes Material, dunkelgrauen bis schwarzen Stein, bisweilen mit grüner Tönung; eine Ausnahme bildet die Nr. **4** aus weiss-rötlichem Kalzit. Farbige Steine sind in Susa beliebt; in Luristān sind sie eher selten (Amiet 1972: I 27 Anm. 5).
- durch eine charakteristische Ikonographie: Neben geometrischen Mustern wie auf Nrn. **1-2** sind Vierfüssler typisch, vorzugsweise Capriden in Verbindung mit einer Schlange und/oder einem Zweig oder einem Stern bzw. einem Diagonalkreuz: Nrn. **3-12,** sowie eine mythologische Figur Nrn. **13-14**, die ebenfalls mit Schlangen und Vierfüsslern auftritt.
- durch eine eigene Schneidetechnik und einen besonderen Stil: sorgfältig herausgeschnittene glatte Flächen, mit oder ohne Innenzeichnung, wie durch Linien begrenzte Körperteile: Nrn. **5**, **7**, **10**, **11**; Schraffur: Nrn. **1**, **5**, **13**; Gitterung: Nr. **12** oder Punktierung: Nr. **11**. Auch ein leicht modellierender Stil kommt vor: Nrn. **3** und **8**. Buchanan (1967: 275) bringt ihn mit dem

Gaura XIA/XI-Stil in Verbindung. Der etwas abweichende, schematischere Stil der Nr. **4** ist wohl durch das Material bedingt.

Die hemisphäroide Form mit waagrechter Durchbohrung wurde in der Susa I- bzw. der ʿUbaid 4-Zeit eingeführt und in der Folgezeit zum vorherrschenden Siegeltyp (vgl. hierzu zuletzt von Wickede 1990: 244).

Das Vorkommen einer kleinen beidseitig gravierten rechteckigen Platte in Gaura XIA (Tobler 1950: Pl. 162:80) ermöglicht die Datierung der Nr. **14** womöglich schon in die Susa I-Zeit. Hierzu muss allerdings vermerkt werden, dass dieses evtl. aus Luristān importierte Stempelsiegel (Caldwell 1976: 235) nach von Wickede (1990: Taf. 524 und Tabelle 2) aus unzuverlässigem Kontext stammt. Andererseits spricht ein plattenförmiges Siegel mit Menschendarstellung der ʿUbaid 4-Zeit aus Tulūl aṯ-Ṯalāṯāt (ebd. 226 mit Taf. 558) für diese frühe Einordnung. Nagel (1963: 43; 1964: 87) sieht in den Siegeln mit beidseitigem Bildschmuck eine unmittelbare Vorstufe der Rollsiegel. Der thematische Zusammenhang beider Seiten (Herr der Tiere mit Schlangen und Vierfüssler) ist jedenfalls gegeben.

Die spektakulärsten Siegel dieser Serie stammen aus dem Handel; sie sind zwar in bezug auf die Ikonographie sehr aufschlussreich, bieten aber keine Datierungshilfen. Die von Herzfeld (1933) in der Gegend vom Tepe Giyān gesammelten Stücke geben zumindest einen Hinweis auf ihre Herkunft. Für sämtliche unserer Siegeltypen finden sich hier sehr gute Parallelen. Die reguläre Grabung auf dem Tepe Giyān (Contenau/Girshman 1935: 41-42 Pl. 35 und 38) lieferte Siegel aus wenig verlässlicher Fundlage. Einen eindeutigen Grabungskontext, die Zeit kurz vor und während Susa I umfassend, zeitigen die Funde aus den Gräberfeldern von Hakalān und Parčinah in Westluristān (Vanden Berghe 1973: 57f; 1975: 58f; 1987: 114-116). Es handelt sich dabei allerdings vorwiegend um geometrisch verzierte Stücke oder solche mit stark stilisierten Tierköpfen en face, die – zumindest in stilistischer Hinsicht – eng mit unserer Nr. **1** verwandt sind.

Nach Henrickson (1988: 1) bieten die Ausgrabungen von Seh Gābi das bislang einzige gut stratifizierte glyptische Material des westiranischen Hochlands. Das Gros der Siegel, alle mit geometrischem Dekor wie unsere Nrn. **2**, **19**, **20**, gehört der sog. Hosseinabad-Periode „Kangavar Period VII ca. 3800-3600“ = Susa I-Zeit an.

Amiet (1972: I 27-29, II Nrn. 170-200) isolierte aus den Funden in Susa eine Luristāngruppe, die er in der Susa I-Zeit beginnen lässt. Zumindest ein mit unserer Nr. **6** vergleichbares Stück (ebd. 27 Nr. 170) stammt aus eindeutiger Susa I-Fundlage.

Wegen der Ähnlichkeit der Tierdarstellungen mit jenen auf Gaura XI-Siegeln sieht Amiet zu diesem Zeitpunkt einen möglichen Höhepunkt der Luristān-produktion. Hierzu möchte er auch die besonders sorgfältig geschnittenen Stücke der Herzfeld-Sammlung – vgl. unsere Nrn. **5**, **10**, **11**, **13** – zählen (Amiet 1973a: 218, 221; 1980: 19). Aufgrund zweier Darstellungen derselben mythologischen Gestalt unterscheidet Porada (1965a: 31f; 1981: 190; vgl. auch Amiet 1986: 35) einen früheren, mehr geometrisch linearen Susa I- und einen späteren, naturalistischeren Susa II-zeitlichen Stil. Für die frühe Einordnung des ersteren spricht die Tatsache, dass eine grossformatige rechteckige Platte auf der einen Seite den „Steinbockmenschen" des „früheren Stils", auf der anderen Seite die genau gleich stilisierten Tierköpfe en face zeigt, wie sie auf den bereits erwähnten frühesten Belegen aus Hakalān und Parčinah vorkommen (vgl. Amiet 1979: Nr. 9 = 1980: Nr. 1574 mit Vanden Berghe 1987: Abb. 12:5-7). Schliesslich ist das Motiv des schlangenbändigenden "Steinbockmenschen" durch einen Abdruck aus Str. 25 in Susa (Amiet 1971: 219f, Fig. 35:2) für die Susa I-Zeit gesichert. Da es auch auf einem theriomorphen Amulettsiegel (Amiet 1972: I 29, II Pl. 196:a) erscheint, kann mit einer Laufzeit der Luristān-Glyptik bis ans Ende der Susa II/Anfang Susa III-Zeit gerechnet werden.

Nach den zahlreichen Parallelen aus dem iranischen Raum dürfte der Kopf der Hauptfigur auf Nr. **13** gehörnt gewesen sein. In der Regel figuriert der Kopf eines Ziegen- oder eines Steinbockes (Amiet 1980: Nrn. 1566, 1572-1575). Ein Beleg (Porada 1965a: Pl. 5 oben) zeigt einen Mufflonkopf. Schematische oder rein lineare Darstellungen tragen einen dreieckigen ungehörnten Kopf (Contenau/ Girshman 1935: Pl. 38:36, s. hierzu Buchanan 1967: 274; Herzfeld 1933: Abb. 25:TG 2505) oder sind kopflos bzw. zeigen nur den Halsstumpf (Amiet 1980: Nrn. 1562-1564).

Zur Herkunft des „Steinbockmenschen" („ibex-headed demon"), dessen Deutung und Aufnahme in die spätere Rollsiegelglyptik vgl. Nagel 1954: 139f; 1964: 88; Porada 1965a: 31f; Barnett 1966; Amiet 1972: 28f; 1973: 9; 1973a: 218-222; 1979: 339-348; 1980: 19f, 70-73, 196f; 1986: 35, 73; 1986a. Für das Motiv des „Herrn der Tiere" mit Schlangen als typisch iranisch s. Dittmann 1986: 337 Anm. 26. Von Wickede (1990: 242f) tritt für eine Herkunft der steinbockköpfigen Gestalt aus dem nordirakischen Raum ein; nur das schlangenhaltende und das mit zwei Hörnern versehene Wesen sei im Iran beheimatet. Zu diesem Schluss gelangt er aufgrund einer rein archäologischen Beweisführung, wobei er die einschlägigen Siegel aus dem Handel, selbst die von Herzfeld auf dem Tepe Giyān und Umgebung gesammelten Stücke, ausser acht lässt. Zieht man aber auch dieses Material heran, muss zumindest eingeräumt werden, dass der "Steinbockmensch" im Iran, im Gegensatz zu Mesopotamien, eine herausragende Rolle gespielt hat und dort nicht nur auf Siegeln, sondern auch auf der Keramik belegt ist (s. hierzu Herzfeld 1941: 30 Abb. 37; Nagel 1954: 140; Amiet 1979: Fig. 15; Barnett 1966: Pl. 21:5, vgl. auch die Kupferfigur Pl. 19 und 21).

Eine interessante Parallele für die Wildschweindarstellung auf Nr. **11** findet sich auf einem Gaura-zeitlichen Siegelabdruck aus Arpač̄iya (Mallowan/Rose 1935: Pl. 9a:609 = von Wickede 1990: Taf. 412, ein besseres Foto) – ein weiterer Import aus Luristān?

Die Nrn. **15** und **16** sind in gewissen Punkten untypische Vertreter der Luristān-Glyptik: Die Rundsiegelform mit zapfenförmigem Griff der Nr. **15**, insbesondere jene mit glatter statt konvexer Stempelfläche, ist hier selten anzutreffen. Das Siegelbild jedoch findet auf dem Tepe Giyān eine sehr genaue Entsprechung (Contenau/Girshman 1935: Pl. 38:17). Kompositionsschema und Stil von Nr. **16** sind typisch für die Giebelsiegelproduktion (vgl. S. 27-35) und gehen wohl auf ein südostanatolisch/nordsyrisches Vorbild zurück. Dass die Giebelform im Iran bekannt war, bezeugt ein Beispiel aus Susa (Amiet 1972: Nr. 156) und dass drehsymmetrisch angeordnete Tierprotome auch ins Luristān-Repertoire Eingang gefunden haben, zeigt eine angeblich vom Tepe Giyān stammende viereckige Platte (Herzfeld 1933: Abb. 25: TG 2376). Das Motiv wird in der Spät-Uruk-Zeit auf anderen Siegelformen vom Tall Brak wieder aufgenommen (Mallowan 1947: Pl. 19:7f und 20,23f), und rund ein Jahrtausend später erscheint es auf ägyptischen Figurenstempeln („design amulets"; Petrie 1925: Pl. 3:146-148). Auch auf Rollsiegeln fehlt es nicht (Amiet 1980: Nr. 370). Zur Darstellung von zusammengesetzten Tierprotomen aus dem Iran über Syrien-Palästina bis nach Ägypten s. Teissier 1987: 30.

Für die Verbreitung der Luristānglyptik bzw. deren Motive s. Caldwell 1976: 233-235; Teissier 1987.

1 (Schmidt 241)

OBJEKT: Schwach dachartig gewölbtes Siegel mit runder, leicht konvexer Siegelfläche, bei den Durchbohrungsenden senkrecht abgeplattet. Parallel zum First und zur Achse der Darstellung durchbohrt. Grüngestein. 30 x 31 x 9,2 mm.
DATIERUNG: Anfang Susa I-Zeit oder etwas früher.
HERKUNFT: Luristān.

BASISGRAVUR: Geometrische Darstellung; punktsymmetrische Komposition: Die Mittelachse bilden zwei schraffierte, Spitze gegen Spitze angeordnete Dreiecke. Auf den beiden Seiten je ein schraffiertes Kreissegment, welches von einer Linie eingefasst ist. Grabsticheltechnik: dünner Ritzstil; schraffierte Formen leicht versenkt.
PARALLELEN: Für ein in Form, Material und Dekor verwandtes Beispiel aus Hakalān/Westluristān s. Vanden Berghe 1973: 57 Mitte links oben; 1987: Abb. 12:5. Eine sehr enge Parallele aus Susa ist Amiet 1972: Nr. 125, von Amiet der Susa I-Zeit, nicht aber der Luristāngruppe zugeordnet. Weitere Vergleichsstücke sind: aus Susa ebd. Nrn. 198-200, angeblich vom Tepe Giyān (Herzfeld 1933: Abb. 16:TG 2683, TG 2359). Für die schraffierten Segmente bzw. Ovale vgl. auch Siegel bzw. Siegelabdrücke vom Tepe Gaura (Tobler 1950: Pl. 161:56 Schicht X, 60 Schicht XIA, 62 Schicht XIII).

2 (Schmidt 183)

OBJEKT: Schwach dachartig gewölbtes Siegel mit runder Siegelfläche, bei den Durchbohrungsenden senkrecht abgeplattet. Parallel zum First und schräg zur Achse der Darstellung durchbohrt. Chloritit (Asher/Stern). Ø 25,7 x H. 10,5 mm.
DATIERUNG: Susa I-Zeit.
HERKUNFT: Luristān.
BASISGRAVUR: Geometrische Darstellung; axialsymmetrische Komposition: vier parallel verlaufende Zickzacklinien. Grabsticheltechnik: mitteltief und breit eingeritzt.
PARALLELEN: Ein verwandtes Siegel aus unsicherer Fundlage in Seh Gābi ist Henrickson 1988: SG 73.72 Fig. 4, Pl. 3:c. Ein Knopfsiegel aus Hissar IC = Susa II-Zeit trägt den gleichen Dekor (Schmidt 1937: Pl. 15:H.3376; vgl. auch ein dortiges Siegel gleicher Form mit viereckiger Stempelfläche, Bennett 1989: Fig. 2: H.4475). In Form und Dekor identische Siegel finden sich in Privatsammlungen (Herzfeld 1933: Abb. 18:TG 2679; Erlenmeyer 1964: Taf. 18:8a und 21:19b, hier verglichen mit Susa-A-Keramik; Buchanan 1981: Nr. 38; Noveck 1975: Nr. 6).
BIBLIOGRAPHIE: Keel/Uehlinger 1990: 30f Abb. 19.

3 (Schmidt 317)

OBJEKT: Dachartig gewölbtes Siegel mit ovaler, schwach konvexer Siegelfläche, bei den Durchbohrungsenden senkrecht abgeplattet. Parallel zum First und senkrecht zum Siegelbild mit Feuersteinbohrer (L. Gorelick, mündl.) durchbohrt. Stark beschädigt: auf beiden Seiten ein Stück vom Rücken und von der Siegelfläche weggebrochen. Bruchstelle im Bereich des Kopfes poliert. Grüngestein: Serpentinit oder Schiefer (G. Galetti). 37 x 21,6 x 14,3 mm.
DATIERUNG: Susa I-Zeit.
HERKUNFT: Luristān.
BASISGRAVUR: Figürliche Darstellung: nach links gerichteter Vierfüssler, Kopf weggebrochen. Gebogene Linie (Schlange?) und bukephalionähnliches Füllsel über dem Rücken;

Punkte im Feld. Grabsticheltechnik; Punkte mit Feuersteinbohrer gearbeitet (L. Gorelick, mündl.). Schwerfälliger Ritzstil; Rumpf in einzelne Teile gegliedert. Füsse durch kurze, waagrechte Striche gekennzeichnet. Versuch zur Modellierung bzw. zur naturalistischen Darstellung.
PARALLELEN: Bohrlöcher als Füllelemente begegnen bisweilen auf Luristān-Siegeln, so in Hakalān und Parčīnah (Vanden Berghe 1987: Fig. 12:5-9) und auf dem Tepe Giyān (Contenau/Ghirshman 1935: Pl. 38:44). Für den modellierenden Stil s. unsere Nr. **8**.

4 (Schmidt o.Nr.)

OBJEKT: Dachartig gewölbtes Siegel mit ovaler, schwach konvexer Siegelfläche, bei den Durchbohrungsenden senkrecht abgeplattet. Parallel zum First und senkrecht zum Siegelbild durchbohrt. Weisser Kalzit, rosa gebändert (Asher/Stern). 26 x 20,6 x 11 mm.
DATIERUNG: Susa I-Zeit.
HERKUNFT: Luristān.
BASISGRAVUR: Figürliche Darstellung: nach links gerichteter Capride mit langem gebogenem Gehörn (Steinbock). Zwischen den Vorder- und Hinterläufen ein Diagonalkreuz; zwischen Hörnern und Leib vier Verbindungsstriche, zwei weitere Striche vom Vorderkörper zum Rand hin. Grabsticheltechnik; kräftiger schematischer Ritzstil, Rumpf im flachen Tiefschnitt.
PARALLELEN: Eine Parallele hinsichtlich des Materials ist ein Siegel gleicher Form aus Hakalān/Westluristān (Vanden Berghe 1987: Fig. 12:8).

5 (Schmidt 187)

OBJEKT: Dachartig gewölbtes Siegel mit ovaler Siegelfläche. Parallel zum First und senkrecht zum Siegelbild durchbohrt; Bohrlöcher nach oben und unten ins Siegelbild hinein ausgeweitet. Siegelfläche abgenutzt. Grüngestein. 41 x 39 x 26 mm.
DATIERUNG: Susa I / frühe Susa II (Susa B)-Zeit.
HERKUNFT: Luristān.
BASISGRAVUR: Figürliche Darstellung: über Zweig nach rechts springender Capride mit gebogenem Gehörn (Steinbock?). Über dem Rücken eine Schlange. Dreiblatt und Striche im Feld. Grabsticheltechnik; dünner Ritzstil, Rumpf des Vierfüsslers und Schlangenkörper in sorgfältigem flachem Tiefschnitt mit Angabe der Körperteile geschnitten; Schrägschraffur des Schlangenleibes.
PARALLELEN: Das Siegel gehört zur Serie der qualitätvollsten Steine von Herzfelds Tepe Giyān-Sammlung, in der sich ein fast identisches Stück findet (Herzfeld 1933: Abb. 22:TG 2330 und Taf. II = Amiet 1980: Nr. 98, bessere Zeichnung!). Eine weitere sehr enge Parallele enthält die Genfer Sammlung (Vollenweider 1967: Nr. 2).
BIBLIOGRAPHIE: Keel/Uehlinger 1990: 31 Abb. 21.

6 (Schmidt 243)

OBJEKT: Dachartig gewölbtes Siegel mit runder, schwach konvexer Siegelfläche, an den Durchbohrungsenden senkrecht abgeplattet. Parallel zum First und schräg zum Siegelbild durchbohrt. Grüngestein. Ø 28,2 x H. 15,2 mm.
DATIERUNG: Susa I / frühe Susa II (Susa B)-Zeit.
HERKUNFT: Luristān.
BASISGRAVUR: Figürliche Darstellung: nach rechts springender Capride (Steinbock?), über seinem Rücken eine zickzackförmige Schlange, zwischen den Beinen ein Zweig. Winkel im Feld. Grabsticheltechnik; kräftiger Ritzstil, Rumpf des Tieres in flachem Tiefschnitt; Füsse durch kurze, waagrechte Striche angedeutet.
PARALLELEN: Eine sehr ähnliche Tierdarstellung mit Schlange stammt aus einer fest datierten Susa I-Fundlage (Amiet 1972: I 27, II Nr. 170). Ein fast identisches Stück ist Vinchon 1973/mai: Nr. 809.

7 (Schmidt 238)

OBJEKT: Schwach dachartig gewölbtes Siegel mit runder Siegelfläche, an den Durchbohrungsenden senkrecht abgeplattet. Parallel zum First und schräg zum Siegelbild durchbohrt. Ein Bohrloch auf der Siegelfläche leicht eingebrochen. Chloritit (Asher/Stern). Ø 4 x H. 13 mm.
DATIERUNG: Susa I / frühe Susa II (Susa B)-Zeit.
HERKUNFT: Luristān.
BASISGRAVUR: Figürliche Darstellung: nach rechts gerichteter Capride mit geknickten Beinen und langem, gebogenem Gehörn (Steinbock). Vor dem Tier und über dessen Rücken je eine Schlange. Winkel und Punkte im Feld. Grabsticheltechnik; kräftig eingeritzt: Rumpf in ganz schwachem flachem Tiefschnitt, Hinterhand und Kopf sowie Schlangenköpfe mit Kratzinstrument tiefer ausgehoben. Füsse durch kurze, tiefe Striche markiert.

8 (Schmidt 240)

OBJEKT: Kalottenförmiges Siegel mit runder Siegelfläche. Schräg zum Siegelbild durchbohrt; sehr grosse, nach oben ausgeweitete Bohrlöcher. Grüngestein. Ø 27 x H. 12 mm.
DATIERUNG Susa I / II-Zeit.
HERKUNFT: Luristān.
BASISGRAVUR: Nach rechts gerichteter Capride mit langem, leicht gebogenem Gehörn (Steinbock). Über dem Rücken eine Schlange (Kopf nicht angegeben). Grabsticheltechnik; leicht modellierender Stil.
PARALLELEN: Für den modellierenden Stil vgl. Beispiele vom Tepe Giyān (Contenau/ Ghirshman 1935: Pl. 38:35 schlechte Zeichnung = Buchanan 1967: Pl. I:8 Photo) und aus Susa (Amiet 1972: I 27, II Nr. 186).

9 (Schmidt 248)

OBJEKT: Dachartig gewölbtes Siegel mit (ursprünglich) runder, schwach konvexer Siegelfläche, bei den Durchbohrungsenden senkrecht abgeplattet. Parallel zum First und schräg zum Siegelbild durchbohrt. Die ein Wölbung des Rückens und ein Teil der Siegelfläche weggebrochen. Rand teilweise bestossen. Schwarzer Kalkstein. 28,6 x 24,5 x 14,3 mm.
DATIERUNG: Susa I / frühe Susa II (Susa B)-Zeit.
HERKUNFT: Luristān.
BASISGRAVUR: Figürliche Darstellung: nach rechts gerichteter Capride mit zurückgewendetem Kopf und gebogenem Gehörn (Steinbock?), über ihm Schlange. Striche, Winkel und Dreieck (letzteres evtl. Bart des Tieres) im Feld. Grabsticheltechnik; kräftiger Ritzstil; Rumpf des Tieres breit und flach geschnitten. Füsse durch waagrechte Striche markiert.
PARALLELEN: Die Darstellung eines Steinbockes mit zurückgewendetem Kopf findet sich auf einem Siegel gleicher Form vom Tepe Giyān (Contenau/Ghirshman 1935: Pl. 38:38, von Buchanan 1967: 272 mit den Siegeln von Gaura XIA-XI verglichen).

10 (Schmidt 242)

OBJEKT: Dachartig gewölbtes Siegel mit runder Siegelfläche. Bei der Durchbohrung etwas abgeplattet. Leicht schräg zum First und parallel zum Siegelbild durchbohrt. Grüngestein. Ø 29,6 x H. 13,4 mm.
DATIERUNG: Susa I / frühe Susa II (Susa B)-Zeit.
HERKUNFT: Luristān.
BASISGRAVUR: Figürliche Darstellung: nach links schreitender Vierfüssler mit steil aufstehenden Ohren und langem, aufgerichtetem Schwanz (Canide). Über seinem Rücken ein Stern, zwischen den Vorder- und Hinterläufen ein Zweig, unterhalb des Kopfes ein Winkel. Grabsticheltechnik; kräftiger Ritzstil, Rumpf des Tieres im flachen Tiefschnitt mit Angabe der Körperteile.
PARALLELEN: Caniden sind in dem sonst typisch iranischen Kontext (vgl. Contenau/Ghirshman 1935: Pl. 38:38; Erlenmeyer 1964: Taf. 19:10a im Vergleich zu Susa A-Keramik Taf. 19:10b) nicht belegt. Ein gleicher Vierfüssler zeigt ein dachartig gewölbtes Siegel der Berliner Sammlung (Jakob-Rost 1975: Nr. 24).

11 (Schmidt 236)

OBJEKT: Dachartig gewölbtes Siegel mit runder Siegelfläche, bei den Bohrlochenden senkrecht abgeplattet. Parallel zum First und senkrecht zum Siegelbild durchbohrt. Am Rande teilweise bestossen. Schwarzer Stein mit Braunstich: Grüngestein: Serpentinit (G. Galetti). 73 x 75 x 26 mm.
DATIERUNG: Susa I / frühe Susa II (Susa B)-Zeit.
HERKUNFT: Luristān.

BASISGRAVUR: Figürliche Darstellung; zentral komponiert: Ein nach rechts schreitendes Wildschwein ist von zwei sich flechtbandartig überschneidenden Schlangen umrahmt. Grabsticheltechnik; sorgfältiger, naturalistischer Stil; Körper im flachen Relief geschnitten, Angabe der Körperteile; Borsten und Schuppen fein ziseliert.
PARALLELEN: Für das Motiv Wildschwein/Schlange vgl. ein Siegel angeblich vom Tepe Giyān (Herzfeld 1933: Abb. 22:TG 2348) und aus Susa (Amiet 1972: Nr. 175; vgl. weiter Amiet 1973a: Nr. 6 und Slg. Bollmann Nr. 347, unveröffentlicht). Eine sehr ähnliche Wildschweindarstellung zeigt ein Gaura-zeitlicher Abdruck aus Arpačiya (Mallowan/Rose 1935: Pl. 9a:609 = von Wickede 1990: Taf. 412, besseres Foto); vgl. auch unsere Nrn. **13, 33**.
BIBLIOGRAPHIE: Vollenweider u.a. 1966: 151 Nr. 1 Pl. 94:a. Keel-Leu 1984: 37, 39 Nr. 1. Keel/Uehlinger 1990: 31f Abb. 22.

12 (Schmidt 249)

OBJEKT: Schwach dachartig gewölbtes Siegel mit ovaler, schwach konvexer Siegelfläche, an den Durchbohrungsenden senkrecht abgeplattet. Parallel zum First und waagrecht zum Siegelbild durchbohrt. Darstellung sehr abgenutzt. Grüngestein (Basalt). 33 x 30 x 11 mm.
DATIERUNG: Susa I / frühe Susa II (Susa B)-Zeit.
HERKUNFT: Luristān.
BASISGRAVUR: Figürliche Darstellung; axialsymmetrische Komposition: Tier in Draufsicht mit vier ausgestreckten Beinen (Schildkröte? Frosch?). Rechts und links je ein Stern. Grabsticheltechnik; dünner Ritzstil; Kopf und Leib tiefer ausgehoben; Leib gegittert.
PARALLELEN: Froschähnliche Wesen finden sich auf Siegeln vom Tepe Giyān (Contenau/ Ghirshman 1935: Pl. 38:30 Zeichnung = Buchanan 1967: Pl. 1:13 Photo), aus Susa (Amiet 1972: Nr. 188) und aus einem Grab von Hakalān (Vanden Berghe 1987: Fig. 12:9). Eine auch in stilistischer Hinsicht sehr enge Parallele findet sich in der Slg. Herzfeld (1933: Abb. 18:TG 2334).

13 (Schmidt 185)

OBJEKT: Dachartig gewölbtes Siegel mit schwach ovaler Siegelfläche, bei den Durchbohrungsenden senkrecht abgeplattet. Parallel zum First und senkrecht zum Siegelbild durchbohrt. Bei einem Bohrloch ein Stück von der Siegelfläche weggebrochen, evtl. nachträglich nochmals abgeplattet. Grüngestein: Serpentin. 70 x 65 x 25 mm.
DATIERUNG: Susa I / frühe Susa II (Susa B)-Zeit.
HERKUNFT: Luristān.
BASISGRAVUR: Figürliche Darstellung; axialsymmetrische Komposition: nach rechts schreitende Gestalt mit halb erhobenen Armen, deren Hände nur drei Finger aufweisen. Kopf weggebrochen. Leib mit kleinen Strichen versehen, wohl ein Fell andeutend. Vom rechten Fuss aus steigt eine Schlange bis auf Taillenhöhe, beugt sich auf der andern Seite des Körpers wieder nach unten, um den Kopf zwischen den Beinen aufzurichten. Zu beiden Seiten der Gestalt, um

90° gedreht, je ein Wildschwein in der Bewegungsrichtung der Hauptfigur dem Rand entlang schreitend. Die Gruppe wird eingefasst durch eine Schlange, deren Schwanz und Kopf sich am unteren Bildrand überlagern. Fünf Winkel im Feld. Grabsticheltechnik; Arme, Beine der Wildschweine und Füllsel linear eingeritzt; sorgfältiger, teilweise naturalistischer Stil; flacher Tiefschnitt mit Innenzeichnung der Körperteile; Schlange schräg schraffiert.
PARALLELEN: Für die Ikonographie vgl. ein Siegel vom Tepe Giyān (Contenau/Girshman 1935: Pl. 38:36). Für die Stilisierung der Schlange vgl. eine evtl. Susa I-zeitliche Platte (Amiet 1979: Nr. 9 = Amiet 1980: 1574) und drei in Susa gefundene Siegel der Luristāngruppe, davon eines mit einem gleich gezeichneten Wildschwein wie auf unserem Stück (Amiet 1972: Nrn. 177, 175, 192). Gleich gezeichnete Wildschweine erscheinen auch noch auf Rollsiegeln (Amiet 1986: Abb. 5:e).
BIBLIOGRAPHIE: Barnett 1966: 260, Pl. 22:2. Vollenweider u.a. 1966: 151 Nr. 2 (ohne Bild). Amiet 1980: Nr. 1576. Amiet 1986a: 7 Fig. 2,19. Rashad 1990: 153 Nr. 1143, 204 j (Zeichnung); Taf. 45:1143.

14 (Schmidt o.Nr.)

OBJEKT: Siegel in Form einer kleinen rechteckigen Platte. Beidseitig graviert. Der Länge nach senkrecht zur Gravur der Seite A und waagrecht zu der der Seite B durchbohrt. Auf der Siegelfläche B in der Mitte bis zum Bohrkanal eingebrochen. Grüngestein. 23,4 x 18 x 7 mm.
DATIERUNG: Susa I-Zeit.
HERKUNFT: Luristān.
BASISGRAVUR: Figürliche Darstellungen: A) axialsymmetrische Komposition: ein ithyphallischer Mann mit erhobenen Armen. Zu beiden Seiten je eine Schlange mit dem Kopf nach unten. B) Vierfüssler (Raubkatze) mit langem, herunterhängendem Schwanz, nach rechts gerichtet. Grabsticheltechnik; A) dünner Ritzstil, B) Rumpf des Tieres tiefer ausgehöhlt, Füsse durch drei Zacken (Krallen) wiedergegeben.
PARALLELEN: Für Siegelform und Ikonographie vgl. die von Herzfeld in der Gegend vom Tepe Giyān gesammelten Exemplare (Herzfeld 1933: 102 Abb. 25 und Taf. I). Vgl. weiter ein Beispiel aus Gaura XIA (Tobler 1950: Pl. 162:80). Ein gleicher Vierfüssler findet sich auf einem beidseitig gravierten linsenförmigen Luristān-Siegel (Amiet 1973a: Nr. 11a). Für gleich stilisierte Tierfüsse vgl. auch unsere Nr. **23**.

15 (Schmidt 188)

OBJEKT: Siegel in Form einer runden Platte mit zapfenförmigem Griff. Griff am oberen Ende waagrecht durchbohrt. Rand teilweise bestossen. Grüngestein. Ø 24 x H. 6,2; H. mit Griff 18,4 mm.
DATIERUNG: Susa II (III?)-Zeit.
HERKUNFT: Luristān.

BASISGRAVUR: Figürliche Darstellung: Ein stark stilisiertes gehörntes Tier (Steinbock) mit weit dem Rand entlang ausschwingenden Hörnern füllt das Siegelrund voll aus. Von den fünf ungleich langen sich der Kreisform anpassenden "Beinen" wird das vorderste als Kopf gedacht sein. Mit stumpfem Instrument breit ausgehöhlt; schematischer Stil.
PARALLELEN: Eine glatte – statt die bei Knopfsiegeln übliche konvexe – Stempelfläche zeigt ein Knopfsiegel mit Schlangenbezwinger angeblich vom Tepe Giyān (Herzfeld 1933: Abb. 14: TG 2352). Für die gleichen schematisch geschnittenen Capriden mit den überdimensioniert langen Hörnern vgl. ein Hemisphäroid vom Tepe Giyān (Contenau/Ghirshman 1935: Pl. 38:17) und weitere Beispiele angeblich vom selben Ort (Herzfeld 1933: Abb. 19:TG 2680, 2369, 2370). Für die Verbreitung des Motivs bis nach Palästina s. Teissier 1987: 44; Keel-Leu 1989: 28-30 Nr. 35.

16 (Schmidt 315)

OBJEKT: Kalottenförmiges Siegel. Auf Rückseite dünn eingeritzte Striche und Bögen. Waagrecht, leicht schräg zur Achse des Siegelbildes durchbohrt. Bei einem Bohrloch etwas eingebrochen. Grüngestein. Ø 32 x H. 15,4 mm.
DATIERUNG: Susa I / II-Zeit.
HERKUNFT: West-Iran.
BASISGRAVUR: Figürliche Darstellung; punktsymmetrische Komposition: vier Capridenköpfe (je zwei Ziegen- und Steinböcke?) mit gemeinsamem Rumpf. Einmal sind beide Hörner dargestellt. Zwischen den Tierköpfen ein Dreieck und eine unregelmässige Vertiefung. Grabstichel-technik; Kerbschnittstil.
PARALLELEN: Zur Komposition vgl. ein Siegel ähnlicher Form aus Susa (Delaporte 1923: Pl. 24:5) und eine beidseitig gravierte Platte angeblich vom Tepe Giyān (Herzfeld 1933: Abb. 25:TG 2376). Für die gleiche Darstellung auf einem giebelförmigen Siegel und den für diese Gruppe typischen Kerbschnittstil vgl. ein Beispiel aus der ʿAmuq-Ebene (Braidwood/Braidwood 1960: Fig. 191:7 „ʿAmuq F").

II

Siegel verschiedener Herkunft der ʿUbaid 4- und der frühen Gaura-Zeit bzw. der Susa I- und frühen Susa II- (Susa A und B)Zeit ca. 4200-3400 Nrn. 17-25

Die frühesten Stempelsiegel tragen durchwegs geometrischen Dekor in Ritztechnik. In Gaura beginnen die geometrisch verzierten Siegel erst ab Schicht XII zugunsten der figürlichen Darstellungen abzunehmen (s. Tobler 1950: Pl. 158-161, vgl. hierzu Homès-Frédéricq 1970: Pl. 4-16). In der ʿAmuq-Ebene ist die Reihe der geometrisch verzierten Siegel erstmals in der Phase G durchbrochen (s. Braidwood/Braidwood 1960: Fig. 192:7), doch haben sich dort, wie in allen Randgebieten Mesopotamiens, die geometrischen Muster mit viel grösserer Zähigkeit behauptet. Den prozentualen Anteil der geometrisch bzw. figürlich verzierten Siegel je Epoche hat von Wickede errechnet (1990: 264).

Siegel mit linsenförmigem Querschnitt tauchen in der ʿUbaid 3-Zeit auf (vgl. Tobler 1950: Pl. 164:103 Gaura XVIII, 165:104 Gaura XV, 167:140 Gaura XVIII) und werden in der ʿUbaid 4-Zeit bevorzugt. Die rechteckige Form, wie sie unsere Nr. **17** zeigt, ist dabei selten und nach von Wickede (1990: 226) erst in der ʿUbaid 4-Zeit nachweisbar. Die Verwandtschaft mit der ebenfalls in der späten ʿUbaid-Zeit aufkommenden Giebelform (vgl. S. 27f) ist offenkundig. Diagonalkreuze und Gitterung sind auf Siegeln der Ḥalafzeit beliebt. Das Kompositionsschema ist in der Frühzeit selten; es kommt noch auf einem Ḥalaf-zeitlichen viereckigen Knopfsiegel aus Ugarit vor (Contenson 1973: 28 Fig. 12). Erst viel später findet es sich wieder auf früh- und mittelbronzezeitlichen Siegeln aus Anatolien und Kreta (s. unter „Parallelen"). Die Datierung des Stückes in die ʿUbaid 4-Zeit erfolgt aufgrund der Form. Die Nr. **18** mit ihrem reliefierten Rücken ist ein Unikat. Das Siegelbild ist von derart einfacher Art, dass man zögert, es in einer bestimmten Region suchen zu wollen. Eine Reihe von Belegen ausschliesslich aus dem Iran weist das Stück jedoch in diese Gegend (Amiet 1972: Nrn. 91-94 „Susa A"). Auch von der Form her ist dieser Zuordnung nichts entgegenzuhalten.

Siegelbilder mit kreuzartiger Aufteilung der Fläche wie die unserer Nrn. **19** und **20** sind zeitlos und im gesamten vorderasiatischen Raum von den Anfängen bis zum 1. Jt. zu finden. Nähere Hinweise können in solchen Fällen der Beschaffenheit des Siegelkörpers entnommen werden: die Form und namentlich die in einem nach unten geneigten Winkel erfolgte hohe Durchbohrung der Nr. **19** kommen nicht häufig vor. Ein Hemisphäroid vom Tall Lauḫ (Tello) weist eine ähnlich hoch oben angebrachte Durchbohrung auf; Buchanan (1967: 534 Nr. 40) deutet sie als eine frühe Erscheinung und schreibt das Stück der ᶜUbaid 4-Zeit zu. Für die Form finden sich Parallelen unter den von Herzfeld in der Gegend vom Tepe Giyān gesammelten Stempelsiegeln; leider ist ihnen, da sie keiner regulären Grabung entstammen, keinerlei Zeitangabe zu entnehmen. Seh Gābi/Luristān liefert ein kalottenförmiges Siegel mit dem Kreuz- und Winkelmotiv aus der "Kangavar VII-Zeit ca. 3800-3600"= Susa I-Zeit im gleichen dünnen Ritzstil wie unser Stück (Henrickson 1988: 7 SG 73-18). In Susa sind entsprechende Siegelabdrücke in der Susa I-Zeit belegt (Amiet 1972: Nrn. 157 und 158). Somit könnte die Nr. **19** im westlichen Iran der Susa I-Zeit angesiedelt werden. Die Nr. **20** mit Parallelen in der gleichen Gegend – aber auch in Gaura Schicht XII und XI – könnte, zieht man zusätzlich das kleine Format in Betracht, auch nach Nordmesopotamien gehören.

Die Form von Nr. **21** ist selten. Rautenförmige Perlensiegel tauchen in der Ḥalaf-Zeit auf, so in Arpačīya TT6 (Mallowan 1935: 98 mit Pl. VIIb:890) und werden in der ᶜUbaid-Zeit beliebt (Tobler 1950: Pl. 171:8 und 10, Gaura XV und XII). Die Betonung des Mittelgrats und die konkav geschwungenen Seiten kommen nur vereinzelt im nordsyrisch-südostanatolischen Raum vor, wo auch die Giebelform beheimatet ist, so im ᶜUbaid 4-zeitlichen Değirmentepe III (Esin 1983: 189 Abb. 9:2), auf Tall Brak (Buchanan/Moorey 1984: Nr. 139, unstratifiziert) und möglicherweise auf Tall Bašar (ebd. Nr. 80). Auch die fischgratähnliche Verzierung bzw. Binnenzeichnung pflanzlicher und anderer Füllelemente sowie des dreieckigen Oberkörpers der menschlichen Figur ist während der ᶜUbaid 4-Zeit typisch für den gleichen Raum und namentlich in Değirmentepe III allgegenwärtig (vgl. die Belege unter "Parallelen"). Das Siegelbild zeigt zwei ungleich grosse Capriden in der auf prähistorischen Siegeln seltenen Position des „säugenden Muttertieres“.

Die Nr. **22** ist eines der wenigen Beispiele von Stempelsiegeln aus Lapislazuli. Da der Tepe Giyān von der ᶜUbaid 4-Zeit an bis zum ausgehenden 4. Jt. eine wichtige Stellung im Handel dieses kostbaren Materials zwischen Afghanistan und Nordmesopotamien einnahm (vgl. Herrmann 1968: 36), ist es nur verständlich, dass die dortige Ausgrabung zwei Lapislazulisiegel zu Tage gefördert hat (Contenau/Ghirshman 1935: Pl. 38:31,42). Das zweite Exemplar dürfte seiner Form wegen (Perlensiegel) ᶜUbaid-zeitlich sein. In Susa findet Lapislazuli für ein flüchtig geometrisch verziertes Siegel Verwendung (Amiet 1972: Nr. 14 „Susa A"). In Gaura ist das Material erstmals für einen unstratifizierten, jedoch im typischen Gaura XIA/XI-Stil geschnittenen Stein belegt (Tobler 1950: Pl. 88: c = Pl. 169:167).

Vögel mit ausgebreiteten Schwingen und hakenförmigem Kopf sind auf Abdrücken aus Susa (Susa I-Zeit?) belegt (Amiet 1972: Nr. 164-166). Das Motiv in gleicher Komposition kommt auch in Ostanatolien vor, so in Değirmentepe III, allerdings in einem anderen Stil (Esin 1985: 260 Abb. 16). Ähnlich stilisierte Vögel zeigt die Susa I-zeitliche Vasenmalerei (mündl. Hinweis P. Amiet; vgl. Herzfeld 1941: 57 Abb. 101, Taf. 6). Über die Beziehungen zwischen dem Iran und Ostanatolien in der ᶜUbaid 4-Zeit vgl. von Wickede 1990: 239f. Auf die Vorliebe im Iran, Schlangen anderen Tieren beizugesellen, wurde schon oben auf S. 9 hingewiesen.

Form, Material und Stilisierung der Raubtierfüsse weisen die Nr. **23** in das Gebiet West-Irans, vielleicht nach Susa bzw. Elam, wo farbige Steine bevorzugt werden. In ähnlich auffallender Weise werden im frühbronzezeitlichen Arslantepe VIa die Krallen gezeichnet (Frangipane/Palmieri 1983/1988: Fig. 73:33).

Einbohrungen auf dem Siegelrücken zur Aufnahme eines Kontrastmaterials, wie sie die Nrn. **24** und **25** zeigen, sind eine Praxis des Westens. Sie erscheinen erstmalig auf Siegeln aus Gaura Schicht XII (Tobler 1950: Pl. 165:109, 165:112 Schicht XI). Auf Tall Brak kommen sie hauptsächlich auf den spät-Uruk-zeitlichen nierenförmigen Amulettsiegeln vor (Mallowan 1947: Pl. 17:9,13,23; Pl. 20: 7,21). In der ᶜAmuq-Ebene finden sich die gleichen Einbohrungen auf Stöpseln („studs") der Phase F, G und auf Siegeln der Phase H = frühdynastische Zeit (oder G?; Braidwood/Braidwood 1960: Fig. 192:2, 255:2, 297:3). Hinsichtlich des Motivs und des Stils könnte die Nr. **24** auch der Luristān-Gruppe zugeordnet werden (P. Amiet, mündlich).

17 (Schmidt 325)

OBJEKT: Rechteckiges Siegel mit linsenförmigem Querschnitt. Der Breite nach, parallel zur Achse der Darstellung durchbohrt. Grüngestein. 26 x 25 x 6,4 mm.
DATIERUNG: ᶜUbaid 4-Zeit.

HERKUNFT: Nordsyrien.
BASISGRAVUR: Geometrische Darstellung; punktsymmetrische Komposition: Vierteilung der Fläche: zwei Gerade kreuzen sich in der Mitte. In zwei sich diagonal gegenüberliegenden Feldern je ein Diagonalkreuz, in den zwei restlichen Feldern je ein Rautengitter. Grabsticheltechnik; dünner Ritzstil.
PARALLELEN: Für die Form vgl. ein ᶜUbaid 4-zeitliches Siegel vom Tall al-ᶜUwaiḥ (Lebeau 1983: Pl. D:6). Eine enge Parallele ist ein viereckiges, sehr kleines Siegel mit Grifföse, nachträglich horizontal durchbohrt, aus Ugarit (Ḥalaf-Zeit, Contenson 1973: 28 Fig. 12 oben links). Für die beiden Gestaltungselemente Diagonalkreuz und Gitterung abwechselnd nebeneinander s. ein Ḥalaf-zeitliches Knopfsiegel aus Arpačīya (Mallowan-Rose 1935: Pl. 7:574b) und einen Oberflächenfund (Siegel mit Grifföse) aus Ha-Gošerim/Obergaliläa (Keel-Leu 1989: Nr. 13). Für Darstellung und Kompositionschema s. je ein frühbronzezeitliches Siegel mit Griff aus Alişar (von der Osten 1937: Abb. 186:e 560) und aus Beycesultan (Lloyd/Mellaart 1962: Pl. 32:6). Für Beispiele des frühen 2. Jts. aus Kültepe und Phaistos/Kreta vgl. Özgüç 1968: Pl. 39:3; Pini 1970: Nr. 102 (Hinweis auf den zuletzt genannten Beleg bei von Wickede 1990: 116 Anm. 81).

18 (Schmidt 181)

OBJEKT: Dachartig gewölbtes Siegel mit runder, leicht konvexer Siegelfläche, an den Durchbohrungsenden senkrecht abgeplattet. Sechsbeiniger Käfer in stark erhabenem Relief auf der Rückseite. Parallel zum First und zur Achse der Darstellung durchbohrt. Chloritit. Ø 29,3 x H. 12,4 mm.
DATIERUNG: Susa I-Zeit.
HERKUNFT: Westiran.
BASISGRAVUR: Geometrische Darstellung; punktsymmetrische Komposition: zwischen zwei waagrechten Linien ein Diagonalkreuz. Grabsticheltechnik; mitteltief eingeritzt.
PARALLELEN: Für Siegelbild und -form vgl. Belege aus Susa („Susa A", Amiet 1972: Nrn. 91-94) und angeblich vom Tepe Giyān (Herzfeld 1933: Abb. 16:TG 2345).

19 (Schmidt 250)

OBJEKT: Flacher Kegel mit unregelmässig ovaler Siegelfläche. Unterhalb des Apex schräg zur Achse der Darstellung in einem nach unten geneigten Winkel durchbohrt. Kleine Beschädigung am Siegelrand. Grüngestein. Ø 29,5 x 32,6 x 13,6 mm.
DATIERUNG: Susa I-Zeit.
HERKUNFT Westiran.
BASISGRAVUR: Geometrische Darstellung; punktsymmetrische Komposition: Kreuz mit zweimal drei und zweimal vier Winkeln in den Feldern. Grabsticheltechnik; dünner Ritzstil.

PARALLELEN: Zur Form vgl. Herzfeld 1933: Abb. 17, oben links (Nih. und Zakh. 5). Für die im obern Teil angebrachte Durchbohrung vgl. ein Hemisphäroid vom Tall Lauḫ (Tello) (Buchanan 1967: 534 Nr. 40). Ein sehr gutes Vergleichsstück in bezug auf Dekor und Stil ist ein kalottenförmiges Siegel aus Seh Gabi, "Kangavar Periode VII ca. 3800-3600" = Susa I-Zeit (Henrickson 1988: 7 SG 73-18 mit Fig. 3, Pl. 1:C).
BIBLIOGRAPHIE: Keel/Uehlinger 1990: 30f Abb. 18.

20 (Schmidt 252)

OBJEKT: Kugelkalotte. Waagrecht und parallel zur Achse der Darstellung durchbohrt. Durchbohrung auf einer Seite etwas in die Siegelfläche eingebrochen. Grüngestein. Ø 18 x H. 9,5 mm.
DATIERUNG: Susa I-Zeit.
HERKUNFT: Westiran? Nordostmesopotamien?
BASISGRAVUR: Geometrische Darstellung; punktsymmetrische Komposition: Kreuz mit je einem Winkel und einem eingekerbten Dreieck in den Feldern. Grabsticheltechnik; mitteltief und z.T. breit eingeritzt.
PARALLELEN: Für sehr ähnliche Stücke aus Seh Gābi, „Kangavar Periode VII, ca. 3800-3600" = Susa I-Zeit und Gaura Schicht XII und XI vgl. Henrickson 1988: 7 SG 73-54 mit Fig. 3, Pl. II:A; Tobler 1950: Pl. 159:30: von Wickede 1990: Taf. 262.

21 (Schmidt 237)

OBJEKT: Perlenförmiges Siegel in Form einer flachen Raute mit gratförmiger Verdickung auf dem Rücken und röhrenartig vorstehenden Bohrlochenden. Siegelfläche schwach konvex. Der Längsachse nach und waagrecht zum Siegelbild durchbohrt. Am unteren Rand etwas bestossen. Grüngestein, kupferführend. 35 x 27 x 6 mm.
DATIERUNG: ʿUbaid 4-Zeit.
HERKUNFT: Nordsyrien/Südostanatolien.
BASISGRAVUR: Figürliche Darstellung: nach rechts gerichtete Ziege, zwischen ihren Beinen, entgegengesetzt gerichtet, kleinere Ziege: Motiv des „säugenden Muttertieres"; pflanzliche Elemente im Feld. Grabsticheltechnik; kräftiger Ritzstil, Rumpf des grösseren Tieres tiefer ausgehöhlt.
PARALLELEN: Für die Form und in geringerem Masse die Ikonographie s. ein Original der ʿUbaid 4-Zeit aus Değirmentepe III (Esin 1983: 189 Abb. 9:2). Für eine identische Form und gleiche Stilisierung der Füll- bzw. Dekorationselemente vgl. ein Beispiel des Ashmolean Museums möglicherweise vom Tall Bašar/Nordsyrien (Buchanan/Moorey 1984: Nr. 80). Eine hinsichtlich Form, Darstellung und Stil sehr enge Parallele ist im Museum von Urfa ausgestellt (ohne nähere Angaben). Für das in der Frühzeit seltene Motiv des „säugenden Muttertieres" vgl. einen Siegelabdruck vom Geoy Tepe (Brown 1951: Pl. 8:1646), eine beidseitig gravierte Platte angeblich vom Tepe Giyān (Herzfeld 1933: Abb. 25:TG 2507), einen in Ecbatana erworbenen,

kalottenförmigen Stein (Keel 1980: Abb. 54, Taf. 1:2) und ein Giebelsiegel („gable“, Buchanan/Moorey 1984: Nr. 96). Zu Belegen aus der Eisenzeit vgl. die Nrn. **58-60**. Für die fischgratähnliche Stilisierung pflanzlicher und anderer Füllelemente sowie des dreieckigen Oberkörpers der menschlichen Figur s. Beispiele aus Değirmentepe III (Esin 1985: Abb. 9), vom Tall Ḥalaf (Hrouda 1962: Nr. 56), aus Nairāb (Abel/Barrois 1928: 200 Fig. 6:i) und aus dem Ḫābūr-Gebiet (Mallowan 1937: Fig. 14:4).
BIBLIOGRAPHIE: Vollenweider u.a. 1966: 152 No. 12 (ohne Abb.).

22 (Schmidt 340)

OBJEKT: Rechteckige, bikonvexe Platte mit kleiner Öse auf dem Rücken. Ecken leicht gerundet. Durchbohrung mittels Feuersteininstrument (L. Gorelick, mündlich). Lapislazuli, Strich blassblau. 37,7 x 24,7 x 13,5 mm (mit Öse).
DATIERUNG: Susa I-Zeit.
HERKUNFT: Westiran.
BASISGRAVUR: Figürliche Darstellung; punktsymmetrische Komposition: übers Kreuz angeordnet zwei Schlangen und zwei Vögel mit ausgebreiteten Schwingen. Grabsticheltechnik; dünner schematischer Ritzstil.
PARALLELEN: Für die Siegelform vgl. ein Siegel angeblich von Hamadān (Herzfeld 1933: Abb. 13 Ham.) und zwei Vergleichsstücke hierzu aus der Slg. Aulock, wohl ebenfalls iranischen Ursprungs (von der Osten 1957: Nr. 1 und 2). Für die Vögel mit ausgebreiteten Schwingen und hakenförmigem Kopf in „tête-bêche“-Komposition vgl. Abdrücke aus Susa (Amiet 1972: Nrn. 164-166). Die „tête-bêche“-Darstellung ist bereits in Susa I belegt (Amiet 1972: I 27 und 29 Nr. 170). Der dünne, schematische Ritzstil kommt ebenfalls hier vor (ebd. Nrn. 127 und 134).

23 (Schmidt 288)

OBJEKT: Flacher Kegel mit kreisrunder Siegelfläche. Auf dem Apex eine waagrechte Einbohrung, wohl für eine geplante, jedoch misslungene (oder später abgebrochene?) Schnuröse. Kalkstein, ocker mit rostroten Striemen. Ø 26 x H. 9 mm.
DATIERUNG: Frühe Susa II (=Susa B)-Zeit.
HERKUNFT: Westiran.
BASISGRAVUR: Figürliche Darstellung: nach links gerichteter Vierfüssler mit hochgestelltem Schwanz (Panther?); darunter, dem Rand entlang, ein Zweig; darüber eine Y-Form (pflanzliches Element?). Grabsticheltechnik; grober Ritzstil, Füsse durch zwei oder drei Zacken wiedergegeben (Krallen).
PARALLELEN: Für Form und Material vgl. zwei Susa B = Susa II 22-19 zugewiesene Siegel (Amiet 1972: Nrn. 257, 258). Für das Tier, namentlich die gleich stilisierten Füsse vgl. zwei Luristān-Siegel (Amiet 1973 Nr. 11a sowie unsere Nr. **14**). Für die gleiche Form und möglicherweise das gleiche Material (rot/weiss gesprenkelter Stein) vgl. ein Siegel im British Mu-

seum (BM 120575, unveröffentlicht). Eine sehr enge ikonographische Parallele ist ein Hemisphäroid der Yale Babylonian Collection (Buchanan 1981: Nr. 75).

24 (Schmidt 253)

OBJEKT: Schwach dachartig gewölbtes Siegel mit runder Siegelfläche. Auf dem Rücken zwei Einbohrungen, die ursprünglich mit einem Kontrastmaterial ausgefüllt waren. An den Enden der Durchbohrung schräg abgeplattet. Parallel zum First und waagrecht zum Siegelbild durchbohrt. Siegelbild stark abgeschliffen. Schwarzer Kalkstein. Ø 17,7 x H. 6,6 mm.
DATIERUNG: Ende ᶜUbaid-4 / frühe Gaura-Zeit.
HERKUNFT: Nordostmesopotamien (od. Luristān?).
BASISGRAVUR: Figürliche Darstellung: nach rechts schreitender Capride mit langem gebogenem Gehörn. Über seinem Rücken eine Schlange. Dreieck und Kreis im Feld. Grabstichel/Kugelbohrertechnik; feiner dünner Ritzstil; Rumpf des Tieres und Dreieck flach geschnitten; Kreis = Kugelbohrung.
PARALLELEN: Für Siegelform und Darstellung vgl. Tobler 1950: Pl. 165:112 (Gaura XI), für Darstellung ibid. Pl. 165:113 (Gaura XIA).

25 (Schmidt 319)

OBJEKT: Dachartig gewölbtes Siegel mit runder Siegelfläche und abgeplatteten Durchbohrungsenden. Auf dem Rücken zwei Bohrlöcher. Evtl. früher Gebrauch eines Metallkugelbohrers (L. Gorelick, mündl.). Parallel zum First und waagrecht zum Siegelbild durchbohrt. Weisser Kalzit. Ø 23,6 x H. 8,8 mm.
DATIERUNG: Ende ᶜUbaid-4 / frühe Gaura-Zeit.
HERKUNFT: Nordostmesopotamien.
BASISGRAVUR: Figürliche Darstellung: nach links gerichteter Vierfüssler mit zurückgewendetem Kopf und hoch gebogenem Schwanz. Grabstichel-/Kugelbohrertechnik; kruder Ritzstil, Hals etwas breiter ausgekratzt. Auge und Füsse durch Kugelbohrungen wiedergegeben (mit Feuersteinbohrer, mündl. Mitteilung L. Gorelick).
PARALLELEN: Für die Form vgl. Tobler 1950: Pl. 165:190,112 (Gaura XII und XI). Für die Wiedergabe der Füsse durch Kugelbohrungen ebd. Pl. 167:139 (Gaura XII).

III

Giebelförmige Siegel und eigentliche Giebelsiegel: Nordsyrisch-/südost-/ostanatolische Siegel von der ᶜUbaid 4-Zeit bis zum Ende des Chalkolithikums ca. 4200-3400 Nrn. 26-34

A. Siegel mit giebelförmigem bzw. dreieckigem Querschnitt und *runder* Bildfläche sind im ᶜUbaid 4-zeitlichen Nordsyrien/Ostanatolien bezeugt, so in Değirmentepe III (von Wickede 1990: Taf. 541, 547, 550), Nairāb (Abel/Barrois 1928: 200 Abb. 6:i), Tall Brak (Mallowan 1947: Pl. 19:13-14,16-17). Zur Datierung der letztgenannten Belege, mit denen unsere Nrn. **26** und **27** aufs engste verwandt sind, in die späte ᶜUbaid-Zeit (ᶜUbaid 4), s. schon Nagel 1954: Abb. 44; Caldwell 1976: 231; Buchanan 1967: 525; zuletzt von Wickede 1990: 230. Die runde bzw. ovale Bildfläche kommt auch auf einem Teil der späteren Giebelsiegel vor (s. unsere Nr. **32**). Verbindungen zum Iran bzw. zu Luristān (vgl. S. 9) lassen sich durch die verwandte Siegelform („Giebelkalotte"), die Ikonographie (vgl. Amiet 1972: Nrn. 171, 174 Feliden), die Gitterung der Tierleiber sowie die tête-bêche-Komposition herstellen (für letztere vgl. ein Rundsiegel aus gesicherter Susa I-Fundlage, Amiet 1972: Nr. 170). Die Bauch-gegen-Bauch-Komposition der Nr. **27** ist selten – sie ist ein Merkmal der späteren, frühbronzezeitlichen Glyptik von Arslantepe VIa (Frangipane/Palmieri 1983/1988: Fig. 71, 72).

B. Siegel mit giebelförmigem Querschnitt und *rechteckiger* Bildfläche sind erstmals in der ᶜUbaid 4-Zeit belegt. In Gaura tragen sie geometrischen Dekor (Tobler 1950: Pl. 158:8, 9 aus Schicht XII und XIII). Das Gleiche trifft für ein auf dem Tall al-ᶜUwailī in einer ᶜUbaid 4-zeitlichen Schicht gefundenes Beispiel zu (Lebeau 1983: 52, Pl. D:5). Nach von Wickede (1990: 230) gibt es keine fest datierten Belege mit figürlicher Darstellung aus der ᶜUbaid-Zeit. Merkmal dieser Frühform ist das mittlere bis kleine Format, vor allem aber der *parallel zur Längsseite* verlaufende First und mit ihm die Durchbohrung. Diesem Sachverhalt entsprechen unsere Nrn. **28** und **29**. Der kaum artikulierte Mittelgrat und die konvexe Bildfläche der Nr. **28** stehen in engster Verbindung zu unserer Nr. **17**, deren Dekor sich noch in Ḥalaf-zeitlicher Tradition bewegt. Hier muss mit einer möglichen Vorstufe der Giebelform gerechnet werden, wobei die Grenzen zwischen den Formen der Nrn. **17** und **28**, wie auch deren späteren Entwicklung (Nrn. **33** und **34**), fliessend sind.

In ihrer Studie über die Giebelsiegel erwähnt Mazzoni (1980: 70) unser Siegel Nr. **29** im Zusammenhang mit ihrer Giebelsiegel-Klasse 1, einer ikonographisch definierten Gruppe (Vierfüssler/Zweig), die sie aufgrund der Fundlage eines Beispiels aus Tabarat al-Akrad in die Spät-Uruk-Zeit datiert. Stilistisch hat aber unser Beispiel mit dieser Gruppe nichts gemeinsam. Der tiefer ausgehöhlte Tierleib könnte zwar auch in diese Zeit passen, eine Tendenz zum Modellieren haben wir aber schon auf gewissen Siegeln der früheren Luristāngruppe angetroffen, mit der unser Stück auch motivlich verbunden ist (vgl. unsere Nrn. **5**, **6**, **10**). Die Stierdarstellung der Nr. **28** jedoch ist typisch für Anatolien.

C. Die Nrn. **30-34** bilden die eigentliche Gruppe der Giebelsiegel („gables"), die sich wohl am Ende der ʿUbaid 4-Zeit herauszubilden beginnen und während der frühen Gaura-Zeit bzw. dem späten Chalkolithikum zum Siegeltyp par excellence Nordsyriens, Südost- und Ostanatoliens wird. Charakteristisch, und im Gegensatz zu den eben besprochenen Vorformen, sind:

– die langrechteckige Form mit scharfkantigem First. Varianten sind die Giebelsiegel mit gerundetem Rücken (Nr. **34**) oder mit ovaler Bildfläche (Nr. **32**);
– das oftmalige grosse Format (Nrn. **30-32**);
– der über die *Breite* führende und senkrecht zum Siegelbild verlaufende First und die parallel dazu erfolgte Durchbohrung;
– die bevorzugte Darstellung von Capriden mit weitausschweifendem, überlangem Gehörn (Nr. **31**); ferner kommen Boviden vor (Nr. **30**), seltener sind Feliden (Nr. **32**) und menschliche Figuren (Nr. **34**). Eine eigene Gruppe bilden Wildschweindarstellungen (hier nur Nr. **33**). Charakteristisch ist auch die Zackenumrandung (Nr. **32**).
– der grobe, tiefe Kerbschnitt in
  a) einer sorgfältigen, eher naturalistischen Ausführung mit mehr oder weniger breit und eckig ausgeschabten und durch Niveauunterschiede oder Linien unterteilte scharfumrissene Flächen (Nrn. **30**, **32**);
  b) einer schematisch abstrahierenden, rein linearen Ausführung (Nr. **31**) bisweilen mit grober Schrägschraffur (Nr. **33**).

Mazzoni (1980) hat die Giebelsiegel einer umfassenden Studie unterzogen, ein breit angelegtes Material in verschiedene Stil- bzw. Motivgruppen eingeteilt und mit Datierungsvorschlägen versehen. Aufgrund eines aus ᶜUbaid 3-zeitlichem Kontext stammenden und im schematischen Kerbschnittstil geschnittenen Giebels vom Tall Mafaš (Mallowan 1946: 157, Pl. 24:1) lässt sie die Giebelsiegelproduktion zu diesem Zeitpunkt beginnen. Andererseits ordnet sie ihre 2. und 3. Siegelklasse, zu denen das Mafaš-Siegel stilistisch gesehen eindeutig gehört, der Uruk-Ǧamdat-Naṣr-Zeit zu. Zurecht widersetzt sich denn auch von Wickede (1990: 228f) einer Datierung der ersten Giebelsiegel in die ᶜUbaid 3-Zeit. Darstellung und Stil des Mafaš-Siegels dürften für diese Frühzeit nicht in Anspruch genommen werden. Auch ist für von Wickede die Datierung des im sorgfältigeren Stil gravierten Tall aš-Šaiḫ-Materials (Woolley 1953: Pl. 1:b; Buchanan 1967: 525f) in die ᶜUbaid 4-Zeit fraglich. Mit Sicherheit sind Giebelsiegel für die ᶜAmuq F-Zeit belegt (Braidwood/Braidwood 1960: Fig. 191:6-8). Dieser Zeit entsprechen der Abdruck eines Giebelsiegels aus Gaura XIA (Tobler 1950: Pl. 168:155) und ein Original aus der Schicht IIIB in Ugarit (Courtois 1962: 411f Fig. 51:C). Ihr Weiterleben in der ᶜAmuq-G Phase (Braidwood/Braidwood 1960: Fig. 253:8-9,11) sowie dasjenige giebelähnlicher Motive auf rechteckigen Platten und Abdrücken von Gaura VIII und VII (Speiser 1935: Pl. 57:28-30) zeigen die Zähigkeit der Giebelsiegeltradition an. Ob die beiden oben grob umrissenen Stilgruppen zeitlich parallel oder nacheinander verlaufen, kann mangels ausreichenden festdatierten Materials nicht entschieden werden.

Die Fundstätten von Giebelsiegeln liegen zwischen Tēl Qišiōn/Galiläa im Süden bis Norşuntepe bei Malatiya in Ostanatolien (Keel-Leu 1989: Nr. 20; Hauptmann 1976: Taf. 48:1), das Zentrum mit Aussenposten im Westen (Acem Höyük, Tezcan 1958: 526 Res. 21b, 22b, 24b, 25b) und Südosten (Tall Brak, Mallowan 1947: Pl. 20:11-12; von Wickede 1990: Taf. 69:e) liegt in der Gegend von Antiochien (ᶜAmuq) und Kilikien, von wo die Hauptmasse der bis anhin sichergestellten Exemplare kommt.

Wie schon Buchanan (1967: 525) vermerkt, dürfen Steine mit runder bzw. ovaler Bildfläche nur dann zu den eigentlichen Giebelsiegeln gerechnet werden, wenn sie auch eine in typischer Giebelmanier geschnittene Darstellung tragen. Dies trifft für die Nr. **32** zu, die in Tarsus eine Entsprechung findet (Goldman 1956: Fig. 392:1). Ein charakteristisches Merkmal ist vor allem die Zackenumrandung (vgl. hierzu Mazzonis Klasse 3, 1980: 71). Sie kommt noch auf den bereits erwähnten Beispielen aus Gaura VIII und VII vor (Speiser 1935: Pl. 57:28-30). Nach von Wickede geht diese Art von Randleiste auf die ᶜUbaid-Zeit zurück (1990: 194). Jedenfalls ist sie auf beiden Stilgruppen, der mehr naturalistischen und der schematischen zu finden. Auch dieses Siegel erlaubt interessante Vergleiche mit dem Iran: Nicht nur die gleiche Form, wenn auch vorzugsweise mit runder Bildfläche, sondern auch die Löwendarstellung und die Schneidetechnik, der breite, flache Tiefschnitt mit durch Linien angedeuteten Körperteilen, sind dort anzutreffen, vgl. das auf S. 9 Gesagte und speziell unsere Nrn. **5**, **7** und **10**. Feliden erlangen als Darstellungsgegenstand in Mesopotamien und Nordsyrien/ Anatolien erst ab der Spät-Uruk-Zeit Bedeutung, so in Gaura VIII-VII (Speiser 1935: Pl. 57: 21,26; Pl. 58: 35,38) und besonders in Arslantepe VIa (Amiet 1973b: 223 Fig. 4:1,5; Frangipane/Palmieri 1983/1988: Fig. 71:21,22; Fig. 78:1).

Auf den von Mazzoni (1980: 72) erwähnten Parallelen zu unserer Nr. **33** erscheinen anstelle der Zickzacklinie stets eine Reihe schräger Striche, welche Mazzoni gegebenenfalls als stilisierte Borstenhaare sehen möchte, sich dabei aber fragt, ob letztere nicht eine missverstandene Schlange sein könnten. Mit unserem Stück wird hierfür der Beweis erbracht und der Bezug zum iranischen Motivschatz klar hergestellt (vgl. die Ausführungen auf S. 9 und unsere Nr. **11**).

Dass die Nr. **34** mit ihrem abgerundeten Rücken eine wenn auch nicht häufige Variante der Giebelform ist, bezeugen eine Reihe von Parallelen mit Tierdarstellungen im typischen Giebelsiegelstil, darunter ein Beleg vom Tall Brak (Mallowan 1947: 129, Pl. 20:11-12). Der Mensch als Hauptfigur erscheint selten auf Giebelsiegeln. Die dreieckige Brustform ist im syrisch-südostanatolischen Raum üblicherweise mit einem Muster verziert, zumindest während der ʿUbaid-Zeit (s. die Angaben unter unserer Nr. **21** und auch ein mit unseren Nrn. **26** und **27** vergleichbares Rundsiegel des Ashmolean Museum, Buchanan/Moorey 1984: Nr. 35). Bei den gröber geschnittenen eigentlichen Giebelsiegeln wird auf feine Binnenzeichnung verzichtet. In Nordostmesopotamien (Gaura) fehlt sie von Anbeginn (nicht aber im Iran! s. hierzu von Wickede 1990: 243). – Tierköpfe sind zwar weniger häufig als Winkel und Dreiblatt (Nrn. **30**, **32-34**), jedoch auf Giebelsiegeln übliche Füllelemente, so z.B. auf einem Beleg vom Tall aš-Šaiḫ (Woolley 1953: Fig. 1:b rechts unten); ein gleicher Vogel erscheint auf einem früh-Gaura-zeitlichen Siegelabdruck aus Arpačīya (von Wickede 1990: Taf. 406).

Zum Schluss sollen anhand der unten aufgelisteten Querverbindungen zwischen unseren giebelförmigen Siegeln und unserer Luristān-Gruppe die gegenseitigen Beziehungen Nordsyrien/Südost-Ostanatoliens und dem Iran während der ʿUbaid 4-Zeit und dem darauf folgenden späten Chalkolithikum verdeutlicht werden:

Siegelform	Nrn. **26, 27, 32**	→	Nrn. **1-7, 9-13**
Ikonographie	Nr. **29** (Capride/Zweig)	→	Nrn. **5,6**
	Nr. **27, 32**	→	z.B.Amiet 1972 Nr. 171, 172
	Nr. **33**	→	Nr. **11**
Kompositionsschema	Nr. **26**	→	z.B. Amiet 1972 Nr. 170
Stil	Nrn. **30, 32**	→	Nrn. **5, 7, 10, 13** (Wildschweine)
	Nrn. **26, 27**	→	Nr. **12**.

Auf weitere Vergleichspunkte macht von Wickede (1990: 249f) aufmerksam, wobei er eine west-östliche Beeinflussung annimmt. Ob diese einseitige Stossrichtung zutrifft, bleibt zumindest so lange fraglich, als eindeutig datierte Luristānsiegel mit figürlichem Dekor fehlen. Die Vorzeitigkeit der bis anhin bekannten Giebelsiegel in bezug auf die Luristān-Glyptik ist noch nicht bewiesen.

26 (Schmidt 256)

OBJEKT: Giebelförmiges Siegel mit runder, schwach konvexer Siegelfläche. Parallel zum First und senkrecht zum Siegelbild durchbohrt. Grüngestein. Ø 40,8 x H. 10 mm.
DATIERUNG ᶜUbaid 4-Zeit
HERKUNFT: Nordsyrien/Südost-/Ostanatolien.
BASISGRAVUR: Figürliche Darstellung; punktsymmetrische Komposition („tête-bêche"): zwei Rücken gegen Rücken liegende, entgegengesetzt gerichtete Capriden. Dazwischen Capridenkopf und augenförmiges Füllsel oder Ohr des Tieres? Unter dem hochgereckten Hals des einen Tieres Linie (Schlange?). Grabsticheltechnik; tiefer kerbschnittartiger Ritzstil; Rumpf der Tiere im flachen Tiefschnitt mit Innenzeichnung (Gitterung).
PARALLELEN: Vgl. ein in Form und Dekor sehr ähnliches spät-ᶜUbaid-zeitliches Siegel vom Tall Brak (Mallowan 1947: Pl. 19:13,14), ferner ein hinsichtlich der Form und der Kompositionsweise gleiches Siegel aus Uruk (Jakob-Rost 1975: Nr. 27).

27 (Schmidt 314)

OBJEKT: Giebelförmiges Siegel mit runder, leicht konvexer Siegelfläche. Parallel zum First und senkrecht zum Siegelbild durchbohrt. Rand teilweise abgebrochen; ein Durchbohrungsende ist etwas in die Siegelfläche eingebrochen. Grüngestein. Ø 40 x H. 9 mm.
DATIERUNG: ᶜUbaid 4-Zeit.
HERKUNFT: Nordsyrien/Südost-/Ostanatolien.
BASISGRAVUR: Figürliche Darstellung; punktsymmetrische Komposition: zwei entgegengesetzt übereinander, Bauch gegen Bauch liegende Feliden (Panther?). Über dem einen Skorpion,

über dem andern undeutbares Wesen (Fisch, pflanzliches Element?). Zwischen den Beinen des einen Tieres drei schwach, evtl. nachträglich eingeritzte Winkel. Grabsticheltechnik; dünner Ritzstil, Rumpf der Tiere im flachen Tiefschnitt mit Innenzeichnung (Gitterung); fischgratähnliche Stilisierung des Skorpions.
PARALLELEN: Für die Feliden-Darstellung vgl. einen Abdruck aus Değirmentepe III (Esin 1985: Abb. 16), für Siegelform, Darstellung, Komposition und Stil ein Siegel des Ashmolean-Museum (Buchanan/Moorey 1984: Nr. 37). Das ebenfalls giebelförmige Rundsiegel Nr. 35 der gleichen Sammlung zeigt gleichzeitig Gitterung und Fischgratmuster als Stilelemente (vgl. auch das unter Nr. **21** Gesagte). Eine weitere Parallele aus dem Ḫābūrgebiet stellt durch das gleich stilisierte Füllmotiv gleichzeitig einen Bezug zu unserer Nr. **21** her (Mallowan 1937: Fig. 14:4).

28 (Schmidt 318)

OBJEKT: Giebelförmiges Siegel mit nahezu quadratischer, leicht konvexer Siegelfläche. First flach und leicht abgerundet. Parallel zum First und senkrecht zum Siegelbild durchbohrt. Bei einer Durchbohrung Oberseite ausgebrochen. Stark abgenutzt. Grüngestein. 29,7 x 28,8 x 7 mm.
DATIERUNG: ʿUbaid 4-Zeit.
HERKUNFT: Nordsyrien/Südost-/Ostanatolien.
BASISGRAVUR: Figürliche Darstellung: nach links schreitender Stier. Darüber unklare Figur, liegende verrenkte oder eilende menschliche Gestalt? Zwischen letzterer und dem Rücken des Tieres nachträglich herausgekratzte Linie oder Beschädigung. Grabsticheltechnik; Ritzstil, schwache, flache Vertiefung des Rumpfes.
PARALLELEN: Für die Form vgl. Tobler 1950: Pl. 158:9 (Gaura XIII); Lebeau 1983: 52, Pl. D:5 (ʿUbaid 4). Eine um 45° gedrehte menschliche Figur über einem Stier zeigen je ein giebelförmiges Siegel der Aulock-Sammlung und des Ashmolean Museum, ersteres im ähnlichen Stil (von der Osten 1957: Nr. 58; Buchanan/Moorey 1984: Nr. 35). Für eine auch stilistisch sehr ähnliche Stierdarstellung s. ein anatolisches Siegel gleicher Form (Bossert 1942: 36, Taf. 66:322).

29 (Schmidt 43)

OBJEKT: Giebelförmiges Siegel mit rechteckiger, schwach konvexer Siegelfläche. Parallel zu dem der Länge nach führenden First und senkrecht zum Siegelbild durchbohrt. Auf der Siegelfläche Einschlüsse im Stein. Stark abgenutzt. Durchbohrung durch Schnur ausgeweitet. Grüngestein. 26 x 24 x 8,6 mm.
DATIERUNG: ʿUbaid 4-Zeit.
HERKUNFT: Nordsyrien/Südost-/Ostanatolien.
BASISGRAVUR: Figürliche Darstellung: nach links schreitender Capride mit steil aufsteigendem, nach hinten gebogenem Horn. Hinterbein eingeknickt. Über Rücken ein Zweig. Grab-

sticheltechnik; lineare Darstellung mit relativ tiefer Aushöhlung des Rumpfes, jedoch mit gerundeten, weichen Kanten.
PARALLELEN: Für Zweig mit langen Trieben über Capriden vgl. ein Siegel aus Değirmentepe III und einen spät-ʿUbaid-zeitlichen Siegelabdruck aus Norşuntepe (Esin 1983: Taf. 36:2; Hauptmann 1976: Taf. 48:3). Ein sehr ähnliches Giebelsiegel stammt aus späterem Kontext aus Kültepe (Özgüč 1968: Pl. 34:2).
BIBLIOGRAPHIE: Borowski 1947: 69 und 158f Nr. 4, Pl. I:4. Mazzoni 1980: 70: Suisse 4 (ohne Abb.).

30 (Schmidt 184)

OBJEKT: Giebel-Siegel mit rechteckiger, schwach konvexer Siegelfläche. Parallel zum First und senkrecht zum Siegelbild durchbohrt. Auf Siegelfläche rechts unten etwas abgebrochen. Grüngestein. 46 x 38 x 14 mm.
DATIERUNG: ʿAmuq F- bzw. spätchalkolithische Zeit.
HERKUNFT: Nordsyrien/Südost-/Ostanatolien.
BASISGRAVUR: Figürliche Darstellung: nach rechts schreitender Vierfüssler (Rind). Nur drei Beine wiedergegeben, wovon das hintere geknickt. Zwei Striche, zwei Dreiblätter und ein Winkel im Feld. Grabsticheltechnik; naturalistischer Kerbschnittstil; Rumpf im breiten, relativ flachen Tiefschnitt geschnitten; Körperteile durch Niveauunterschiede angedeutet.
PARALLELEN: Trotz der relativ naturalistischen Wiedergabe ist das Tier nicht klar zu deuten. Es hat den Rumpf eines Rindes, der Schwanz ist dafür jedoch zu kurz. Bovinen kommen auf Giebeln stets mit zwei nach vorn ausschwingenden Hörnern und in Verbindung mit einem zweiten Tier, einem Tierkopf oder einer menschlichen Gestalt vor (Woolley 1953: Pl. 16 rechts unten mit Tierkopf; Buchanan/Moorey 1984: Nr. 111 mit zweitem Tier; Nr. 114 mit Tierkopf; und Nr. 28). Für eine Beschreibung dieser Gruppe mit Angabe von Parallelen vgl. Mazzoni 1980: 66f.

31 (Schmidt 223)

OBJEKT: Giebel-Siegel mit rechteckiger, schwach konvexer Siegelfläche. Parallel zum First und senkrecht zur Darstellung durchbohrt. An drei Ecken abgebrochen, übrige Ecke abgerundet. Grüngestein. 5,7 x 4,5 x 2,1 mm.
DATIERUNG: ʿAmuq F- bzw. spätchalkolithische Zeit.
HERKUNFT: Nordsyrien/Südost-/Ostanatolien.
BASISGRAVUR: Figürliche Darstellung, Tierreihung: zwei nach rechts gewendete Horntiere, deren Hörner frontal wiedergegeben sind (Widder?). Über dem nach hinten verlaufenden Horn je eine parallel geschwungene Linie, beim zweiten Tier eine weitere gleiche Linie unter dem hinteren Horn. Die Beine sind abwechselnd kurz und lang geschnitten, der Schwanz ist wie ein verkürztes Bein dargestellt. Über dem Rücken der Tiere je ein Winkel, zwischen den Beinen einmal

ein pflanzliches Element und einmal nur ein Strich. Grabsticheltechnik; grober, schematischer Kerbschnittstil.
PARALLELEN: Ein nicht stratifiziertes Giebelsiegel aus Tarsus zeigt ein grob eingeritztes Horntier mit ähnlich ausgeformten Hufen (Goldman 1956: Fig. 392: 2). Für den schematischen Stil vgl. je ein Beispiel vom Tall Mafaš, Tall Brak und von der ʿAmuq-Ebene (Mallowan 1946: Pl. 24:1; ders. 1947: Pl. 20:11-12; Braidwood/Braidwood 1960: Fig. 380:10).

32 (Schmidt 186)

OBJEKT: Giebel-Siegel mit ovaler Siegelfläche. Der First ist etwas abgeplattet und verläuft leicht schräg zur Achse und zum Siegelbild. Parallel zum First durchbohrt. An zwei Stellen am Rand bestossen. Grüngestein: Serpentinit (G. Galetti). 57 x 48 x 12 mm.
DATIERUNG: ʿAmuq F- bzw. spätchalkolithische Zeit.
HERKUNFT: Nordsyrien/Südost-/Ostanatolien.
BASISGRAVUR: Figürliche Darstellung: nach rechts anschleichender Felide (Panther? Löwin?) mit langem, über den Rücken gelegtem Schwanz. Drei Winkel, wovon zwei ineinandergreifend, und ein Strich im Feld. Zackenlinie als Randleiste. Grabsticheltechnik; naturalistischer Kerbschnittstil, breit und flach ausgeschnittene Körperform mit scharfen Kanten; durch Linien angedeutete Körperteile; Unterläufe mit Zacken versehen.
PARALLELEN: Für die Form und die Zackenrandleiste vgl. ein nicht stratifiziertes Siegel aus Tarsus (Goldman 1956: Fig. 392:1), für eine Felidendarstellung ein Giebelsiegel vom Tall Brak (von Wickede 1990: Taf. 576). Der breit und flach geschnittene Tierkörper mit durch Linien angedeuteten Gliedern ist mit einer Darstellung vom Tall aš-Šaiḫ vergleichbar (Woolley 1953: Pl. 1:b). Weitere stilistische Parallelen sind je ein Beispiel des Ashmolean Museum und der Slg. Moore (Buchanan/Moorey 1984: Nr. 114; Eisen 1940: Nr. 117). Die Zacken an den Unterläufen des Tieres nehmen jene der Randleiste wieder auf. Man trifft sie auch auf frühbronzezeitlichen Siegelabdrücken aus Arslantepe VIa (Frangipane/Palmieri 1983/1988: Fig. 71:21,23, Fig. 73:72,73, Fig. 78:1,8). Die gleiche Beinhaltung und Stilisierung zeigt ein Giebelsiegel der Berliner Sammlung (Jakob-Rost 1975: Nr. 129; vgl. weiter das anatolische Siegel Bossert 1942: Taf. 66:321). Eine in jeder Beziehung sehr enge Parallele ist ein unveröffentlichtes Siegel des British Museum (BM 135251).
BIBLIOGRAPHIE: Vollenweider u.a. 1966: 151 No. 3.

33 (Matouk 6712)

OBJEKT: Giebel-Siegel mit rechteckiger Siegelfläche. Parallel zum First und senkrecht zum Siegelbild durchbohrt. Grüngestein. 27 x 23 x 8 mm.
DATIERUNG: ʿAmuq F- bzw. spätchalkolithische Zeit.
HERKUNFT: Nordsyrien/Südost-/Ostanatolien.

BASISGRAVUR: Figürliche Darstellung: nach links schreitendes Wildschwein. Darüber eine Zickzacklinie = Schlange. Winkel im Feld. Grabsticheltechnik; kräftiger Ritzstil, Rumpf des Tieres tiefer ausgehoben und schraffiert.
PARALLELEN: Für eine gleich stilisierte Wildschweindarstellung auf einem Giebelsiegel aus spätchalkolithischer Fundlage vom Norşuntepe s. Hauptmann 1976: Taf. 48: 1. Weitere Parallelen, jedoch mit Schrägstrichen statt der Zickzacklinie über dem Wildschwein finden sich imAshmolean Museum (Buchanan/Moorey 1984: Nrn. 107-110) und in der Genfer Sammlung (Vollenweider 1967: Nr. 116; vgl. weiter das anatolische Siegel Bossert 1942: Taf. 66:321). Eine Zickzacklinie über einem liegenden Vierfüssler zeigt ein Giebelsiegel der Yale Babylonian Collection (Buchanan 1981: Nr. 58).

34 (VS 1983,1)

OBJEKT: Giebel-Siegel mit der Länge nach gerundetem Rücken. Der Breite nach waagrecht zum Siegelbild durchbohrt. An einer Ecke bestossen. Grüngestein. 28 x 15 x 7 mm.
DATIERUNG: ʿAmuq F- bzw. spätchalkolithische Zeit.
HERKUNFT: Nordsyrien/Südost-/Ostanatolien.
BASISGRAVUR: Figürliche Darstellung: nach links schreitende unbekleidete Gestalt, rechter Arm erhoben, linker Arm im Bogen an die Taille gelegt. Über der erhobenen Rechten ein Tierkopf, darunter ein Vogel(?, oder Tierschenkel?); in der obern Ecke rechts eine kleine senkrechte Einkerbung. Grabsticheltechnik; kräftiger bis kerbschnittartiger Ritzstil; Oberkörper im flachen Tiefschnitt herausgeschabt.
PARALLELEN: Für die gleiche Form vgl. einen Beleg vom Tall Brak (Mallowan 1947: 129 „from debris of eye-temple, probably of the Uruk or ʿAl Ubaid period", Pl. 20:11-12) und zwei Beispiele möglicherweise vom Tall Bašar (Buchanan/Moorey 1984: Nrn. 103-104; vgl. auch ebd. Nr. 102). Eine etwas unregelmässigere Ausführung aus Gaura XI, möglicherweise ein Import, ist Tobler 1950: Pl. 167:135 (vgl. weiter von der Osten 1957: Nr. 39; Vollenweider 1967: Nr. 118). Für Menschen als Hauptfiguren auf Giebelsiegeln vgl. drei Beispiele des Ashmolean Museum (Buchanan/Moorey 1984: Nrn. 118-120). Auf Nr. 119 sind die Gesichter gleich ausgebildet wie auf unserm Stück; die gleiche Darstellung des Gesichts mit zwei Vorsprüngen zeigen auch zwei Abdrücke der Schichten XII und XIA aus Gaura (Tobler 1950: Pl. 164:99, Pl. 163:86). Ein rechteckiger Abdruck der Schicht Gaura XIII zeigt drei mit unserem Stück, auch was die Beinmuskulatur anbelangt, vergleichbare Gestalten (ebd. Pl. 163:92). Ein ähnlicher Vogel als Nebenmotiv erscheint auf einem Giebelsiegel des Ashmolean Museum (Buchanan/ Moorey 1984: Nr. 111).

IV

Siegel mit Kugelbohrerdekor: Mesopotamische bzw. elamische Amulettsiegel der späten Uruk-Zeit ca. 3400-2900 Nrn. 35-48

Das gemeinsame Merkmal der Siegel Nrn. **35-48** ist das in grober Kugelbohrertechnik gefertigte Siegelbild, das im schroffen Gegensatz zur sorgfältig ausgeführten Siegelform steht. Hinzu kommen die Einfallslosigkeit des Dekors einerseits und der Formenreichtum verbunden mit der Vorliebe für farbige Steine andererseits. Der Hauptteil der Siegelformen erinnert an Altbekanntes, so die Perlenform der Nrn. **35-37**, letztere mit ganz schwach kragenartig ausgebildeten Durchbohrungsenden („collars"), die neuerdings grossformatige viereckige Platte Nr. **38** und die Kalottenform Nrn. **39-41**, die jetzt, wie bei Nr. **41**, die Gestalt einer Halbkugel annehmen kann. Eine Neuschöpfung sind die theriomorphen Stempelsiegel Nrn. **42-48**. Es sind Miniaturtierdarstellungen, die im Halbrelief geschnitten sind und deren glatte Unterseite als Siegelfläche genutzt werden konnte. Der Amulettcharakter dieser Siegelkategorie ist offensichtlich. Für das Prunkstück Nr. **42**, den Wisent, ist ausser Beispielen aus dem Handel, einzig eine Parallele aus Kiš bekannt; alle anderen Tierformen sind sowohl in Elam und Südmesopotamien wie auch auf dem Tall Brak belegt.

Das Siegelbild kann rein ornamental (Nrn. **41**, **45**) oder figürlich sein und wie auf Nrn. **36**, **39**, **46**, **47** Capriden bzw. einen Cerviden oder nicht näher bestimmbare Vierfüssler wie auf Nrn. **37**, **38**, **42-44**, **47**, **48** zeigen. Der Dekor ist dermassen Allgemeingut der Stempel- wie auch eines Teils der zeitgleichen Rollsiegelglyptik, dass es müssig ist, nach Parallelen für die einzelnen Darstellungen zu suchen. Die Figuren sind auf den Rundsiegeln und dem dieser Form angepassten Löwenkopfsiegel Nr. **48** punktsymmetrisch oder zumindest zentral komponiert. Auf den theriomorphen Siegeln sind sie nur einmal regelmässig (bustrophedon: Nr. **42**) angeordnet, in den übrigen Fällen frei auf der Bildfläche verteilt. Die Darstellung auf Nr. **41** kann auch figürlich, nämlich als eingerollte Schlange verstanden werden. Letztere ist ein im Iran seit frühester Zeit beliebtes Motiv (vgl. Erlenmeyer 1970: bes. Abb. 11). Ist damit eine Spirale gemeint, wurde ebenfalls auf ein uraltes Gestaltungselement zurückgegriffen, erscheint diese doch schon auf einem Stempel aus den neolithischen Schichten von Ǧarmu (Braidwood 1951: Fig. 9).

Bisweilen ist das Bild ausschliesslich mit dem Kugelbohrer gearbeitet (Nr. **37**, **40**, **41**, **45**). Die halbkugelförmigen Vertiefungen stehen vereinzelt oder in Gruppen da. Oft sind sie miteinander verbunden und danach mit dem Stichel oder einem anderen Schneideinstrument geglättet bzw. verwischt worden (Nr. **38**, **39**, **42**). Auf Nr. **39** ist der Übergang zur linearen Zeichnung festzustellen. Mit dem Stichel sind auch die spitzenförmigen Fortsätze der einzelnen Bohrungen bzw. die Gliedmassen und Hörner der Tiere eingeritzt (Nrn. **35**, **36**, **38**, **39**, **43**, **46-48**). Wegen des harten Materials der Nr. **36** (Jaspis) vermutet Gorelick (mündlich), dass ein Metallbohrer benutzt wurde. Über die Werkzeuge und den Kugelbohrerstil sowie die Einteilung der einschlägigen Darstellungen in Gruppen handelt Herzfeld (1933: 105-115). Der Kugelbohrer war schon seit der Ḥalaf-Zeit für einzelne Dekorationselemente herbeigezogen worden und in den folgenden Perioden mit wechselnder Häufigkeit im Gebrauch (vgl. hierzu von Wickede 1990: 237). In der späten Uruk-Zeit wird er zum stilbestimmenden Faktor der Stempelsiegelglyptik.

Dank einem entsprechend vielfältigen Stempelsiegelensemble aus gemeinsamer Fundlage in Nuzi (Starr 1939: Pl. 40) kann zumindest Gleichzeitigkeit für alle oben erwähnten Siegeltypen angenommen werden. Sie treten in Susa C bzw. Susa II-III Schichten 18-14 (Amiet 1972: I 47-49 Nrn. 269-413) und erstmalig in Massen zur gleicher Zeit (Uruk VI-III) auch in Südmesopotamien, also parallel zu der jetzt einsetzenden Rollsiegelglyptik auf, unter anderem auf dem Tall Lauḫ (Tello) (Genouillac 1934: Pl. 36, 38), Ur (Legrain 1951: Pl. 1 und 2 Nrn. 1-22) und Uruk (Jakob-Rost 1975: Nrn. 20, 32, 35, 37, 40, 47, 48, 50, 52, 61, 62; Tieramulettsiegel fehlen hier). In Nordmesopotamien sind sie einzig auf dem Tall Brak in grösseren Mengen belegt (Mallowan 1947: Pl. 8, 11-14, 17-18, 20). Umso ergiebiger ist hier die Formenvielfalt, namentlich was die Tieramulettsiegel anbelangt. Aufgrund von Mallowans Datierung des Tall Brak Bestandes in die Ǧamdat Naṣr-Zeit werden die theriomorphen Siegel weitgehend als eine Neuschöpfung dieser Endphase der Urukzeit betrachtet (Homès-Frédéricq 1970: 15; Brandes 1985: Nrn. 31-32). Aufgrund des Grabungskontextes der Siegel vom Tall Brak fragt sich Porada jedoch (1965: 155, 158), ob sie möglicherweise schon zu Anfang der Spät-Uruk- (Uruk VI-IV) bzw. Susa II 18-17-Zeit im Gebrauch waren (vgl. auch Amiet 1980: 25). Für eine Datierung der tiergestaltigen Stempel in die Zeit der ersten Rollsiegel, also in die Uruk VI-IV-Periode, hat sich auch Strommenger geäussert (1982: 51). Diesem Sachverhalt stimmt zuletzt von Wickede (1990: 233) aufgrund zweier möglicherweise unfertiger Tieramulette aus Ḥabūba Kabīra Süd und eines anthropomorphen Stempelamuletts aus mittel-Uruk-zeitlichem Kontext in Farūqābād zu. Amiet vermutet eine ähnlich frühe Entstehung für ein nur wenig oberhalb der Schicht I in Susa gefundenes anthropomorphes Amulettsiegel (1972: 49 Nr. 414).

Eine viereckige Platte mit Kugelbohrerdekor aus Susa Schicht 24 (Amiet 1973: 6 = ders. 1972 Nr. 402) und ein Siegel mit kragenartig ausgebildeten Bohrlochenden der Schicht 23 (Amiet 1971: 220 Fig. 35:7) lassen vermuten, dass diese Formen und Techniken in Elam schon am Ende der Susa I-Zeit aufzutreten beginnen. Eine gleichermassen hohe Datierung für die „collared seals" schlägt Buchanan (1967: 534) anhand des Materials vom Tall Lauḥ (Tello) vor.

Der Frage, ob die im Kugelbohrerstil verzierten Stempelsiegel auch als Siegel gebraucht wurden, geht von Wickede nach (1990: 233, 236-238). Angesichts der spärlich vorhandenen entsprechenden Siegelabdrücke, muss einmal mehr der Amulettcharakter dieser Objekte hervorgehoben werden.

35 (Schmidt 338)

OBJEKT: Perlenförmiges Siegel mit rhomboider und schwach konvexer Siegelfläche. Der Länge nach, parallel zur Achse des Siegelbildes durchbohrt. Leicht geschieferter dunkelgrauer, weiss geäderter Kalkstein. 6,5 x 4,9 x 1,7 mm.
DATIERUNG: Spät-Uruk-Zeit.
HERKUNFT: Mesopotamien oder Elam.
BASISGRAVUR: Figürliche Darstellung; punktsymmetrische Komposition: Um eine tiefe, bis zum Bohrkanal hinunterreichende Doppelbohrung kreisen vier Vierfüssler; die weit ausschwingenden Hörner und die Beine erzeugen eine Wirbelbewegung. Anstelle eines fünften Tieres eine Punktreihe; einzelne Punkte im Feld; feinere Kugelbohrer/Grabstichel-Technik; Tierkörper im reinen Kugelbohrerstil, Gliedmassen und Hörner im dünnen Ritzstil.
PARALLELEN: Für Form und Dekor vgl. zwei Siegel aus Uruk (Jakob-Rost 1975: Nr. 18 und 61) sowie ein Siegel der Yale Babylonian Collection (Buchanan 1981: Nr. 92) und ein Siegel der Slg. F. Hahn (Herzfeld 1933: Abb. 33:FH 239).

36 (Schmidt 3)

OBJEKT: Perlenförmiges Siegel mit abgeplattetem Rücken und rhomboider Siegelfläche. Der Länge nach und waagrecht zum Siegelbild durchbohrt. Siegelfläche abgenutzt. Dunkelgrüner Jaspis. 3 x 26 x 10 mm.
DATIERUNG: Ende Spät-Uruk- bzw. Ǧamdat-Naṣr-Zeit (späte Datierung wegen evtl. Anwendung eines Metallbohrers).
HERKUNFT: Mesopotamien oder Elam.
BASISGRAVUR: Figürliche Darstellung; punktsymmetrische Komposition: zwei Bauch gegen Bauch in entgegengesetzter Richtung angeordnete Capriden. Kugelbohrungen mit angesetzten Spitzen im Feld. Kugelbohrer/Grabstichel-Technik (mit Metallbohrer? L. Gorelick, mündlich); Tierkörper im Kugelbohrerstil, Gliedmassen und Hörner im dünnen Ritzstil.
PARALLELEN: Für die Form vgl. ein Siegel der ehemaligen Slg. Henri de Gencuillac (Amiet 1957: 36, Pl. 1:2).
BIBLIOGRAPHIE: Borowski 1948: 486 Abb. 2.

37 (Schmidt 4)

OBJEKT: Perlenförmiges Siegel mit ovaler Siegelfläche. Die Bohrlochenden sind in Andeutung kragenartig ausgebildet. Der Länge nach und senkrecht zum Siegelbild durchbohrt. Am Rand an einer Stelle etwas abgebrochen. Kalzit, mittelgrau, weiss geädert (Stern/Asher). 32 x 27 x 10,5 mm.
DATIERUNG: Spät-Uruk-Zeit, evtl. früher?
HERKUNFT: Mesopotamien oder Elam.
BASISGRAVUR: Figürliche Darstellung; ungefähr punktsymmetrische Komposition: zwei Vierfüssler Bauch gegen Bauch in entgegengesetzter Richtung angeordnet, über ihrem Rücken je ein Punktpaar. Ein kleiner Vierfüssler steht, leicht nach links verschoben, im Mittelfeld. Kugelbohrertechnik; reiner Kugelbohrerstil.
PARALLELEN: Für die Form bereits in Susa Schicht 23 (Amiet 1971: 200 Fig. 35:7 = ders. 1980: Nr. 1535); die Anordnung Bauch-gegen-Bauch ist typisches Merkmal der Glyptik von Arslantepe VIa (vgl. Frangipane/Palmieri 1983/1988: Fig. 71-72). Vgl. auch unsere Nr. **27**.

38 (Schmidt 313)

OBJEKT: Viereckige Platte. Waagrecht zum Siegelbild durchbohrt. Hellrötlich-brauner Kalkstein. 44 x 42 x 15 mm.
DATIERUNG: Spät-Uruk-Zeit (oder früher?).
HERKUNFT: Mesopotamien oder Elam.
BASISGRAVUR: Figürliche Darstellung; punktsymmetrische Komposition: zwei entgegengesetzt, Bauch gegen Bauch angeordnete Vierfüssler mit erhobenem Schwanz. Einritzung im

Feld. Kugelbohrer/Grabstichel-Technik; verschliffener Kugelbohrerstil, Gliedmassen im Ritzstil.
PARALLELEN: Für eine gleich verzierte Platte vgl. je ein Stempelsiegel aus Uruk und Susa (Lenzen 1962: Taf. 15:e; Amiet 1972: Nr. 400).

39 (Schmidt 339)

OBJEKT: Kalottenförmiges Siegel mit kreisrunder Siegelfläche. Waagrecht durchbohrt. Rücken und Siegelfläche teilweise versintert. Weisser Kalkstein. Ø 57 x H. 22 mm.
DATIERUNG: Spät-Uruk-Zeit.
HERKUNFT: Mesopotamien oder Elam.
BASISGRAVUR: Figürliche Darstellung; zentral komponiert: vier gehörnte Vierfüssler den Rand umlaufend, einer davon ein Cervide mit ausladendem Geweih, welches das Zentrum der Siegelfläche einnimmt. Über dem Rücken eines der Tiere kleiner Vierfüssler; Punkte und Punktpaare im Feld. Kugelbohrer/Grabstichel-Technik; Kugelbohrungen leicht geglättet, teilweise Übergang zu linearer Darstellung.
PARALLELEN: Für kalottenförmige Siegel mit dem Rand entlang laufenden Vierfüsslern vgl. ein Beispiel aus Nuzi (Starr 1939: Pl. 40:N 1-2) und weitere aus Susa (Amiet 1972: Nr. 361, 366-367).

40 (Schmidt 40)

OBJEKT: Kalottenförmiges Siegel mit kreisrunder Siegelfläche. Waagrecht zum Siegelbild durchbohrt. Auffallend kleines, nach unten etwas ausgeweitetes Bohrloch. Beige-braun bis rötlich-brauner Kalkstein, hell gesprenkelt. Ø 50 x H. 17 mm.
DATIERUNG: Spät-Uruk-Zeit.
HERKUNFT: Mesopotamien oder Elam.
BASISGRAVUR: Figürliche Darstellung; punktsymmetrische („tête-bêche“) Komposition: zwei entgegengesetzt, Rücken gegen Rücken angeordnete Vierfüssler mit erhobenem Schwanz; dazwischen ein Punktpaar. Kugelbohrertechnik-, reiner, grober Kugelbohrerstil.
BIBLIOGRAPHIE: Borowski 1947: 70f, 159, Pl. I:5.

41 (Schmidt 2)

OBJEKT: Siegel in Form einer Halbkugel mit kreisrunder Siegelfläche. Waagrecht durchbohrt. Dunkel bis hellbraun-grauer Kalkstein. Ø 39 x H. 19 mm.
DATIERUNG: Spät-Uruk-Zeit.
HERKUNFT: Mesopotamien oder Elam. Der Siegelrücken trägt den Vermerk: MADAIN TELLO; somit stammt das Stück wahrscheinlich aus dem dortigen Handel.

BASISGRAVUR: Geometrische(?), figürliche(?) Darstellung; zentral komponiert: aus Punkten bestehende Spirale (Schlange?), wobei sich die Punktreihe nach aussen hin verjüngt (Schwanz?). Kugelbohrertechnik, reiner Kugelbohrerstil.
PARALLELEN: Für das Motiv der eingerollten Schlange auf Susa-I Siegeln vgl. Amiet 1972: II Nrn. 192-194bis. Zwei mit unserem beinahe identische Stücke sind Herzfeld 1933: Abb. 29: TG 2371 angeblich vom Tepe Giyān und Vinchon 1973/déc.: Nr. 365.

42 (Schmidt 39)

OBJEKT: Amulettsiegel in Gestalt eines nach links liegenden Wisents mit frontal dargestelltem Kopf. Die Hörner sind dicht am Kopf nach innen gebogen, Ohren, Backenbart und Kinnbart deutlich heraus modelliert. Die Augen sind seitlich des Kopfes angebracht und plastisch gearbeitet. Quer zum Tierleib und waagrecht zum Siegelbild durchbohrt. Bohrlöcher nach unten stark ausgeweitet. Rötlich-braun-hellbeiger Kalkstein. 59 x 34 x 23,5 mm.
DATIERUNG: Spät-Uruk-Zeit.
HERKUNFT: Mesopotamien oder Elam.
BASISGRAVUR: Figürliche Darstellung; Komposition bustrophedon: vier unbestimmbare Vierfüssler untereinander, abwechselnd nach links und nach rechts gerichtet. Kugelbohrertechnik; mit Schneideinstrument geglätteter Kugelbohrerstil.
PARALLELEN: Die engste Parallele ist ein Beleg aus Kiš, jetzt im Ashmolean Museum (Buchanan/Moorey 1984: Nr. 215); weitere Beispiele stammen aus dem Handel (Mayer-Opificius 1968: 6:4, heute in der Gorelick Collection, Noveck 1975: 23:8; ein Siegel der Slg. Borowski, Kahane/Borowski 1965: Pl. 4:c). Für eine Bustrophedon-Darstellung auf einem Tieramulettsiegel aus der Umgebung von Uruk vgl. Amiet 1980: Nr. 165.
BIBLIOGRAPHIE: Borowski 1947: 67f, 157f, Pl. I:1. Keel/Uehlinger 1990: 32 Abb. 23.

43 (Schmidt 8 [?])

OBJEKT: Amulettsiegel in Gestalt eines nach links liegenden Fuchses(?). Der Kopf ist en face dargestellt; die Augen ausgebohrt. Quer zum Tierleib durchbohrt. Hellrötlich-brauner Kalkstein. 36 x 25,5 x 16,7 mm.
DATIERUNG: Spät-Uruk-Zeit.
HERKUNFT: Mesopotamien oder Elam.
BASISGRAVUR: Figürliche Darstellung; unregelmässige Komposition: vier undefinierbare Vierfüssler frei im Feld verteilt. Kugelbohrer/Grabstichel-Technik; fast reiner Kugelbohrerstil.
PARALLELEN: Aus Susa (Amiet 1972: Nr. 420), Tall Lauḥ (Tello) (Genouillac 1934: Pl. 36:6h) und vom Tall Brak (Mallowan 1947: Pl. 12:3a-b).

44 (Schmidt o.Nr.)

OBJEKT: Amulettsiegel in Gestalt eines nach links liegenden Kalbes. Der Kopf ist en face dargestellt. Die Augen sind ausgebohrt; auf dem Kopf zwei weitere Bohrlöcher anstelle der Ohren (Hörner). Quer zum Tierleib durchbohrt. Die Kopfpartie ist stark abgenutzt und am Maul leicht beschädigt. Kalzit, weiss und gelb gebändert. 35 x 26,6 x 20 mm.
DATIERUNG: Spät-Uruk-Zeit.
HERKUNFT: Mesopotamien oder Elam.
BASISGRAVUR: Figürliche Darstellung; freie Komposition: Drei nicht näher bestimmbare Vierfüssler umlaufen den Rand. Zwei Tiere sind ohne Beine wiedergegeben. Kugelbohrer/Grabstichel-Technik; grober Kugelbohrerstil.
PARALLELEN: Aus Susa (Amiet 1972: Nr. 423), Nuzi (Starr 1939: Pl. 40:B, C, D), Tall Lauḫ (Tello) (Parrot 1948: Fig. 12:h) und vom Tall Brak (Mallowan 1947: Pl. 13:2a-b, 7a-b).

45 (Schmidt 41)

OBJEKT: Amulettsiegel in Gestalt eines nach links liegenden Stieres. Der Kopf ist en face dargestellt, die Hörner sind nach hinten gelegt, die Augen ausgebohrt. Quer zum Tierleib durchbohrt. Hinteres Bein leicht beschädigt. Hellblau-grüner Kalzit, grau-beige gebändert. 18,8 x 11 x 10,6 mm.
DATIERUNG: Spät-Uruk-Zeit.
HERKUNFT: Mesopotamien oder Elam.
BASISGRAVUR: Geometrische Darstellung; freie Komposition: acht Kreise in verschiedener Grösse. Kugelbohrertechnik, reiner Kugelbohrerstil.
PARALLELEN: Vgl. bei Nr. **44**.
BIBLIOGRAPHIE: Borowski 1947: 69, 158, Pl. I:3.

46 (Schmidt o.Nr.)

OBJEKT: Amulettsiegel in Gestalt eines nach rechts liegenden Wildschweins. Das Auge ist ausgebohrt. Die ursprüngliche Einlage aus anderem Material verloren. Quer zum Tierleib durchbohrt. An der Schnauze ein kleiner Splitter weggebrochen. Hellbeiger Kalkstein mit (eisenhaltigen) rostroten Flecken. 52,7 x 27,9 x 13 mm.
DATIERUNG: Spät-Uruk-Zeit.
HERKUNFT: Mesopotamien oder Elam.
BASISGRAVUR: Figürliche Darstellung; freie Komposition: ein liegender Capride und ein um 90° abgedrehter, nicht näher bestimmbarer Vierfüssler. Strich im Feld. Kugelbohrer/Grabstichel-Technik und -Stil.
PARALLELEN: Aus Susa (Amiet 1972: Nr. 427), Kiš (Buchanan/Moorey 1984: Nr. 221) und vom Tall Brak (Mallowan 1947: Pl. 13:9).
BIBLIOGRAPHIE: Keel-Leu 1984: 37 und 39 Abb. 2 (Zeichnung). Brandes 1985: 63.

47 (Schmidt o.Nr.)

OBJEKT: Amulettsiegel in Gestalt eines nach links hockenden Geiers. Quer zum Tierleib durchbohrt. Schnabel teilweise abgebrochen. Kalzit, gelblich-weiss gebändert. 55 x 32,7 x 13,8 mm.
DATIERUNG: Spät-Uruk-Zeit.
HERKUNFT: Mesopotamien oder Elam.
BASISGRAVUR: Figürliche Darstellung; freie Komposition: Capride und kleiner, nicht näher bestimmbarer Vierfüssler (Hund?). Zwei Punkte mit je vier Strahlen (Sterne?) und drei einzelne Punkte im Feld. Kugelbohrer/Grabstichel-Technik und -Stil.
PARALLELEN: Aus Susa (Amiet 1972: Nr. 430bis), Tall Lauḫ (Tello) (Parrot 1948: Fig. 12:j) und vom Tall Brak (Mallowan 1947: Pl. 8:4).

48 (Schmidt o.Nr.)

OBJEKT: Amulettsiegel in Gestalt eines nach links gerichteten Löwenkopfes. Senkrecht zum Kopf durchbohrt. Hellbeiger bis hellrötlich-brauner Kalkstein. 18 x 15 x 7 mm.
DATIERUNG: Spät-Uruk-Zeit.
HERKUNFT: Mesopotamien oder Elam.
BASISGRAVUR: Figürliche Darstellung; punktsymmetrische Komposition: zwei Vierfüssler mit aufgerichtetem, bogenförmigem Schwanz untereinander und in entgegengesetzter Richtung angeordnet. Kugelbohrer/Grabstichel-Technik und -Stil.
PARALLELEN: Aus Susa (Amiet 1972: Nr. 434-440), Ur (Legrain 1951: Pl. 2:22, vgl. ebd. 10:„originally painted red“) und vom Tall Brak (Mallowan 1947: Pl. 13:8a.b).
BIBLIOGRAPHIE: Brandes 1985: 62.

V

Frühbronzezeitliche Siegel Anatoliens und des östlichen Mittelmeerraumes 3. Jt. Nrn. 49-51

Für das Siegelbild der Nr. **49** gilt das gleiche wie für jenes der Nrn. **19, 20** und **50**: Es ist zeitlos und findet sich grob gesprochen überall dort, wo das Kreuz mit Winkel-Motiv anzutreffen ist, so schon auf den frühesten iranischen Siegeln von Susa über den Zagros bis ins nördliche Hochland, z.B. in Susa (Amiet 1972: Nrn. 8, 25, 35, 98), Seh Gābi (Henrickson 1988: Pl. 2:C), auf dem Tepe Ḥiṣār (Schmidt 1937: Pl. 15:H 4392) und auf Belegen aus Nordmesopotamien (Tobler 1950: Pl. 159:26 Gaura unterhalb Schicht XII). Die Siegelform und das Material, gebrannter Ton, sind jedoch auffällig für das frühbronzezeitliche Anatolien des 3. Jts. Als beste Vergleichsstücke können je ein Siegel aus Koçumbeli und Karataş-Semayük genannt werden (Tezcan 1966: Pl. 35:5; Mora 1982: Nr. 87). Über die Funktion dieses Siegeltyps handelt von Wickede (1990: 53-55).

Zwar ist die Pyramidenform im prähistorischen Nordmesopotamien und Nordsyrien bekannt, jedoch niemals in der perfekten Ausführung, wie sie die Nr. **50** zeigt. Auch ist die Randleiste für die Frühzeit höchst selten. Eine in jeder Hinsicht sehr enge Parallele ist ein Siegel aus einem Tholosgrab in Ajios Onouphrios, Kreta (Frühminoisch II-III, 2. Hälfte 3. Jt.; Platon 1969: Nr. 107).

Der Kegel Nr. **51** aus gebranntem Ton zeigt einen eigenartigen Dekor mit Linien und Spiralen. Er ist nicht durchbohrt und es ist fraglich, ob es sich dabei um ein Siegel handelt. Als Parallele kann einzig ein Kalksteinkegel aus dem frühbronzezeitlichen Lemba/Zypern (3. Jt., um 2500) angesprochen werden (Peltenburg 1985: Pl. 47:11; Fig. 85:5). Den Beginn der dortigen Glyptik markiert ein ebenfalls nicht durchbohrter Kalksteinkegel mit einfachem Gitterdekor aus gesichertem spätchalkolithischem Kontext (1. Hälfte 3. Jt.; Peltenburg 1987: 221 ohne Abb.). Eine als Mittellinie mit Doppelvolute stilisierte Pflanze erscheint auf zyprischen Rollsiegeln der Spätbronzezeit (2. Hälfte 2. Jt.; Mazzoni 1986: Tav. 34:62-65; brieflicher Hinweis von D. Matthews).

49 (VS 1990,4)

OBJEKT: Rundes Stempelsiegel mit konischer Grifföse. Rand teilweise bestossen. Durchbohrung nach unten ausgeweitet. Gebrannter Ton. Ø 27 x H. 17 mm.
DATIERUNG: Frühbronzezeit.
HERKUNFT: Anatolien.
BASISGRAVUR: Geometrische Darstellung; punktsymmetrische Komposition: Kreuz mit abwechselnd senkrechten und waagrechten Linien in den Feldern. Grabsticheltechnik; kräftiger Ritzstil.
PARALLELEN: Zwei in bezug auf Siegelform, Material und Dekor sehr enge Parallelen sind je ein Beleg aus Koçumbeli und Karataş-Semayük (Tezcan 1966: Pl. 35:5; Mora 1982: Nr. 87).
BIBLIOGRAPHIE: Bukowski 1983: Nr. 115.

50 (Schmidt 182)

OBJEKT: Abgerundete Pyramide mit rechteckiger Siegelfläche. Unterhalb des Apex parallel zur Achse der Darstellung durchbohrt. Kanten sowie Rand der Siegelfläche teilweise leicht bestossen. Nephrit. 25,7 x 20 x 21,6 mm.
DATIERUNG: Frühbronzezeit.
HERKUNFT: Ägais: Kreta?
BASISGRAVUR: Geometrische Darstellung; punktsymmetrische Komposition: Diagonalkreuz mit zwei bzw. drei Winkeln in den Feldern. Randleiste. Grabsticheltechnik; dünner Ritzstil.
PARALLELEN: Vgl. ein Siegel aus einem Tholosgrab in Ajios Onouphrios/Kreta der Frühminoisch II-III-Zeit (2. Hälfte 3. Jt.; Platon 1969: Nr. 107).

51 (Matouk o.Nr.)

OBJEKT: Stumpfer Kegel mit ovaler Stempelfläche. Keine Durchbohrung. Kleiner Splitter am unteren Rand weggebrochen. Gebrannter Ton. 29 x 23,5 x 39,5 mm.
DATIERUNG: Frühbronzezeit?
HERKUNFT: Zypern?
BASISGRAVUR: Geometrische(?), figürliche(?) Darstellung; axialsymmetrische Komposition: Eine längs verlaufende Mittellinie endet je in einer Spirale nach rechts und links. Parallel zur Mittellinie führen beidseitig je vier Senkrechte von den Spiralen weg, um sich am entgegengesetzten Ende einzurollen. Oktopus oder Gesicht mit Bart? Grabsticheltechnik; kräftiger Ritzstil.
PARALLELEN: Für einen frühbronzezeitlichen (3. Jt.) Kalksteinstempel gleicher Form und mit verwandter Darstellung aus Lemba/Zypern vgl. Peltenburg 1985: Pl. 47:11; Fig. 85:5.

VI

Palästinische Stempelsiegel der ausgehenden Spätbronze- und frühen Eisenzeit ca. 13.-10. Jh. Nrn. 52-64

A. Lokale Kalksteinsiegel mit Grifföse: 13.-11. Jh. Nrn. 52-54

Die Nrn. **52-54** gehören zu einer Gruppe lokaler palästinischer Kalksteinsiegel mit rudimentärem Dekor, die von Keel (1990a: 379-396) zusammengestellt und diskutiert worden ist. Die Fundstätten verteilen sich auf das Bergland und die Schefela. Vom jeweiligen Grabungskontext her kann auf eine Datierung in die Späte Bronzezeit (13. Jh. oder noch früher) und in die Eisenzeit I geschlossen werden. Die Darstellungen unserer Beispiele sind nicht deutbar, es sei denn, das Gebilde auf Nr. **52** stelle einen Baum und das auf Nr. **53** einen Vierbeiner dar.

52 (Matouk 6745)

OBJEKT: Rechteckige Platte mit gerundeten Ecken und bügelförmigem Griff. Rand leicht bestossen. Graubeiger Kalkstein. 22 x 16 x 15 mm.
DATIERUNG: 13.-11. Jh.
HERKUNFT: Palästina.
BASISGRAVUR: Geometrische Darstellung: Eine längs verlaufende Mittellinie trennt die Stempelfläche in zwei Felder, die mit drei Querstrichen und zwei Punkten bzw. mit vier Querstrichen und einem Längsstrich versehen sind. Randleiste. Grabsticheltechnik; grober Ritzstil.
PARALLELEN: Für die Form vgl. einen Oberflächenfund aus Aschdod und je einen Beleg aus Bet-Schemesch Str. IV-III (ca. 1300-1000; Keel 1990a: 384f Nrn. 24, 26, Abb. 92, 94) und vom Tall al-ʿAǧǧūl „15. Dynastie" (1650-1550) (Petrie 1931: Pl. 13:32). Die beste ikonographische Parallele ist ein Stempel aus einer Schicht der Eisenzeit I in Šiqmōnā (Keel 1990a: 382 Nr. 13, Abb. 81; vgl. ebd. 380 und 382f Nr. 8-11, Abb. 76-79). Auch das Siegel vom Tall al-ʿAǧǧūl trägt ein ähnliches Muster. Es kann als stilisierter Zweig oder als Baum gedeutet werden.

53 (Matouk 6735)

OBJEKT: Rechteckige Platte mit gerundeten Ecken und stangenförmigem Griff, der waagrecht durchbohrt ist. Griff teilweise abgebrochen, Rand an einer Stelle bestossen. Beiger Kalkstein. 23 x 15,3 x 22 mm.
DATIERUNG: 13.-11. Jh.
HERKUNFT: Palästina.
BASISGRAVUR: Geometrische Darstellung: undeutbare Gebilde, u.a. evtl. rudimentäre Tierdarstellung?; (zu solchen vgl. Keel 1990a: 386 Nr. 26f, 388 Abb. 94-95). Grabsticheltechnik; grober Ritzstil.
PARALLELEN: Ikonographische Parallelen s.u. Nr. **54**.

54 (Matouk 6707)

OBJEKT: Rechteckige Platte mit gerundeten Ecken und bügelförmiger Grifföse. Rand bestossen. Risse im Siegelbild. Beiger Kalkstein. 19 x 11 x 14 mm.
DATIERUNG: 13.-11. Jh.
HERKUNFT: Palästina.
BASISGRAVUR: Geometrische Darstellung: nicht deutbare, schriftähnliche Zeichen. Randleiste. Grabsticheltechnik; grober Ritzstil.
PARALLELEN: Form s. Nr. **52**. Das dort erwähnte Aschdod-Siegel ist auch in ikonographischer Hinsicht eine gute Parallele. Vgl. weiter ein Knochensiegel aus einem in die Zeit zwischen 1200-700 datierten Grab vom Tall an-Naṣba (Keel 1990a: 384 Nr. 18, Abb. 86).

B. Pyramidenförmige, ägyptisierende Siegel aus Südpalästina: 12./11. Jh. Nrn. 55-56

Die Siegel Nrn. **55-56** fügen sich bruchlos an die glyptische Tradition der Spätbronzezeit in Palästina an. Sowohl die syro-ägyptische Ikonographie als auch der tief aushöhlende, grob schematische Stil und das Material (Steatit) sind typisch für die ramessidische Massenware bzw. die Skarabäen der 20. Dynastie (1190-1075; vgl. Keel 1990a: 337-354). Einzig die pyramidale Form stellt eine Neuerung dar. Ob diese auf hethitische Vorbilder wie den Würfelhammer oder das Rollstempelsiegel zurückgeht, wie Shuval (1990: 74-76) meint, ist fraglich. Sie könnte ganz einfach eine kompliziertere (ägyptische!) Variante des in der Eisenzeit I weit verbreiteten Kegels sein (vgl. Nrn. **57-64**). Ein Konoid, das auf dem Tall al-Fārʿa (Süd) als Oberflächenfund geborgen worden ist, wäre dann mit seiner in vier Panele eingeteilten Dekoration des Kegelmantels (Petrie 1930: Pl. 29,256f = Rowe 1936: Nr. S.76 = Shuval 1990: 124 Nr. 3) ein Zwischenglied in dieser Entwicklung (vgl. hierzu Keel 1990a: 361). Siegel des pyramiden-förmigen, ägyptisierenden Typs sind von folgenden Fundorten bekannt: Tall Ǧarīša aus einer Schicht des späten 11. Jhs. (Herzog 1984: Pl. 7:C = Shuval 1990: 123f Nr. 2), Tall al-Qasīla aus philistäischem Kontext (Mazar 1983: 55 = Shuval 1990: 123 Nr. 1), Tall al-Fārʿa (Süd) (Konoid, Oberflächenfund; Petrie 1930: Pl. 29:256-257) und Ramla bei Jafo (ohne Kontext; Chester 1886: 48 Nr. 6, vis-à-vis S. 44 Fig. 4 = Buchanan/ Moorey 1988: Nr. 113). Es handelt sich durchwegs um Fundorte im philistäischen Bereich, im Süden des Landes, der ägyptischem Einfluss besonders zugänglich war und wo dieser nach dem Ende der Spätbronzezeit noch lange nachwirkte. Die vorliegenden Siegel können als Prototyp der späteren kypro-phönikischen Produktion kubischer Stempelsiegel betrachtet werden, deren Entwicklung und orientalische Herkunft zuletzt von Gubel (1987) dargestellt worden ist (für weitere, sehr ähnliche, dort jedoch später datierte Beispiele vgl. ebd. 22 Abb. 16-18). Eine Zusammenstellung und eine Diskussion der Gruppe findet sich bei Shuval (1990: 72-76, 123-125), wo auch unsere Nr. **55** vorgestellt wird (ebd. 125).

Erläuterungen zur Ikonographie der Nr. **55**, namentlich die mögliche Identifizierung des Mannes auf dem Vierbeiner mit Rešef, sowie einschlägige Parallelen auf Siegeln u.a. vom Tall Kaisān finden sich bei Keel 1980 Nr. 10 (= Keel 1990: 195-204 Nr. 10). Auf unserem Siegel wären somit die beiden in Kanaan während der Spätbronze- und Eisenzeit I prominenten männlichen Götter Seth-Baʿal und Rešef vereint. Ikonographisch interessant ist auch die Nähe Seth-Baʿals zum Löwen, der auf anderen Darstellungen dem Gott als Reittier dient (s. Keel 1980: 268 = ders. 1990: 201-204).

Die Sonnenscheibe auf Nr. **56** ist von *jtn* akrophonisch als *j* zu lesen und ergibt mit dem *mn* zusammen *Jmn* „Amun“ (vgl. Hornung/Staehelin 1976: 174-178; Jaeger 1982: 294; Keel 1990a: 347-351).

55 (Matouk 6662)

OBJEKT: Pyramidales Siegel mit gerundetem und mit Strichband (Leiterband) verziertem oberem Ende. Unter dem Apex waagrecht durchbohrt. Auf allen fünf Flächen graviert. Unterer Rand an einer Stelle geringfügig bestossen. Steatit. 13,5 x 11,5 x 18 mm.
DATIERUNG: 12./11. Jh.
HERKUNFT: Südpalästina.

BASISGRAVUR: Figürliche Darstellung; Seitenflächen: abwechslungsweise je ein nach rechts schreitender Seth-Baᶜal und ein in gleicher Richtung schreitender Löwe, das Trägertier Seth-Baᶜals, mit erhobenem Schwanz. Standlinie; oberer Abschluss: Strichband. Basis: nach rechts gerichtete menschliche Gestalt mit kurzem spitzem Bart auf Vierbeiner mit zwei hohen, senkrecht aufstehenden und mit Querbalken versehenen Hörnern. Grabsticheltechnik; tief aushöhlender, summarischer Stil.
PARALLELEN: Ein gleichermassen krüppelhaft dargestellter Seth-Baᶜal findet sich auf einem Skarabäus der 20. Dynastie (1190-1075) vom Tall al-Fārᶜa (Süd) (Petrie 1930: 10, Pl. 33:380).
BIBLIOGRAPHIE: Shuval 1990: 125 Nr. 3A. Keel/Uehlinger 1990: 50 Abb. 60.

56 (Matouk 6740)

OBJEKT: Pyramidales Siegel mit gerundetem und mit einem doppelten Strichband verzierten oberen Ende und ovaler Stempelfläche. Unter dem Apex waagrecht durchbohrt. Auf allen fünf Seiten graviert. Darstellungen auf den beiden Breitseiten des Mantels teilweise fast ganz abgeschliffen. Steatit. 11,1 x 8,5 x 20,2 mm.
DATIERUNG: 12./11. Jh.
HERKUNFT: Südpalästina.
BASISGRAVUR: Figürliche Darstellung: Breitseiten: je ein Vierbeiner; Schmalseiten: je eine Sonnenscheibe über *mn*; oberer Abschluss: Strichband (Leiterband), unten: Standlinie. Basis: nach rechts schreitender Löwe mit erhobenem Schwanz. Grabsticheltechnik; tief aushöhlender, summarischer Stil.
PARALLELEN: Der Löwe findet sich auch auf Nr. **55**. Die Sonnenscheibe mit *mn* ist auf der Basis des Siegels dieses Typs vom Tall Garīša zu sehen (Shuval 1990: 123f Nr. 2).

C. Kegelförmige Siegel aus Palästina bzw. der Levante: 12.-11./10. Jh. Nrn. 57-64

Der regelmässig geformte Kegel mit gerundetem oberem Ende (Konoid) ist der Siegeltyp par excellence der frühen Eisenzeit sowohl Syrien-Palästinas wie auch Zyperns, nachdem in diesen beiden Gebieten das Rollsiegel endgültig verschwunden ist. Da über seine Herkunft immer noch Unklarheit herrschte (vgl. Schaeffer 1952: 69-96 und zuletzt Buchanan Moorey 1988: 15f), ist der Frage in Keel 1990a (378f) nachgegangen worden. Wie dort festgestellt, ist in Vorderasien und namentlich in der Levante die konoide Form seit den Anfängen der Siegelkunst sporadisch aufgetaucht, dies im Gegensatz zu Zypern, wo der Typ ohne Vorstufe plötzlich (ab spätkyprisch IIIA, ca. 1230) voll ausgebildet dasteht.

Eine Reihe von mittel- bis spätbronzezeitlichen Belegen aus palästinischen Ausgrabungen hat zur Annahme geführt, dass das kegelförmige Siegel im Lande selber herausgebildet worden ist. Diesem Sachverhalt stimmt auch Amiet zu (1989: 93). Wir können in diesem Kapitel mit einer lokalen Siegelproduktion rechnen, die sich während und nach dem Abzug der Ägypter aus Palästina abzuzeichnen beginnt.

Siegel aus Ton von der Art der Nr. **57** erfordern keine kundige Hand und können als eher zufällige individuelle Arbeiten gelten, die weder zeitlich noch örtlich näher bestimmbar sind. Wegen seiner Verwandtschaft mit einem spätbronzezeitlichen Siegel aus Bet Schemesch (Grant 1934: 43 Fig. 3:17) könnte es in die Reihe der möglichen Frühformen der Konoide gehören und erhält deshalb versuchsweise hier seinen Platz.

Für die Nrn. **58-60** gibt es in bezug auf Form, Material, Ikonographie und Stil eine Reihe Vergleichsstücke aus palästinischen Fundstätten. Zeitlich konzentrieren sie sich in der Eisenzeit I - Eisenzeit II A, d.h. dem Zeitraum des 12.-10. Jhs. Folgende Belege sind bekannt: Megiddo Str. V (10. Jh.; Lamon/Shipton 1939: Pl. 69/70:22; zwei vom Tall an-Naṣba, der erste aus einem Kontext der Eisenzeit I - II B (11.-8.Jh.), der zweite ohne klare Fundangabe (McCown 1947: 295, Pl. 54:28; 296, Pl. 55:59); Geser, aus unzuverlässigem Grabungskontext (Macalister 1912: II 296 Nrn. 30, 31 mit 295 Abb. 437:5,6); Tall al-Fārᶜa (Nord) Str. VIIb (10. Jh.; Chambon 1984: 274f, Pl. 80:3); Tall Taᶜannak aus Eisenzeit I Fundlage (Ende des 12. Jhs.; Lapp 1967: 34f, Fig. 24 oben links; Bet-Schemesch Str. II (EZ I; Grant 1934: 51, Fig. 3:16); Tall ᶜAitūn (Dothan 1982: 44 erwähnt „associated with Philistine culture" = Keel/Schroer 1985: 37 Abb. 16 Zeichnung); ein unpubliziertes Stück vom Tall Qaimūn/Yoqneᶜam Str. 18 (12./11. Jh.; Mitteilung von A. Ben-Tor).

Weitere Belege finden sich bei Keel 1980a: 115f; Keel/Schroer 1985: 35-37; Shuval 1990: 152-154 Nrn. 64-72, 108f Nrn. 082-0102. Wie Shuval (ebd. 107) feststellt, liegen die Fundstätten hauptsächlich im Norden des Landes. Auf fast allen Vergleichsstücken erscheint der Skorpion als zusätzliches Element, so auch auf unserer Nr. **59**.

Für eine motivgeschichtliche Untersuchung des säugenden Muttertieres s.oben Nr. **21** und Keel 1980a: 46-141. Ders. 1990a: 395 hält eine Herkunft des Motivs samt Skorpion aus Nordsyrien für wahrscheinlich, vgl. unsere Nrn. **64, 73, 74**. Das kleine Konoid Nr. **61** zeigt eine einfache Tierdarstellung mit pflanzlichem Motiv, wie sie auf den wohl zeitgleichen Skaraboiden des 10./9. Jhs. beliebt sind, vgl. unsere Nr. **86**.

Das Material, grünlich gefärbtes Kompositmaterial, und eine parallel zur Basis verlaufende Rille (vgl. unsere Nr. **74**) verbinden die Nrn. **62-64.** Wie die unter den einzelnen Siegeln aufgeführten Parallelen zeigen, treten diese Merkmale in der Eisenzeit I auf. Zu erwähnen ist hier vor allem ein festdatierter Beleg aus einem Hort in Megiddo, der vor der Zerstörung der Siedlung um 1000 versteckt worden war (Schumacher 1908: 86 Abb. 124, zweite Reihe Mitte; vgl. Davies 1986: 45, 47).

Die Nr. **62** zeigt das uralte ägyptische Motiv des über den Menschen („Feind“) herfallenden Löwen („König“), vgl. auch unsere Nr. **91**. Rühlmann (1964) hat diesem Bild und seiner Verbreitung eine Studie gewidmet. Eine ägyptische Darstellung zeigt ein spätbronzezeitliches Konoid aus Megiddo Str. VIII (Loud 1948: Pl. 162:6). Eine in jeder Beziehung sehr genaue Parallele findet sich in einer an den Anfang der Eisenzeit (Eisenzeit I) datierten Schicht in Sarepta in der Nähe von Tyrus (Pritchard 1975: Fig. 58:9). Weitere ikonographische Belege sind eine rechteckige Platte aus Akko, die der ramessidischen Massenware des 12./11. Jhs. zugerechnet werden kann (Giveon/Kertesz 1986: Nr. 144 = Keel 1990a: 346 Abb. 22; vgl. auch Abb. 21 aus Tall es-Sabaᶜ (Beerscheba) und einen Skarabäus aus ungenauer Fundlage in Geser, Macalister 1912: III Pl. 209:5).

Ein rein ägyptisches Bild, einen Falken mit roter Krone und Geissel, trägt auch die Nr. **63**. Skorpione wie auf Nr. **64** hingegen gehören zum Bildbestand sowohl Ägyptens wie Vorderasiens. Die Axialsymmetrie ist auf ägyptischen Siegelamuletten seit jeher Gestaltungsprinzip, die Trennungslinie ist in der frühen Eisenzeit jedoch selten. Mit Vorliebe bildete zu dieser Zeit der aus Vorderasien kommende „Herr der Tiere“ die Symmetrieachse, so mit Skorpionen auf dem oben erwähnten Hortfund aus Megiddo, vgl. auch unsere Nrn. **79-83**. Die ägyptische Ikonographie verbindet die Nrn. **62-63** mit den pyramidenförmigen Stempelsiegeln Nrn. **55-56** und schafft einen Bezug zu den späteren palästinischen Siegeln aus Knochen Nrn. **90-94.**

57 (PS 96)

OBJEKT: Konkav geschwungenes Konoid mit leicht abgerundetem oberem Ende und runder Siegelfläche. Ungefähr auf halber Höhe, nicht ganz durch die Mitte durchbohrt. Siegelrand und -mantel abgebröckelt. Ungebrannter Ton. Ø 14 x H. 14,7 mm.
DATIERUNG: 15.-11. Jh.
HERKUNFT: Palästina (in Jerusalem gekauft).

BASISGRAVUR: Geometrische Darstellung: regelmässig auf der Fläche verteilte Punkte. Mit spitzem Griffel eingestanzt.
PARALLELEN: Aus Str. IVA (1550-1400) in Bet Schemesch stammt ein tönernes Konoid mit gleichem Dekor (Grant 1934: 43 Fig. 3:17, vgl. 26 § 11; zur Datierung der Schicht s. ebd. Karte III).

58 (PS 136)

OBJEKT: Konoid mit gerundetem oberem Ende und leicht ovaler Siegelfläche. Ungefähr auf halber Höhe senkrecht zum Siegelbild durchbohrt. Ein grosses und ein kleineres Stück von der Siegelfläche weggebrochen. Siegelmantel versintert. Schwarzer Kalkstein. 21 x 23 x 20 mm.
DATIERUNG: 12./11. (-10.) Jh.
HERKUNFT: Palästina (in Jerusalem gekauft).
BASISGRAVUR: Figürliche Darstellung; axialsymmetrische Komposition: zwei sich gegenüberstehende säugende Capriden mit Jungtier; zwischen den Capriden kleiner, senkrechter Strich, wahrscheinlich Rest von Zweig oder Baum. Grabsticheltechnik; Ritzstil; tiefes Aushöhlen des Rumpfes.
PARALLELEN: Die antithetische Anordnung belegen je ein Konoid vom Tall an-Naṣba (Mc Cown 1947: 296, Pl. 55:67, Str. II, 700-350[?] = Shuval 1990: 108 Fig. 091) und von der Sammlung Clark in Jerusalem (Keel/Schroer 1985: 37 Abb. 12 = Shuval 1990: 109 Fig. 095). Eine auch stilistisch genaue Entsprechung findet sich auf einem Konoid vom Tēl Dōr (Stern 1985: 190 Fig. 12), der in die Eisenzeit I oder II A (12.-10. Jh.) datiert werden kann (vgl. Shuval 1990: 111). Ein kleiner, senkrechter Zweig (Baum) ist auf einem Konoid aus einem Grab der 19.-20. Dyn. (1290-1075) auf dem Tall al Fārʿa (Süd) zu sehen (Starkey/Harding 1932: Pl. 73:38).

59 (PS 135)

OBJEKT: Konoid mit gerundetem oberem Ende und runder Siegelfläche. Unter dem Apex, waagrecht zum Siegelbild durchbohrt. Schwarzer Kalkstein. Ø 22 x H. 21 mm.
DATIERUNG: 12./11. (-10.) Jh.
HERKUNFT: Palästina (in Jerusalem gekauft).
BASISGRAVUR: Figürliche Darstellung: ein grösserer und ein kleinerer nach links gerichteter und übereinander angeordneter säugender Capride mit Jungtier. Links am Rand ein Skorpion. Grabsticheltechnik; linearer Ritzstil, Rumpf der Tiere tief eingegraben.
PARALLELEN: Für ein in Kompositionsweise und Stil gleiches Konoid vom Tall an-Naṣba vgl. McCown 1947: Pl. 55:59 = Shuval 1990: 108 Fig. 090). Für zwei „tête-bêche“ angeordnete säugende Capriden vgl. ein Siegelamulett gleicher Form aus Geser (Macalister 1912: II 295 Fig. 437:6 Zeichnung = Shuval 1990: 109 Fig. 093). Ein klarer stratigraphischer Kontext fehlt für beide Stücke.
BIBLIOGRAPHIE: Keel/Schroer 1985: 34f Abb. 5 (Zeichnung). Keel/Uehlinger 1990: 50 Abb. 61 (Photo).

60 (PS 164)

OBJEKT: Konoid mit gerundetem oberem Ende und runder Siegelfläche. Etwa auf halber Höhe, nicht ganz durch die Mitte, waagrecht zum Siegelbild durchbohrt. Beiger Kalkstein. 14 x 15 x 13,7 mm.
DATIERUNG: 12./11. (-10.) Jh.
HERKUNFT: Palästina (in Jerusalem gekauft).
BASISGRAVUR: Figürliche Darstellung: nach links gerichteter kleiner über grösserem Capriden mit Jungtier. Wahrscheinlich deutet die Einritzung unter dem kleinen Capriden ebenfalls ein Jungtier an, so dass das Motiv des säugenden Muttertieres wie auf Nr. **59** verdoppelt ist. Grabsticheltechnik; linearer Ritzstil, Rumpf der Tiere tief eingegraben.
PARALLELEN: s. Nr. **59**.

61 (PS 89)

OBJEKT: Konoid mit gerundetem oberem Ende und ovaler Siegelfläche. Unter dem Apex nicht ganz senkrecht zum Siegelbild durchbohrt. Ein Bohrloch stark ausgeweitet. Rand an zwei Stellen leicht bestossen. Beiger Kalkstein. 11 x 12 x 12 mm.
DATIERUNG: 10. Jh.
HERKUNFT: Palästina (in Jerusalem gekauft).
BASISGRAVUR: Figürliche Darstellung: nach rechts schreitender Vierbeiner (Pferd?) vor Zweig; über dem Rücken Kreis (Sonne?). Grabstichel/Kugelbohrertechnik; schematischer Ritzstil, Rumpf tiefer ausgehöhlt, Kreis mit Kugelbohrer gearbeitet.
PARALLELEN: Vier gleichermassen kleinformatige Konoide mit Tierdekor wurden im Grab 1 in Bet-Schemesch gefunden (Mackenzie 1912/13: 61, Pl. 29:B2; zur Datierung des Grabes ins 10. Jh. s. Wright 1975: 253), ein weiteres in Megiddo Str. V (10. Jh.; Lamon/Shipton 1939: Pl. 67: 55). Ein Pferd kommt auf je einem Skaraboid in Samaria, hier kombiniert mit Mondsichel und Kreis, und vom Tall Kaisān vor (Rowe 1936: Nr. SO.39, „20-23. Dyn." = 1190-732; Keel 1980: Nr. 15 = ders. 1990: Nr. 15 ohne verlässliche Fundangabe). Zwei Skaraboide aus Lachisch zeigen Pferde mit Kugelkopfmännchen, einmal in Verbindung mit einem Kreis, das zweite Mal mit gleich stilisierter Mähne wie auf unserm Stück (Tufnell 1953: 370, Pl. 43A/44:77,79; für die Datierung der Gräber 120 und 218 um 900 vgl. ebd. 193 und 203).

62 (Matouk 6726)

OBJEKT: Konoid mit gerundetem oberem Ende und runder Siegelfläche. Parallel zum untern Rand eine durch Abnutzung nur noch teilweise erkennbare Rille. Unter dem Apex, schräg zum Siegelbild durchbohrt. Unterer Rand teilweise abgeschliffen. Grün-blaues Kompositmaterial. Ø 12 x H. 12 mm.
DATIERUNG: 12./11. (-10.) Jh.

HERKUNFT: Levante.
BASISGRAVUR: Figürliche Darstellung: nach links schreitender Löwe über liegender menschlicher Gestalt. Beim Löwen sind nur drei Beine dargestellt. Grabsticheltechnik; schematischer Ritzstil, Köpfe etwas tiefer eingegraben.
PARALLELEN: Ein annähernd gleiches Siegel aus blauer Fritte wurde in einer früheisenzeitlichen Schicht in Sarepta bei Tyrus gefunden (Pritchard 1975: Fig. 58:9, Str. E). Eine in jeder Beziehung genaue Parallele ist ein Siegel des Genfer Museums, angeblich aus Zypern und von Kenna in die erste Hälfte des 2. Jts. datiert (Vollenweider 1967: Nr. 164; p. 127 ist der Löwe irrtümlicherweise als sitzender Steinbock beschrieben). Vgl. weiter Buchanan/Moorey 1988: Nr. 109 und unsere Nr. **91**. Allgemein zur Ikonographie vgl. Rühlmann 1964.

63 (Matouk o.Nr.)

OBJEKT: Konoid mit abgerundetem oberem Ende und runder Siegelfläche. Ungefähr auf halber Höhe und schräg zum Siegelbild durchbohrt. Eine Rille parallel zum Rand. Rand leicht bestossen. Türkisfarbener gebrannter Ton. Ø 15,1 x H. 15 mm.
DATIERUNG: 12./11. (-10.) Jh.
HERKUNFT: Levante.
BASISGRAVUR: Figürliche Darstellung: Falke mit Geissel und roter Krone; Standlinie; Randleiste. Grabsticheltechnik; Ritzstil und flache Reliefierung.
PARALLELEN: Ein gutes Vergleichsstück ist ein Siegel mit runder Stempelfläche aus blauer Paste aus Naukratis (Gardner 1888: Pl. 18:9; Datierung des Naukratis-Materials nach Hölbl 1979: 207.209 zwischen 620 und 570 und z.T. etwas früher). Ein Konoid aus Kompositmaterial mit Rille stammt aus einer Schicht der Eisenzeit I in Megiddo; es zeigt zwei antithetisch angeordnete Vögel und eine Randleiste (Schumacher 1908: 73 Abb. 99). Ein Konoid mit den gleichen Merkmalen und der Darstellung eines Stierkopfes mit Randleiste wurde in Str. IV (11. Jh.) auf dem Tall Abū Ḥawwām gefunden (Hamilton 1935: 34 Fig. 212; zur Datierung der Schicht s. Balensi 1985: 68).

64 (Matouk A56)

OBJEKT: Konoid mit gerundetem oberem Ende und runder Siegelfläche. Parallel zum untern Rand eine Rille. Unter dem Apex, schräg zum Siegelbild durchbohrt. Abgeschliffen. Gebrannter Ton. Ø 14 x H. 13,6 mm.
DATIERUNG: 12./11. (-10.) Jh.
HERKUNFT: Levante.
BASISGRAVUR: Figürliche Darstellung: axialsymmetrische Komposition: zwei in entgegengesetzter Richtung angeordnete Skorpione übereinander, dazwischen Trennlinie. Grabsticheltechnik; sehr grob und relativ tief eingeritzt.
PARALLELEN: Ein Konoid mit Rille aus einer Fundlage des 11. Jhs. in Megiddo zeigt einen „Herrn der Tiere“ mit zwei Skorpionen (Schumacher 1908: 86 Abb. 124, zweite Reihe Mitte;

zur Datierung von Schumachers Brandschicht bzw. Str. VI A ins 11. Jh. s. Davies 1986: 45, 47). Für die konoide Form und die Darstellung zweier Skorpione „tête-bêche“ vgl. ein Siegel aus einem ins 10. Jh. datierten Grab in Bet-Schemesch (Rowe 1936: Nr. S.94). Für weitere Skorpiondarstellungen auf palästinischen Siegeln s. Shuval 1990: Nrn. 56-68.

VII

Nordsyrische Stempelsiegel der Eisenzeit II
ca. 10.-7. Jh.
Nrn. 65-76

A. Hämatit-Gruppe: 10. Jh. Nrn. 65-66

Das Material der Nrn. 65-66, Hämatit, weist nach Nordsyrien, wo es schon im frühen 2. Jt. zur Herstellung besonders qualitätvoller Rollsiegel gedient hat. Boardman/Moorey haben 1986 eine Reihe von Hämatitsiegeln zusammengestellt, sie aufgrund eines im Yunus Friedhof von Kargamiš gefundenen Belegs als „Yunus-Gruppe" bezeichnet und ins 8./7. Jh. datiert. Keel (1990a: 367-377) fügt dieser Aufstellung eine beträchtliche Anzahl von Beispielen aus palästinischen Fundstätten zu, die z.T. in erheblich früherem Kontext aufgetaucht sind, und schlägt ebd. 376 eine entsprechende Datierung zwischen dem 12. und 10. Jh. vor, wobei das 12. Jh. sicher zu früh veranschlagt ist.

Von der Form her ist die Nr. **65** ein Mittelding zwischen Skarabäus und Skaraboid, ein in der Levante, insbesondere in der ᶜAmuq-Ebene, während der frühen Phasen der Eisenzeit öfters anzutreffender Typ (vgl. S. 60 und unsere Nrn. **72** und **73**). Die unserem Stück verwandten Skarabäen aus Megiddo (Keel 1990a: 370 Nrn. 5, 9) stammen aus Str. V bzw. VB und gehören somit ins 10. Jh. Ebenso kommt das von der Form her dem unsern besonders ähnliche Stück vom Tall al-ᶜAǧǧūl aus einem Grab des 10. Jhs. (ebd. 370f Nr. 10).

Die konoide Form der Nr. **66** scheint für diese Gruppe weniger gebräuchlich zu sein. Einschlägige Beispiele finden sich bei Keel 1990a: 372 Nrn. 16-19 mit Taf. 20:4, 21:1-3. Die Nrn. 17 und 18 ebd. aus Megiddo Str. V (10. Jh.) und aus einem um 900 wiederverwendeten Grab in Lachisch sind im gleichen rudimentären Kugelbohrerstil geschnitten wie unser Stück.

65 (PS 138)

OBJEKT: Skarabäus, dessen Kopf und Pronotum durch eine Doppellinie von den Flügeldecken getrennt sind, die ihrerseits eine einfache Linie trennt. Der Länge nach und waagrecht zum Siegelbild durchbohrt. Hämatit. 21,5 x 15,2 x 11,2 mm.
DATIERUNG: 10. Jh.
HERKUNFT: Nordsyrien (in Jerusalem gekauft).
BASISGRAVUR: Figürliche Darstellung; axialsymmetrische Komposition in waagrechter Anordnung: Eine menschliche Gestalt hält zwei säugende Bovinen an den Hörnern; auf dem Rücken der Tiere je ein Vogel, wahrscheinlich eine Taube. Grabstichel/Kugelbohrer-Technik; Kugelbohrerstil.
PARALLELEN: Die in jeder Hinsicht engsten Parallelen stammen aus dem Grab 1074 (10. Jh.) vom Tall al-ᶜAǧǧūl (Petrie 1932: 9, Pl. 7:42) und aus Megiddo Str. V B (ca. 1010-970; Loud 1948: Pl. 153/159:225). Für die Ikonographie s. unsere Nrn. **58-60**.
BIBLIOGRAPHIE: Keel 1990a: 371 Nr. 12, Taf. 19:3. Keel/Uehlinger 1990: 50f Abb. 62.

66 (VS 1991,1)

OBJEKT: Konoid mit gerundetem oberem Ende und nahezu kreisrunder Siegelfläche. Ungefähr auf halber Höhe, senkrecht zum Siegelbild durchbohrt. Hämatit. 14,1 x 14,6 x 17,4 mm.
DATIERUNG: 10. Jh.
HERKUNFT: Nordsyrien.
BASISGRAVUR: Figürliche Darstellung; bustrophedon angeordnet: Zwei Löwen greifen, einer von unten und einer von oben, einen Stier an. Kugelbohrer/Grabstichel-Technik und -Stil.
PARALLELEN: Für Form, Material und Stil vgl. je ein Konoid aus Megiddo Str. V (10. Jh.) und aus einem um 900 wiederverwendeten mittelbronzezeitlichen Grab in Lachisch (Lamon/Shipton 1939: Pl. 69/70:14; Tufnell 1953: 366, 372, Pl. 44A/45: 150 = Keel 1990a: 372 Nrn. 17-18, Taf. 21,1-2). Für die Ikonographie vgl. einen Hämatitskarabäus des Cabinet des Médailles in Paris (Boardman/Moorey 1986: 40 Nr. 29, Pl. 19:29).
BIBLIOGRAPHIE: Uehlinger 1991: Nr. 31.

B. ᶜAmuq-Gruppe: 10. - 7. Jh. Nrn. 67-74

1. Plattenförmige Siegel mit verziertem Knauf : Nrn. 67-70

Die Nrn. **67-70** gehören zu einer Gruppe sorgfältig gefertigter Siegel mit z.T. ritzverziertem Griff oder Knauf und in mannigfaltiger Weise ausgebildeter Stempelfläche aus dunkelgrauem bis schwarzem Stein, normalerweise unter Bezeichnungen wie „Serpentin“ oder „Steatit“ veröffentlicht. Das weitaus ergiebigste

Vergleichsmaterial, ein Corpus von ca. 600 Stück, das derzeit von J.-W. Meyer (Saarbrücken) zur Publikation vorbereitet wird, stammt aus Braidwoods Ausgrabungen in der ʿAmuq-Ebene. Die ʿAmuq-Ebene muss somit das Produktionszentrum dieser Siegelgruppe sein. Die bisherigen Untersuchungen J.-W. Meyers sehen eine Laufzeit vom 10.-7. Jh. für diese Siegel vor (mündliche Mitteilung), was sich mit der Einschätzung E. Poradas und P.R.S. Mooreys deckt, die beide Einsicht in das ʿAmuq-Material hatten (Porada 1963: 351 „between 1000 and 700"; dies. 1981: 192 10./9. Jh.; Buchanan/Moorey 1988: 29 „Iron II", d.h. 9.-7. Jh.). Um eine genauere zeitliche Einordnung vornehmen zu können, müssen die definitiven Ergebnisse J.-W. Meyers abgewartet werden.

Die sehr oft von einer Randleiste eingerahmten Darstellungen zeigen einen oder zwei Vierbeiner, wobei der zweite, kleinere um 180° (Nr. **68**) oder, auf dreieckiger Siegelfläche, um 90° gedreht ist (Nr. **69-70**). Füllmotive sind Zweige, Skorpione oder geometrische Formen wie Winkel oder Striche. Die Gravur ist mittels Grabstichel im Kerbschnittstil ausgeführt. Die gesamte Formgebung ist eckig und teilweise recht grob. Tiefe Furchen und dünne zackige Linien bestimmen das Bild.

Weitere Fundorte sind: Kara Höyük (Özgüç 1949: Taf. 48:4), Zincirli (Andrae 1943: Taf. 37:a,b), Tarsus (Porada 1963: 351, Fig. 162:8), Megiddo (Lamon/Shipton 1939: Pl. 73:7), al-Mīna/Suwaidīya (Buchanan/Moorey 1988: Nr. 6), Tall al-ʿUraima/Kinneret (Hübner 1988). Eine genaue Fundlage ist nur für das zuletzt erwähnte Siegel aus Kinneret bekannt; sie erlaubt eine Datierung um 700. Eine grosse Anzahl Siegel dieses Typs wird im Ashmolean Museum in Oxford aufbewahrt (Buchanan/Moorey 1988: Nrn. 212-249).

67 (Matouk 6687)

OBJEKT: Rechteckige Platte mit gerundeten Ecken und rechteckigem, oben gewölbtem Knauf als Griff. Spuren von senkrechten Einritzungen (Verzierung) auf dem Knauf. Der Knauf ist an seiner Basis senkrecht zum Siegelbild durchbohrt. Rand teilweise bestossen; Beschädigungen auf der Siegelfläche und zwei Kerben am Knauf. Grüngestein (evtl. Basalt). 22,4 x 21 x H. (mit Knauf) 13 mm.
DATIERUNG: 10.-7. Jh.
HERKUNFT: Nordsyrien.
BASISGRAVUR: Figürliche Darstellung: Vierbeiner mit angedeutetem Geweih (Cervide ?), über seinem Rücken Zweig und waagrechte Linie, zwischen seinen Beinen Winkelmotiv. Grabsticheltechnik; flüchtiger Kerbschnittstil, Rumpf tief gefurcht, Beine und Zweig dünn eingeritzt.
PARALLELEN: Eine genaue Parallele ist ein unpubliziertes Siegel aus Çatal Höyük in der ʿAmuq-Ebene (Field Nr. a-2400). Für den gleichen Stil, namentlich den tief eingefurchten und

langgezogenen Körper und die dünn eingeritzten Beine sowie für den Zweig vgl. je ein Siegel des Ashmolean und des Genfer Museums (Hogarth 1920: Nr. 146 = Buchanan/Moorey 1988: Nr. 231; Vollenweider 1967: Nr. 121, ohne Zweig).

68 (Matouk 6688)

OBJEKT: Rechteckige Platte mit rechteckigem, oben gewölbtem und mit einem Gittermuster verzierten Knauf als Griff. Der Knauf ist an seiner Basis senkrecht zum Siegelbild durchbohrt. Rand geringfügig bestossen. Grüngestein. 21 x 18,5 x H. (mit Knauf) 19,5 mm.
DATIERUNG: 10.-7.Jh.
HERKUNFT: Nordsyrien.
BASISGRAVUR: Figürliche Darstellung: nach links schreitender gehörnter Vierbeiner; zwischen seinen Beinen Zweig(?) oder Skorpion(?), über ihm, „tête-bêche", kleinerer Vierbeiner. Vom Hals des grösseren Tieres führen zwei parallele Linien zum Rand hin; zwischen den Vorderbeinen kleine dreieckige Einkerbung. Randleiste, teilweise mit Zacken bzw. Strichen versehen. Grabsticheltechnik; Kerbschnittstil, tiefe Furchen und dünn eingeritzte zackige Linien.

69 (Matouk 6689)

OBJEKT: Dreieckige Platte mit gerundeten Ecken und rundem Knauf als Griff. Die Platte ist seitlich mit einer Rille versehen, der Knauf mit sternförmig angeordneten Linien verziert und an seiner Basis schräg zum Siegelbild durchbohrt. Grüngestein. Seitenlängen 18,6 x 18 x 18 mm, H. (mit Knauf) 13 mm.
DATIERUNG: 10.-7.Jh.
HERKUNFT: Nordsyrien.
BASISGRAVUR: Figürliche Darstellung: nach links springender gehörnter Vierbeiner (Capride), über ihm, den rechten Rand entlanglaufend, kleinerer Vierbeiner mit zurückgewendetem Kopf (Jungtier). Zwischen den Beinen des letzteren zwei kurze waagrecht Striche. Randleiste mit vier nach innen weisenden schrägen Strichen unterhalb des grösseren Vierbeiners. Grabsticheltechnik; Kerbschnittstil mit tiefen Furchen und dünn eingeritzten Linien.
PARALLELEN: Für die genau gleiche Form und die Ikonographie vgl. Hogarth 1920: Nr. 206 = Buchanan/Moorey 1988: Nr. 221. Für die breite Ausbuchtung der Maulpartie vgl. ein ebenfalls dreieckiges Siegel aus Megiddo (Lamon/Shipton 1939: Pl. 73:7, ohne Stratumangabe).
BIBLIOGRAPHIE: Keel/Uehlinger 1990: 51 Abb. 64.

70 (VS 1990,3)

OBJEKT: Dreieckige Platte mit gerundeten Ecken und rundem Knauf als Griff. Der Knauf ist mit sternförmig angeordneten Linien verziert und an seiner Basis schräg zum Siegelbild durch-

bohrt. An zwei Stellen am Rand in Richtung Siegelfläche kleiner Splitter weggebrochen. Grüngestein. Seitenlängen je 20,6 mm, H. (mit Knauf) 15 mm.
DATIERUNG: 10.-7. Jh.
HERKUNFT: Nordsyrien.
BASISGRAVUR: Figürliche Darstellung: nach rechts springender gehörnter Vierfüssler mit zurück gewendetem Kopf, über ihm, den linken Rand entlanglaufend, kleineres tierähnliches Gebilde. Randleiste. Grabsticheltechnik; Kerbschnittstil mit tiefen Furchen und dünn eingeritzten Linien.
BIBLIOGRAPHIE: Bukowski 1983: Nr. 114, hier als ägyptisches Amulettsiegel publiziert.

2. *‚Pferd und Zweig'- oder ‚Capride und Zweig'-Gruppe: Nrn. 71-74*

Die Nrn. **71-74** unterscheiden sich durch ihre skaraboide (Nrn. **72-73**) oder konoide Form (Nr. **71**, **74**) von der vorausgegangenen Gruppe, gehören jedoch aufgrund ihres Materials, ihres Stils und ihrer gleichen oder zumindest verwandten Ikonographie in die selbe Zeit und den selben Raum. Neben dem Kerbschnittstil kommt hier auch der weniger tiefe Ritzstil vor: Nr. **71**. Auf dem Rücken der Nrn. **72** und **73** ist der Skarabäuskäfer durch Linien angedeutet, eine im ᶜAmuq-Material häufig anzutreffende Praxis.

Die Darstellungen zeigen – mit oder ohne Randleiste – ein Pferd, umgeben von einem Vogel und einem Zweig (Baum), oder einen Capriden mit Zweig (Baum) und einem zweiten, kleineren Tier (Skorpion, Jungtier oder Vogel, Nr. **73-74**). Zu beachten sind die auf merkwürdige Art geknickten Beine der Tiere auf den Nrn. **72-74**.

Ein Skaraboid mit dem Pferd-Vogel-Zweig-Skorpion-Motiv wurde auf dem Tall Kaisān in der Nähe von Akko gefunden (Keel 1980: 271-273 Nr. 14 = 1990: 210-217 Nr. 14, Oberflächenfund). Keel (1980: 272f = ders. 1990: 211-217) zeichnet die Entwicklung des vorliegenden Bildgedankens und zeigt die Zugehörigkeit der vier Elemente zum Umfeld der grossen syrischen Göttin ᶜAnat bzw. ᶜAstarte auf.

Ein unveröffentlichtes Siegel in Form eines Menschenkopfes, ebenfalls ein Oberflächenfund, aus ᶜAnāfā/Obergaliläa, heute in der Sammlung des Kibbutz Schamir aufbewahrt, gehört dem gleichen Motivkreis an. Zahlreiche Parallelen finden sich wiederum im ᶜAmuq-Material und im Ashmolean Museum (Hogarth 1920: Pl. 9). Buchanan/Moorey widmen ihnen ein eigenes Kapitel „The Horse Group" (1988: 23-25 Nrn. 148-167). Ein Siegel mit Griff des Ashmolean

Museum zeigt ebenfalls das Pferd-Zweig-Skorpion-Motiv, was beweist, dass die Siegelform für diese Ikonographie auswechselbar ist (Hogarth 1920: Nr. 262 = Buchanan/Moorey 1988: Nr. 238).

71 (PS 87)

OBJEKT: Leicht schräg abgeschnittenes Konoid mit kreisrunder, glatter Siegelfläche. Ungefähr auf halber Höhe, leicht schräg zum Siegelbild durchbohrt. Grüngestein (evtl. Basalt oder Dolomit). Ø 13 x H. 9,8-9,3 mm.
DATIERUNG: 10.-7.Jh.
HERKUNFT: Nordsyrien.
BASISGRAVUR: Figürliche Darstellung: nach rechts schreitendes Pferd; vor ihm Zweig, über ihm Vogel. Grabsticheltechnik; linearer Ritzstil.
PARALLELEN: Je ein in Form und Darstellung sehr ähnliches Siegel aus der Nähe Antiochias? (Hogarth 1920: Nr. 284 = Buchanan/Moorey 1988: Nr. 154) und vom Tall Kaisān (Keel 1980: 271-273 Nr. 14 = ders. 1990: 210-217 Nr. 14). Für den Stil s. ein unpubliziertes Stück aus Çatal Höyük in der ᶜAmuq-Ebene, Field Nr. a-938.
BIBLIOGRAPHIE: Keel 1980: 272, Fig. 82 rechts (Zeichnung) mit Anm. 214 = Keel 1990: 213f, Fig. 41 mit Anm. 214 (b).

72 (Schmidt 215)

OBJEKT: Skarabäus. Dem Seitenrand entlang laufen drei parallele Linien. Der Länge nach und waagrecht zum Siegelbild durchbohrt. Rand bestossen. Auf der Oberfläche Elytren durch Doppellinie angedeutet. Grüngestein. 19 x 13,5 x 9,5 mm.
DATIERUNG: 10.-7. Jh.
HERKUNFT: Nordsyrien.
BASISGRAVUR: Figürliche Darstellung in waagrechter Anordnung: nach links schreitendes Pferd. Über seinem Rücken ein Vogel, vor ihm, um 90° gedreht, vielleicht ein zweiter Vogel; zwischen den Beinen ein Zweig, über dem Schwanz eine parallele Linie und unter dem Schnabel des Vogels vor dem Pferd eine dreieckige Einkerbung. Grabsticheltechnik; Kerbschnittstil.
PARALLELEN: Zur Form vgl. unsere Nrn. **65** und **73**; zur Form und einer ähnlichen Darstellung vgl. Opificius 1968: Nr. 59 und ein unpubliziertes Stück aus Çatal Höyük in der ᶜAmuq-Ebene, Field Nr. c-261.
BIBLIOGRAPHIE: Keel 1980: 272 Abb. 82 links (Zeichnung) mit Anm. 214. Keel 1990: 213f, Fig. 40 mit Anm. 214 (a).

73 (Schmidt 214)

OBJEKT: Skarabäus. Auf dem Rücken deuten dünn eingeritzte Linien die Käferform an, dem Rand entlang laufen drei parallele Linien, deren oberste teilweise verwischt ist. Der Länge nach, parallel zum Siegelbild durchbohrt. Ein Bohrloch zum Siegelbild hin ausgebrochen. Grüngestein (evtl. Basalt). 17 x 14,5 x 8 mm.
DATIERUNG: 10.-7.Jh.
HERKUNFT: Nordsyrien.
BASISGRAVUR: Figürliche Darstellung in waagrechter Anordnung: ein nach rechts schreitender Capride; über ihm Zweig, vor ihm Skorpion(?), zwischen den Hinterläufen zwei ineinander geschobene Winkel. Grabsticheltechnik; kräftiger Ritzstil; Figur rechts gegittert.
PARALLELEN: Für die Form s. Hogarth 1920: 19f Fig. 13. Für eine fast identische Darstellung vgl. ein Konoid des Ashmolean Museum (ebd. Nr. 281 = Buchanan/Moorey 1988: Nr. 159).

74 (Schmidt 213)

OBJEKT: Konoid mit gerundetem oberem Ende und nicht ganz regelmässig runder, glatter Siegelfläche. Dem unteren Rand entlang laufen vier parallele Linien. Ungefähr auf halber Höhe, senkrecht zum Siegelbild durchbohrt. Beidseitig des einen Bohrloches kleine Einbohrung. Unterer Rand leicht bestossen. Grüngestein. 19,5 x 20 x 18 mm.
DATIERUNG: 10.-7.Jh.
HERKUNFT: Nordsyrien.
BASISGRAVUR: Figürliche Darstellung: nach rechts springender Capride mit zurückgewendetem Kopf; hinter ihm Baum, unter ihm gleichgerichtetes Tier (Vogel oder Jungtier, dem die Vorderbeine fehlen?), darunter Zweig (oder Skorpion). Randleiste. Grabsticheltechnik; Kerbschnittstil.
PARALLELEN: Für die Form s. ein unpubliziertes Siegel aus Çatal Höyük in der ʿAmq-Ebene, Field Nr. e-200. Für eine in jeder Beziehung sehr enge Parallele im Asmolean Museum vgl. Hogarth 1920: Nr. 281 = Buchanan/Moorey 1988: Nr. 159.

C. Hammer-Siegel: 10.-8. Jh. Nrn. 75-76

Die Form und die Ikonographie der Nrn. **75-76** gehen auf anatolische Vorbilder zurück. In der Karum-Zeit (1. Viertel des 2. Jts.) wurden Stempel mit kegelförmigem Griff, der oben mit einem bikonischen Knebel („Hammer") abschliesst, ausgebildet (s. Beran 1967: Nrn. 28, 46; Boehmer/Güterbock 1987 : 21 Nr. 22). Daraus entstand der prunkvolle Würfelhammer der althethitischen Zeit (Boehmer/

Güterbock 1987 : 54f). Für die Spätformen, zu denen unsere beiden Stücke gehören, s. Hogarth 1920: 22 Fig. 20:B,C und die Diskussion bei Buchanan/ Moorey 1988: 33f und Nrn. 250-255, 261-162.

Sowohl der Adler, Nr. **75**, als auch der Löwe, Nr. **76**, sind auf frühen althethitischen Stempelsiegeln belegt (Boehmer/Güterbock 1987 : Taf. 2:24, 3:32), gehen aber letztlich auf prähistorische Vorbilder zurück, vgl. unsere Nrn. **22**, **32.** Tierköpfe als Füllmotive, Nr. **76**, (und als Hauptmotive) haben eine ähnlich lange Geschichte, vgl. unsere Nrn. **26** und **34.** Im frühen 2. Jt. gehören sie zum Repertoire der kappadokischen und syrischen Glyptik, vorab der Rollsiegel (vgl. Collon 1987: Nrn. 188, 208, 899). Aber auch auf Stempelsiegeln fehlen sie nicht, wie ein Abdruck aus Acem Höyük zeigt (Özgüç 1980: Fig. 3:42).

Mangels fest datierter Stücke werden die späten hammerförmigen Stempel dem Zeitraum der spätluwischen Denkmälergattungen, d.h. grob den Jahren zwischen 1000-700, zugewiesen.

Die gestrichelte Randleiste, Nr. **76**, ist schon auf den frühesten hethitischen Siegeln belegt (Boehmer/Güterbock 1987 : Nr. 15). Sie ist auch ein typisches Merkmal der syrischen Glyptik vom Ende des 2., Anfang des 1. Jts., wo sie z.B. auf Rollsiegeln aus Ḥamā (Riis 1948: 153, 202 Fig. 195:A,D, datiert zwischen 1200-1075) und aus den Gräbern von Marǧ Kamiš (Kargamiš) vorkommt (Hogarth 1920: 79 Fig. 86-90; vgl. eine gleiche Umrandung auf einem Stempelsiegel und die einschlägige Diskussion von Porada 1981: Nr. 1072, welche die Gräber von Marǧ Kamiš ins 10./9. Jh. datiert). Die gestrichelte Randleiste erlaubt eine eher frühe Einordnung unserer Nr. **76** ins 10./9. Jh.

75 (Schmidt o.Nr.)

OBJEKT: Hammer-Siegel. Der Kegelmantel ist mit einer Rille verziert, der längsdurchbohrte Knebel mit zwei Einkehlungen versehen, so dass in der Mitte ein breiter und an den Röhrenenden ein schmaler Wulst entsteht. Die Durchbohrung bzw. der Knebel verläuft senkrecht zum Siegelbild. Das eine Röhrenende ist bestossen, der untere Siegelrand und die Darstellung sind abgenutzt. Beschädigungen auf der Bildfläche im Bereich der Schwanzfedern der Vögel. Weisser Marmor. Ø 15,5 x H. 15,5 mm.
DATIERUNG: 10.-8. Jh.
HERKUNFT: Südostanatolien/Nordsyrien.
BASISGRAVUR: Figürliche Darstellung: punktsymmetrische Komposition: zwei Kopf gegen Kopf angeordnete Vögel (Adler) mit ausgebreiteten Schwingen. Dazwischen eine kurze Linie mit zwei Querstrichen in der Mitte. Grabsticheltechnik; linearer Ritzstil.

PARALLELEN: Für die Form siehe ein unpubliziertes Stück vom Tall Taᶜyīnāt/ᶜAmuq Field Nr. X-03428. Adler kommen auf Siegeln derselben Form im Ashmolean Museum vor (Hogarth 1920: Nrn. 254-255 = Buchanan/Moorey 1988: Nrn. 250-251, letzteres im Stil unserem Stück ähnlicher).

76 (Schmidt 175)

OBJEKT: Hammer-Siegel. Der Kegelmantel ist mit zwei, der Knebel mit sechs Rillen verziert, die beidseitig durch eine Querlinie begrenzt sind. Die Durchbohrung bzw. der Knebel verläuft waagrecht zum Siegelbild. Unterer Rand und Siegelbild etwas abgenutzt. Grüngestein. 18 x 17 x 22 mm.
DATIERUNG: 10.-9. Jh.
HERKUNFT: Südostanatolien/Nordsyrien.
BASISGRAVUR: Figürliche Darstellung: ein nach links schreitender Löwe, vor ihm ein Capridenkopf, über ihm undeutbare Einritzung (missratener Vogel oder Halbmond und ?). Gestrichelte Randleiste.
PARALLELEN: Für ein hammerförmiges Siegel mit schreitendem Löwen und Antilope vgl. Porada 1981: Nr. 1064 (ohne Abbildung; datiert 9./8. Jh.), weiter ein Stück des Ashmolean Museum (Buchanan/Moorey 1988: Nr. 244, „9th to 7th centuries"). Eine ikonographisch und stilistisch sehr enge Parallele ist eine beidseitig gravierte runde Platte im Louvre (Delaporte 1923: Pl. 100:20b). Ein Stempelsiegel der Sammlung Newell zeigt einen ähnlichen Capridenkopf als Hauptmotiv (von der Osten 1934: Nr. 530, „North Syrian"). Vgl. auch unsere Nr. **127** mit Rinderkopf.

VIII

Palästinische bzw. levantinische Skaraboide der Eisenzeit II 10./9. Jh. Nrn. 77-89

Typisch für die palästinischen Skaraboide sind der flache bzw. kaum gewölbte Rücken und die relativ hohe, nach aussen leicht abfallende Seitenwand, so dass es den Anschein macht, als könnte sich die Form ebenso gut vom Konoid wie vom Skarabäus herleiten.

Das Material ist Kalkstein bzw. in späterer Zeit (ab ca. 900), wie besonders der Befund von Lachisch zeigt, in zunehmendem Masse Knochen, s.u. Nrn. **83** und **84**. Parallel zur letzteren Entwicklung kann am späteren Material aus Lachisch auch eine Abnahme der Grösse festgestellt werden (s. M. Murray in Tufnell 1953: 367).

Vermutlich hat sich die Skaraboiden-Form am Ende des 2. Jts. aus dem in diesem Jahrtausend üblichen Skarabäus-Siegel entwickelt und ist eine Weile parallel zum Konoid im Gebrauch gewesen, um dann im 1. Jt. deutlich die Oberhand zu gewinnen. In Lachisch stammt der früheste Beleg, ein Skaraboid aus Hämatit, aus einem Grab, das nach 1000 nicht mehr benutzt wurde (Tufnell 1953: Pl. 43A/44:96).

Axiale Kompositionen erfreuen sich auf den Skaraboiden grosser Beliebtheit. Die Nrn. **77** und **78** zeigen zwei wohl einen heiligen Baum flankierende menschliche Gestalten. Parallelen, vorwiegend aus Fundzusammenhängen des 10. Jhs., sind in verschiedenen, über ganz Palästina verteilten Ausgrabungen aufgetaucht (s. Parallelen im Katalog). Zwei Skarabäen aus Byblos zeigen dasselbe Bild (Dunand 1954: 61 Nr. 7060; ders. 1950: Pl. 198:7060; ders. 1958: 1073f Nr. 19235; ders. 1950: Pl. 201:19235). Das Motiv des „Heiligen Baumes" behandelt u.a. Jaroš (1980), wo auch auf weitere Vergleichsstücke hingewiesen wird.

Auf den Nrn. **79-82** und evtl. **83** erscheint das alte mesopotamische Motiv des „Herrn der Tiere". Löwen, Nr. **79**, sind für diese Zeit unüblich. Strausse hingegen, Nr. **80-82**, finden sich auf einer Reihe von Skaraboiden aus Fundstätten im judäischen Raum in der frühen Eisenzeit II (10./9. Jh.): in Bet-Mirsim Str. B3 (1000-900; Albright 1943: 31f, Pl. 29:7), zweimal im Grab 1 in Bet-Schemesch (Mackenzie 1912-1913: Pl. 29:B1 = Rowe 1936: Nr. SO.15, SO. 16; zur Datierung des Grabes 1 ins 10. Jh. s. Wright 1975: 253), aus unsicherem Kontext in Geser (Macalister 1912: II 236 Nr. 314, III Pl. 203a:15; II 328 Nr. 372, III Pl. 208:57), in einem Grab der späten Eisenzeit I - frühen Eisenzeit II vom Tall an-Naṣba (McCown 1947: 295 Nr. 23, Pl. 54:23), ein Oberflächenfund und ein Stück aus Grab 218 in Lachisch (Tufnell 1953: Pl. 43:81,84; ebd. 203 zur Datierung des Grabes um 900). Zum Motiv des „Herrn der Tiere", zu seiner Bedeutung für die Auslegung der Gottesreden im Buch Ijob und für weitere Parallelen vgl. Keel 1978: 76-125 mit Abb. 34-39 und 41-42.

Die Nr. **83** mit einer zusätzlichen auf den Vierbeinern stehenden menschlichen Gestalt bildet mit der Nr. **84** auch hinsichtlich des Materials und des Stils eine Einheit. Einen ikonographischen Vergleich erlauben die beiden Siegel mit unserer Nr. **96**.

Bei Nr. **85** fehlt die auf dem Tier stehende menschliche Figur. Der gehörnte Vierbeiner mit pflanzlichem Element auf Nr. **86** gehört zu den beliebtesten Bildmotiven auf Skarabäen und Skaraboiden der frühen Eisenzeit II, wie die Auswertung der Grabungsergebnisse in Lachisch zeigen (Murray in Tufnell 1953: 364). Dass die Ikonographie nicht an eine bestimmte Siegelform gebunden sein muss, bezeugt das Konoid Nr. **61**, das ebenso gut hier seinen Platz haben könnte und mit Nr. **86** zumindest zeitgleich sein dürfte.

Der eher seltsame Dekor auf Nr. **87** entspricht jenem auf einem Skaraboid aus Sichem (Rowe 1936: Nr. SO.5). Rowe deutet das Motiv rechts als „a clump of flowers on its side" (ebd. 222) – es dürfte sich aber eher um eine Bootsszene handeln.

Die Nrn. **88-89** mit senkrecht abfallender Seitenwand können ebensogut syrischen wie palästinischen Ursprungs sein. Die Ikonographie, Stierkopf- bzw. Widderkopf-Darstellung en face, ist dem spätbronzezeitlichen kyprisch/syro-mitannischen Bildrepertoire entnommen (vgl. unsere Nr. **76**), wo der Stierkopf überaus häufig vorkommt, wie Rollsiegel aus Nuzi, Ugarit und vor allem Zypern dokumentieren (Porada 1947: Nr. 639; Schaeffer/Forrer 1983: 22 RS 6.061; 63 A 10, A 12; 68 A 22 etc.). Das gleiche Tierkopfmotiv findet sich schon auf kretischen Steatitprismen des frühen 2. Jts., wird aber dort als Stierkopf intendiert gewesen sein (Matz 1928: Taf. 18:2b,5b). Der Widderkopf kommt noch vor auf einem nordsyrischen Hämatitskarabäus (Boardman/Moorey 1986:

Nr. 11), auf einem phönikischen Skarabäus (Vollenweider 1973: Nr. 97, „probablement 9e s.“), auf einem spätbronzezeitlichen Konoid aus Enkomi/Zypern (Kenna 1968: Abb. 2:16), auf einem im neuassyrischen Stil des 8./7. Jhs. geschnittenen syrischen Rollsiegel (Barnett 1939: Pl. 1:2) und auf einem undatierten Konoid aus Geser (Macalister 1912: III Pl. 200:10). Die engsten Parallelen für unsere beiden Stücke, auch hinsichtlich der Siegelform und des Materials, sind zwei Belege vom Tall an-Naṣba und von Bet-Schean, auf denen je ein Stier- und ein Widderkopf als Hauptmotiv figurieren (McCown 1947: 236 Nr. 49, Pl. 54:49, Grab 3, Fundzusammenhang Eisenzeit II C, 700-587, und hellenistisch; der unpublizierte Oberflächenfund von Bet-Schean befindet sich in der Sammlung M. Reschef in Bet-Alpha).

Auf den Siegeln dieser Kategorie gelangt der Kugelbohrer neben dem Grabstichel für den menschlichen Kopf und die Schnauze der Tiere, gelegentlich voll zur Anwendung, Nr. **81-84**, **87**. Im Kugelbohrerstil sieht Keel (1990a: 373) eine Imitation der aus dem teureren Hämatit geschnittenen Siegel, s. unsere Nr. **65**, **66**. Typisch für den Stil sind die Kugelkopfmännchen mit zumeist erhobenen Armen. Die Stilisierung der Tierhälse durch parallele Querstriche verbindet die Nrn. **83** und **84** miteinander. Weitere unter Nr. **83** erwähnte Vergleichsstücke weisen möglicherweise auf eine gemeinsame Werkstätte hin.

77 (PS 78)

OBJEKT: Skaraboid mit leicht schräg nach aussen abfallender Seitenwand. Der Länge nach und senkrecht zum Siegelbild durchbohrt. Schwarzer Kalkstein. 19,8 x 15 x 9 mm.
DATIERUNG: 10. Jh.
HERKUNFT: Palästina (in Jerusalem gekauft).
BASISGRAVUR: Figürliche Darstellung; axialsymmetrische Komposition in vertikaler Anordnung: ein Baum mit ausladender Krone, flankiert von zwei Gestalten mit erhobenen Armen. Der Baum ist an seiner Basis kugelförmig ausgeweitet (Wurzel? Gefäss?) Grabstichel/Kugelbohrertechnik; kräftiger Ritzstil; Kugelbohrungen für Köpfe und Basis des Baumes.
PARALLELEN: Genaue Parallelen finden sich u.a. in Megiddo (Lamon/Shipton 1939: Pl. 69:13, Str. V, 10 Jh.), auf dem Tall al-Fārʿa (Nord) (Chambon 1984: Pl. 80:6, Str. VIIb, 10. Jh.), in Bet-Schemesch (Mackenzie 1912-13: Pl. 29:B1 = Rowe 1936: Nr. SO.23, Grab 1, ins 10. Jh. datiert von Wright 1975: 253), in Lachisch (Tufnell 1953: Pl. 43A/44:70, ohne klaren Kontext).
BIBLIOGRAPHIE: Keel 1976: 42 Abb. 9a. Jaroš 1980: 209 Nr. 8. Keel/Uehlinger 1990: 51 Abb. 63.

78 (PS 82)

OBJEKT: Skaraboid mit leicht schräg nach aussen abfallender Seitenwand. Der Länge nach und senkrecht zum Siegelbild durchbohrt. Unterer Rand teilweise bestossen, ein Splitter in Richtung Siegelfläche weggebrochen. Dunkelbrauner Kalkstein. 17 x 14,5 x 8 mm.
DATIERUNG: 10. Jh.
HERKUNFT: Palästina (in Jericho gekauft).
BASISGRAVUR: Figürliche Darstellung; axialsymmetrische Komposition in vertikaler Anordnung: ein Baum mit ausladender Krone, flankiert von zwei Gestalten, wovon die eine die Arme herunterhängen lässt, die andere nur krüppelhaft wiedergegeben ist. Grabsticheltechnik; schematischer Ritzstil.
PARALLELEN: S.o. Nr. 77.

79 (PS 97)

OBJEKT: Skaraboid mit leicht schräg nach aussen abfallender Seitenwand. Der Länge nach und waagrecht zum Siegelbild durchbohrt. Unterer Rand an einer Stelle in Richtung Siegelfläche beschädigt. Graubrauner Kalkstein. 19 x 16,5 x 11 mm.
DATIERUNG: 10./9. Jh.
HERKUNFT: Palästina (in Jericho gekauft).
BASISGRAVUR: Figürliche Darstellung; axialsymmetrische Komposition in waagrechter Anordnung: menschliche Gestalt mit erhobenen Armen zwischen zwei um 90° gedrehten Vierbeinern (Löwen). Darüber eine zweite, kleinere menschliche Gestalt(?) mit herabhängenden Armen, ebenfalls um 90° gedreht. Grabsticheltechnik; schematischer Ritzstil, Kugelbohrungen für die menschlichen Köpfe.
PARALLELEN: Einen „Herrn der Tiere" zwischen zwei gleich angeordneten Vierbeinern zeigt ein Konoid der Berliner Sammlung (Jakob-Rost 1975: Nr. 91, hier unter „Syrien 2./1. Jt." klassiert).

80 (PS 84)

OBJEKT: Skaraboid mit leicht schräge nach aussen abfallender Seitenwand. Der Länge nach und waagrecht zum Siegelbild durchbohrt. Der untere Siegelrand ist teilweise eingekerbt wegen der bis über den Rand hinaus gravierten Darstellung; zusätzlich kleiner Splitter weggebrochen. Graubrauner Kalkstein. 28 x 23 x 13 mm.
DATIERUNG: 10./9. Jh.
HERKUNFT: Palästina (in Jerusalem gekauft).
BASISGRAVUR: Figürliche Darstellung; axialsymmetrische Komposition in waagrechter Anordnung: Eine menschliche Gestalt hält rechts und links je einen Strauss am Hals. Von der Halsmitte der Strausse aus verläuft ein kleiner Flügel parallel zum Siegelrand. Zwischen der menschlichen Figur und dem Strauss rechts ein Bäumchen, links ein schematisierter Vierbeiner

oder ein pflanzliches Element um 90° gedreht? Grabsticheltechnik; grob und tieffurchig eingegraben, Umrisslinien der Körper durch kurze parallele Striche wiedergegeben.
PARALLELEN: Zur Stilisierung vgl. die zu Nr. **83** angegebenen Parallelen. Ein ungefähr zeitgleiches Skaraboid aus Lachisch zeigt ein ähnliches Füllmotiv wie das links auf unserem Stück (Tufnell 1953: 370, Pl. 43A/44:71).
BIBLIOGRAPHIE: Keel 1978: 104-105 mit Abb. 42, Taf. IIIb.

81 (PS 161)

OBJEKT: Skaraboid mit leicht schräg nach aussen abfallender Seitenwand. Der Länge nach waagrecht zum Siegelbild durchbohrt. Geringfügige Beschädigung auf der Siegelfläche. Graubrauner Kalkstein. 14 x 11 x 7,1 mm.
DATIERUNG: 10./9. Jh.
HERKUNFT: Palästina (in Jerusalem gekauft).
BASISGRAVUR: Figürliche Darstellung; axialsymmetrische Komposition in waagrechter Anordnung: menschliche Gestalt rechts und links je einen Strauss am Hals haltend („Herr der Tiere“). Grabsticheltechnik; linearer Ritzstil, Rumpf von Tier und Mensch tiefer ausgehöhlt.
PARALLELEN: Die genauesten Parallelen sind je ein Siegel aus Bet-Schemesch (Mackenzie 1912-1913: 61, Pl. 29:B1 = Rowe 1936: Nr. SO.15, Grab 1, ins 10. Jh. datiert von Wright 1975: 253) und aus Lachisch (Tufnell 1953: Pl. 43A/44:86, Mittelachse undeutlich, Grabungskontext unklar, vgl. ebd. 364).

82 (VS 1983,2; Geschenk von U. Winter)

OBJEKT: Skaraboid mit leicht schräg nach aussen abfallender Seitenwand. Der Länge nach und waagrecht zum Siegelbild durchbohrt. Form, besonders unterer Siegelrand, ziemlich abgeschliffen. Ziegelfarbener Kalkstein. 15 x 13 x 8 mm.
DATIERUNG: 10./9. Jh.
HERKUNFT: Palästina (in Jerusalem gekauft).
BASISGRAVUR: Figürliche Darstellung; axialsymmetrische Komposition in waagrechter Anordnung: menschliche Gestalt zwischen zwei Straussen. Grabstichel/Kugelbohrertechnik; schematischer Ritzstil mit Kugelbohrungen für Kopf und Rumpf.
PARALLELEN: Für Komposition und Stil vgl. ein Skaraboid aus Megiddo (Lamon/Shipton 1939: Pl. 69:30, Str. IV, 10./9. Jh.).

83 (PS 139)

OBJEKT: Skaraboid mit leicht schräg nach aussen abfallender Seitenwand. Der Länge nach, waagrecht zum Siegelbild durchbohrt. Von der einen Rückenhälfte eine dünne Schicht abgespal-

ten, von der Siegelfläche ein Stück weggebrochen. Sprung durch die Längsachse des Siegels. Knochen (vgl. den Exkurs über die Materialbestimmung auf S. 73f). 29 x 19 x 8,7 mm.
DATIERUNG: 10./9. Jh.
HERKUNFT: Palästina (in Jerusalem gekauft).
BASISGRAVUR: Figürliche Darstellung; axialsymmetrische Komposition in waagrechter Anordnung: Zwei Vierbeiner mit langem Hals und spitzen Ohren (oder Hörnern?) stehen einander gegenüber. Die Ohren bzw. Hörner des Tieres rechts sind etwas länger und nach hinten gebogen (Capride?), die desjenigen links kürzer und gerade (Pferd?). Zwischen ihnen und über ihrem Rücken je eine menschliche Figur mit erhobenen Armen. Die Gestalt in der Mitte hebt in der Rechten einen rechenartigen Gegenstand in die Höhe, vielleicht eine Blüte? Grabstichel/Kugelbohrer-Technik; grob und tieffurchig eingegraben; Schnauzen der Tiere und Köpfe mit Kugelbohrer gearbeitet.
PARALLELEN: Eine in bezug auf Tierdarstellung, Komposition, Technik und Stil sehr nahe Parallele ist ein Knochensiegel aus Eisen-II B-zeitlichem Kontext in Lachisch (Tufnell 1953: 371, Pl. 43A/44:100, Grab 224, ebd. 215 ins 9. Jh. datiert).; hier wie dort zudem die gleiche Stilisierung der Tierhälse bzw. der Mähnen und die gleichermassen gebogenen Extremitäten, so dass man für beide Siegel die gleiche Werkstatt vermuten könnte. Den gleichen tieffurchigen und mit parallelen Querstrichen versehenen Stil findet man auch auf einer Reihe von zeitgleichen Siegeln mit anders komponierten Tierdarstellungen, so auf zwei weiteren Skaraboiden aus dem Lachisch des 9. Jhs. (Tufnell 1953: 370, Pl. 43A/44:79, 101; ebd. 203 bzw. 215 Datierung der Gräber um 900 bzw. ins 9. Jh.), auf einem Konoid vom Tall al-Fārʿa (Nord) (Chambon 1984: 12, 274f, Pl. 80:2, Str. VIIc, Anfang 9. Jh.) und auf einem Skaraboid aus der Eisenzeit II A (10. Jh.) in Bet-Schemesch (Grant 1934: 49 Fig. 3:18, vgl. 67 und Map I). Vgl. auch ein Skaraboid aus Geser (Macalister 1912: II 326 Nr. 331, III Pl. 208,20, ungenaue Umzeichnung) sowie unsere Nrn. **80** und **84.**

84 (PS 140)

OBJEKT: Skaraboid mit leicht schräg nach aussen abfallender Seitenwand. Der Länge nach, waagrecht zum Siegelbild durchbohrt. Auf der Siegelfläche schmaler Streifen bis zum Bohrkanal eingebrochen. Knochen (vgl. den Exkurs über die Materialbestimmung auf S. 73f). 15,5 x 11,5 x 5,5 mm.
DATIERUNG: 10./9. Jh.
HERKUNFT: Palästina (in Samaria gekauft).
BASISGRAVUR: Figürliche Darstellung in waagrechter Anordnung: nach links gerichteter Vierbeiner mit langem Hals und spitzen Ohren (Pferd?); davor menschliche Figur mit angewinkelten herunterhängenden Armen. Auf dem Rücken des Tieres eine zweite menschliche Figur mit erhobenen Armen. Grabstichel/Kugelbohrer-Technik; grob und tieffurchig eingegraben, Schnauze des Tieres und Köpfe mit Kugelbohrer gearbeitet.
PARALLELEN: Eine sehr enge Parallele ist ein Siegel aus einem Grab des 12.-frühen 9. Jh. von al-Ǧīb (Dajani 1953: 74, Pl. 10:64, vgl. weiter 10:68). Für Vergleiche hinsichtlich des Stils s. unsere Nr. **83,** von der sich dieses Stück einzig durch die angewinkelte Armhaltung der

Kugelkopfmännchen unterscheidet. Ein weiteres ikonographisches Vergleichsstück ist ein Skaraboid aus Stein aus einem Grab des 12. Jhs.(?) vom Tall ʿAitūn (Shuval 1990: 138 Nr. 32).

85 (PS 165)

OBJEKT: Skaraboid mit leicht schräg nach aussen abfallender Seitenwand. Der Länge nach, waagrecht zum Siegelbild durchbohrt. Graubrauner Kalkstein, teilweise versintert. 14 x 12 x 7,5 mm.
DATIERUNG:10./9. Jh.
HERKUNFT: Palästina (in Jerusalem gekauft).
BASISGRAVUR: Figürliche Darstellung in waagrechter Anordnung: nach rechts gerichteter Capride, vor ihm menschliche Gestalt mit herabhängenden Armen. Grabsticheltechnik; schematischer Ritzstil.
PARALLELEN: Das gleiche Motiv zeigen je ein Sakaraboid aus dem ins 10. Jh. datierten Grab 1 in Bet-Schemesch (Rowe 1936: Nr. SO.25), aus Str. V (10. Jh.) in Megiddo (Lamon/Shipton 1939: Pl. 69:39) sowie aus dem ins 9. Jh. datierten Grab 1 in Lachisch (Tufnell 1953: Pl. 43A/44:79).

86 (VS 1983,3; Geschenk von U. Winter)

OBJEKT: Skaraboid mit leicht schräg nach aussen abfallender Seitenwand. Der Länge nach und waagrecht zum Siegelbild durchbohrt. Der Siegelrücken fällt auf eine Seite hin steiler ab, so dass ein Seitenrand niederer ist. An einer Stelle am Rand kleiner Splitter in Richtung Siegelfläche weggebrochen. Stein versintert. Grauer Kalkstein. 14,5 x 12 x 7,6 mm.
DATIERUNG: 10./9. Jh.
HERKUNFT: Palästina (in Jerusalem gekauft).
BASISGRAVUR: Figürliche Darstellung in waagrechter Anordnung: nach links gerichteter Capride vor Baum. Grabsticheltechnik; linearer Ritzstil, Rumpf tiefer eingegraben.
PARALLELEN: Für eine sehr enge Parallele vgl. ein Skaraboid aus Grab 218 von Lachisch (Tufnell 1953: Pl. 43A/44:88; das Grab wird ebd. 203 um 900 datiert). Weitere Belege liefern Megiddo (Lamon/Shipton 1939: Pl. 69:34, Str. IV, 10./9. Jh.; Pl. 69:39, Str. V, 10. Jh.), Bet-Schemesch (Grant 1934: 43 Fig. 3:18, Eisenzeit II A; Rowe 1936: Nr. SO.21, SO.31, SO.34, alle drei aus Grab 1, das von Wright 1975: 253 ins 10. Jh. datiert wird), Tall Kaisān (Keel 1980: Nr. 15 = ders. 1990: Nr. 15, nicht stratifiziert, datiert 1000-800),Bet-Schean (James 1966: Fig. 108:5, Abdruck, unteres Str. V, ebd. 150-153 ins 11.-10. Jh. datiert) und Tall Ǧamma (Beck 1986: 32, Abdruck, Schicht des 10./9. Jhs.).

87 (PS 88)

OBJEKT: Skaraboid mit leicht schräg nach aussen abfallender Seitenwand. Der Länge nach durchbohrt. Graubrauner Kalkstein. 15 x 13,5 x 10 mm.
DATIERUNG: 10./9. Jh.
HERKUNFT: Palästina (in Jerusalem gekauft).
BASISGRAVUR: Figürliche Darstellung in waagrechter bzw. senkrechter Anordnung: Kugelkopfmännchen mit erhobenen Armen, rechts um 90° gedreht Rumpf eines zweiten Kugelkopfmännchens(?) oder Kultgegenstand(?) auf schraffiertem Balken, der rechts und links in einer schrägen Linie aufsteigt und zum Rand hin wimpelförmig abfällt: Boot? Grabsticheltechnik; linearer Ritzstil, Köpfe kugelförmig ausgegraben.
PARALLELEN: Eine genau gleiche Darstellung zeigt ein Skaraboid aus Knochen vom Tall Balāṭa/Sichem (Rowe 1936: Nr. SO.5). Rowes Datierung in die 19. Dynastie (1290-1190) dürfte zu früh angesetzt sein, da zu dieser Zeit noch keine Kugelkopfmännchen vorkommen. Zur Bootszene vgl. unsere Nrn. **133** und **134**.

88 (VS 1985,1; Geschenk von K. Bester)

OBJEKT: Skaraboid. Der Länge nach und waagrecht zum Siegelbild durchbohrt. Beiger Kalkstein. 14,6 x 12,5 x 8 mm.
DATIERUNG: 10./9. Jh.
HERKUNFT: Levante.
BASISGRAVUR: Figürliche Darstellung: zentral komponiert in waagrechter Anordnung: Stierkopf en face; zwischen den Hörnern und rechts und links der Schnauze je ein Kreis. Gestrichelte Randleiste. Grabsticheltechnik; Ritzstil, Kreise und Kopfpartie flach eingegraben.
PARALLELEN: Eine in jeder Hinsicht genaue Parallele ist ein Oberflächenfund aus Bet-Schean (unveröffentlicht) in der Sammlung M. Reschef, Bet-Alpha. Für die Strichbandumrandung vgl. unsere Nr. **76**.

89 (VS 1990,1)

OBJEKT: Skaraboid, dessen Oberseite leicht schräg verläuft. Der Länge nach und waagrecht zum Siegelbild durchbohrt. Gravur teilweise abgenutzt. Weisslich-hellbeiger Kalkstein. 13 x 12,3 x 8,5 mm.
DATIERUNG: 10./9. Jh.
HERKUNFT: Levante (in Jerusalem gekauft).
BASISGRAVUR: Figürliche Darstellung; zentral komponiert in waagrechter Anordnung: Widderkopf en face. Nach innen bis zu den Hörnern des Tieres hin gestrichelte Randleiste. Grabsticheltechnik; dünner Ritzstil, Kopf tiefer ausgehöhlt.

PARALLELEN: Für den Widderkopf als Hauptmotiv vgl. ein Kalksteinskaraboid aus dem Grab 3 vom Tall an-Naṣba (McCown 1947: 296 Nr. 49, Pl. 54:49, Kontext Eisenzeit II C, 700-587a, und hellenistisch).

Exkurs: Zur Unterscheidung verschiedener „Bein"-Arten bei der Prüfung von sieben Siegeln (Nrn. 83-84, 90-92, 100 und 174)

Elisabeth Schmid, Basel

Viele prähistorische und archäologische Objekte sind aus Knochen, Geweih oder Elfenbein angefertigt. Während Elfenbein selbst bei kleinen Stücken leicht zu erkennen ist, macht die Bestimmung „Knochen" oder „Geweih" dann Schwierigkeit, wenn wegen der Kleinheit des Stückes der anatomische Bau des Ausgangsstückes nicht mehr erkennbar ist.

Elfenbein ist charakterisiert durch seine dichte Masse, in der schon makroskopisch im Querschnitt „ein regelmässiges, dicht liegendes System feiner, gekrümmter und sich kreuzender Wachstumslinien (Guillochage)"[1] erkennbar ist. Die Bezeichnung des Musters leitet sich von der Guilloche ab, dem „ineinander verschlungenen Linienraster" vor allem „auf Banknoten, Wertpapieren und Urkunden zum Schutz gegen Fälschungen"[2].

Die Unterscheidung von *Knochen* und *Geweih* ist schwieriger, zumal dafür noch keine systematischen Untersuchungen nach Knochenarten, Geweihteilen und Tierarten vorliegen. Lange Erfahrung an vielfältigem Material gibt auch ohne Mikroschnitte eine recht gute Sicherheit. So zeichnen sich unter dem Binokular bei 16-facher Vergrösserung folgende Besonderheiten ab:

Knochen: parallele Gewebestränge mit verstreuten, längs gerichteten Poren, die in der polierten Fläche als feine Risse auftreten können. Oft ist auch der von der Knochenhaut her konzentrische Aufbau erkennbar. Der manchmal in das Objekt einbezogene Übergang zur Spongiosa (am Ende der Markhöhle) zeigt relativ grosse, unterschiedliche Bälkchen- und Porenstruktur.

Geweih: Die längs gerichteten Gewebestränge in der dichten Rinde sind ineinander verschlungen. Konzentrische Zuwachslinien fehlen, da das Geweih im vollen Umfang vom Rosenstock aus aufwärts wächst. Das spongiöse Innere zieht gleichmässig durch das ganze Geweih bis zu den massiven Enden.

Nach diesen Kriterien kann das Material der sieben Siegel wie folgt bestimmt werden:

Keines der Stücke ist aus Elfenbein angefertigt.

Nr. **83**: Knochen. Aus dem Mittelteil eines Langknochens. Die Durchbohrung verläuft in der Längsrichtung des Knochens. Die feinen Kanälchen sind unter dem Binokular gut erkennbar. Beide Längsrisse, der parallel zur Oberfläche und der rechtwinklig dazu verlaufende Riss, entsprechen dem natürlichen Bau des Knochens.

Nr. **84**, **90-92**: Knochen. Die Achse verläuft in der Längsrichtung des Knochens mit gut erkennbaren verstreuten Kanälchen.

Nr. **100**: Geweih. Aus der dicken Rinde eines kräftigen Hirschgeweihs in Längsrichtung gearbeitet.

Nr. **174**: Geweih. Aus der Rose der Abwurfstange eines Cerviden geschnitzt und sorgfältig poliert. Ob von einem Damhirsch oder von einem kleineren Rothirsch, lässt sich wegen der starken Überarbeitung nicht feststellen. Das Stempelbild ist in das dichte, ungeordnete Knochengewebe der Rose, der Ablösungsfläche des Geweihs vom Rosenstock, eingetieft. Dabei reicht der Hintergrund im mittleren Teil in den spongiösen Bereich der Geweihstange hinein. Dieser ist im Griff des Stempels schon stark ausgeprägt, wodurch dieser leicht verletzt werden konnte.

Anmerkungen

1 Tobien, Heinz, Die paläontologische Geschichte der Proboscidier (Mammalia) im Mainzer Becken (BRD): Mainzer Naturwissenschaftliches Archiv 24 (1986) 155-261, hier 191-192.

2 dtv Brockhaus Lexikon, Bd. 7, 1982, 235-236.

IX

Judäische Knochensiegel der Eisenzeit II
ca. 9./8. Jh.
Nrn. 90-94

Die Nrn. **90-93** bilden eine klar umrissene Klasse viereckiger bzw. rechteckiger Stempelsiegel mit mehr oder weniger stark gerundeten Ecken und leicht gewölbtem Rücken aus Knochen. Ein Abdruck auf einer Tonbulle, Nr. **94**, bezeugt ihre Verwendung als Siegel.

Die Darstellungen zeigen schematisierte Menschen und Tiere mit schraffiertem Rumpf und Kopf. Typisch ist der halbkreisförmige Kopf bei Menschengestalten. Die Ikonographie verrät ägyptischen Einfluss. Als charakteristische Tierdarstellung kann der frontal dargestellte Vogel mit ausgebreiteten Schwingen und gespreizten Beinen gelten: Nr. **90**. Dieses ursprünglich aus Ägypten stammende Motiv (Horusfalke) erscheint schon auf einer levantinischen Skarabäengruppe aus grünem Jaspis des 17. Jhs. (Keel/Keel-Leu/Schroer 1989: 223-235 Abb. 26, 27, 28).

Das Motiv des über einen Menschen schreitenden Löwen der Nr. **91** wurde schon im Zusammenhang mit dem Konoid Nr. **62** behandelt. Ikonographisch entsprechen die Nrn. **92-93** dem Fayence-Skaraboid Nr. **99**. Der Inhalt der Kartusche auf Nr. **93** ist nicht deutbar. Desgleichen ergibt keine der Kartuschen auf den zuletzt von Hübner (1986: 260-264) zusammengestellten Vergleichsstücken eine eindeutige Lesung. Auf der Nr. **92** ist die Kartusche gar völlig degeneriert. Wir haben es eindeutig mit der Weiterführung einer ramessidischen Tradition zu tun, die auf rechteckigen Platten Beamte in Verehrung vor der Kartusche mit Königsnamen zeigt (vgl. Petrie 1932: Pl. 6 unten links; Hornung/Staehelin 1976: 190 Nr. 554f). Der Abdruck Nr. **94** zeigt die charakteristischen menschlichen Figuren mit erhobenem rechtem Arm einander gegenübergestellt.

Die Bilder sind mit dem Grabstichel mehr oder weniger sorgfältig eingeritzt und von einer Randleiste umgeben. Vereinzelt oder in kleinen Gruppen tauchen die Siegel in zahlreichen Ausgrabungen in Palästina auf (s. unter „Parallelen"). Ihr Produktionszentrum muss im südlichen Teil des Landes gelegen haben, vielleicht in Juda, denn die weitaus meisten Belege stammen aus Lachisch und vom Tall al-Fārʿa (Süd). In Lachisch ist die Gruppe in einem ins 8. Jh. datierten Grab gefunden worden (s. M. Murray in Tufnell 1953: 363f, Nr. 62-66, 103, 106-108; zur Datierung des Grabes ebd. 229f). Die Vergleichsstücke vom Tall al-Fārʿa (Süd) sind von Petrie zumeist der 22. Dynastie (944-725) zugeschrieben worden (1930: Pl. 31:298, 35:408,409,423, 39:444, 40:458, 41:291, 43:515). Ein Beispiel vom Tall al-ʿUraima/Kinneret ist durch den Grabungskontext ins 8. Jh. datiert (Hübner 1986: 263-264, Abb. 3).

90 (PS 152)

OBJEKT: Rechteckiges Siegel mit gerundeten Ecken und leicht gewölbtem Rücken. Der Länge nach, senkrecht zum Siegelbild durchbohrt. Bei einem Bohrloch kleines Stück ausgebrochen; kleine Beschädigung am Rand. Knochen (vgl. den Exkurs über die Materialbestimmung auf S. 73f). 20 x 17,8 x 7 mm.
DATIERUNG: 9./8. Jh.
HERKUNFT: Südpalästina, wahrscheinlich Juda.
BASISGRAVUR: Figürliche Darstellung: stilisierter Vogel mit ausgebreiteten Schwingen und gespreizten Beinen. Randleiste. Grabsticheltechnik; flüchtiger Ritzstil mit schraffierter Innenzeichnung.
PARALLELEN: Genaue Entsprechungen stammen aus Sichem (Toombs/Wright 1963: 41, Fig. 18:2, Str. IX-VII, 9./8. Jh.), aus dem zwischen 810-710 datierten Grab 1002 in Lachisch (Tufnell 1953: Pl. 44/44A:107) aus ungenauer Fundlage in Geser (Macalister 1912: III Pl. 203a:11). Vgl. weiter die – abgesehen vom Material (schwarzer Stein) – genaue Parallele vom Tall an-Naṣba (McCown 1947: Pl. 54:56, Str. II, ca. 1150-700).

91 (PS 151)

OBJEKT: Rechteckiges Siegel mit gerundeten Ecken und leicht gewölbtem Rücken. Der Länge nach, senkrecht zum Siegelbild durchbohrt. Knochen (vgl. den Exkurs über die Materialbestimmung auf S. 73f). 18,5 x 17 x 7 mm.
DATIERUNG: 9./8. Jh.
HERKUNFT: Südpalästina, wahrscheinlich Juda.
BASISGRAVUR: Figürliche Darstellung: nach rechts schreitender Löwe über menschlicher Gestalt. Die sichelförmige Einritzung über dem Rücken des Löwen zeigt das Schwanzende an. Randleiste. Grabsticheltechnik; linearer Ritzstil mit schraffierter Innenzeichnung.
PARALLELEN: Ein Siegel der gleichen Gruppe und mit gleicher Darstellung stammt aus einem Grab des 8. Jhs. in Lachisch (Tufnell 1953: Pl. 43A/44:64). Das Motiv findet sich wei-

ter auf einem Steatitsiegel aus Str. V (10. Jh.) in Megiddo (Lamon/Shipton 1939: Pl. 67:40) sowie auf unserem Siegel Nr. **62.**

92 (PS 155)

OBJEKT: Rechteckiges Stempelsiegel mit gerundeten Ecken und leicht gewölbtem Rücken. Der Länge nach, senkrecht zum Siegelbild durchbohrt. Senkrechter Sprung durch das ganze Siegel, Rücken durch Kratzer beschädigt. Knochen (vgl. den Exkurs über die Materialbestimmung auf S. 73f). 17,2 x 15,5 x 7,4 mm.
DATIERUNG: 9./8. Jh.
HERKUNFT: Südpalästina, wahrscheinlich Juda (in Jerusalem gekauft).
BASISGRAVUR: Figürliche Darstellung: menschliche Figur mit erhobenem rechtem Arm vor lanzettförmigem Gebilde (Pseudokartusche?). Randleiste. Grabsticheltechnik; linearer Ritzstil mit schraffierter Innenzeichnung.
PARALLELEN: Vgl. unsere Nr. **93**, weiter ein Siegel aus Knochen von Lachisch mit einer menschlichen Gestalt vor einem ebenfalls nicht näher bestimmbaren länglichen Zeichen oder Gegenstand, vielleicht ebenfalls einer Kartusche (Tufnell 1953: Pl. 43A/44:63, aus einem Grab des 8. Jhs., vgl. ebd. 370, 229f).
BIBLIOGRAPHIE: Keel/Uehlinger 1990: 52 Abb. 65.

93 (PS 154)

OBJEKT: Ovales Stempelsiegel mit leicht gewölbtem Rücken. Der Länge nach, senkrecht zum Siegelbild durchbohrt. Auf der Siegelfläche ein Stück vom Bohrkanal weggebrochen. Knochen, hellblau angestrichen. 18,6 x 14,5 x 3,7 mm.
DATIERUNG: 9./8. Jh.
HERKUNFT: Südpalästina, wahrscheinlich Juda (in Jerusalem gekauft).
BASISGRAVUR: Figürliche Darstellung: Eine menschliche Gestalt erhebt die Rechte vor Kartusche undeutbaren Inhalts. Randleiste. Grabsticheltechnik; dünner Ritzstil, schraffierte Innenzeichnung.
PARALLELEN: Für den gleichen Dekor vgl. Knochensiegel von Tall al-Fārʿa (Süd) (Petrie 1930: Pl. 31:298, Pl. 68, Grab 239, „20. Dyn." (1190-1075); Pl. 41:291, Pl. 68, Grab 221, „22. Dyn." (944-716), Tall al-ʿUraima/Kinneret (Hübner 1986: 263-264, Abb. 3, Str. I, 8. Jh.) und aus Geser (Macalister 1912: II 334 Fig. 173, ungenaue Fundlage). Vgl. weiter Nr. **92, 99.**

94 (PS 156)

OBJEKT: Abdruck eines rechteckigen Stempelsiegels mit gerundeten Ecken auf Tonbulle. Abdruck 12 x 13,5 mm; Bulle 15,5 x 18,5 x 16 mm.
DATIERUNG: 9./8. Jh.

HERKUNFT: Südpalästina, wahrscheinlich Juda (in Jerusalem gekauft).
BASISGRAVUR: Figürliche Darstellung; axialsymmetrisch komponiert: zwei einander gegenüberstehende menschliche Gestalten mit erhobener Rechten. Randleiste. Grabsticheltechnik; linearer Ritzstil, Innenzeichnung auf Abdruck nicht sichtbar.
PARALLELEN: Originalsiegel dieser Kategorie mit identischem Dekor wurden an folgenden Orten gefunden: Megiddo (Lamon/Shipton 1939: Pl. 67:51, Str. III, ca. 750-650; Schumacher 1908: 124, Taf. 39:d, „Tempelburg", Eisenzeit), Akko (Giveon/Kertesz 1986: 36f Nr. 132), Lachisch (Tufnell 1953: Pl. 43A/44:66, Grab des 8. Jhs.), Tall al-Fārʿa (Süd) (Petrie 1930: Pl. 40:458, Grab der 22. Dyn., 944-716), Tall an-Naṣba (McCown 1947: Pl. 55:73, Grab der Eisenzeit I - II B, 1150-700). Bei den drei letztgenannten Belegen ist jeweils nur ein gemeinsamer Arm erhoben.

X

Verschiedene syro-palästinische Stempelsiegel der Eisenzeit I und II, die keiner der hier definierten Gruppen zuzuordnen sind
12.-7. Jh.
Nrn. 95-100

Die Nrn. **95-100** umfassen Siegel verschiedenster Form, Ikonographie und verschiedensten Materials und Stils aus dem eisenzeitlichen syrisch-palästinischen Raum.

Das Konoid Nr. **95** mit dem ritzverzierten oberen Ende erinnert einerseits an die früheisenzeitlichen pyramidalen Siegel Nrn. **55-56** aus dem philistäischen Bereich, andererseits an die nordsyrischen Stempel mit ähnlich dekoriertem Griff Nrn. **67-70**. Aufgrund seiner Form und stilistischer Verwandtschaft mit früheisenzeitlichen Rollsiegeln aus Ḥamā (Riis 1948: 154 Fig. 194:A) könnte er noch in die Eisenzeit I, d.h. ans Ende des 2. Jts. gehören. Der gleiche flüchtige Ritzstil ist auch auf einigen Siegeln aus der ʿAmuq-Ebene zu beobachten. J.-W. Meyer, der zur Zeit mit der Publikation des gesamten Siegelmaterials aus Braidwoods dortigen Ausgrabungen beschäftigt ist (vgl. Kap. VII.B), sieht eine ähnlich frühe Datierung für diese Stücke vor (mündliche Mitteilung).

Ebenfalls eine frühe Einordnung, nicht nur aus stilistischen Gründen, erlaubt die Nr. **96**, die eine nach hethitischer bzw. ursprünglich mesopotamischer Art auf einem Vierbeiner stehende menschliche Gestalt abbildet, sehr wahrscheinlich eine Gottheit. Beispiele aus palästinischen Fundstätten sind bei Shuval (1990) aufgelistet, wobei nur seine Nrn. 26-28 und 34 ein Pferd zeigen. Einige Parallelen sind auch im oben erwähnten unpublizierten ʿAmuq-Material zu finden. Die Fundumstände machen klar, dass das Motiv hauptsächlich in der Eisenzeit I Verbreitung gefunden hat, in der frühen Eisenzeit II aber weitertradiert worden ist, vgl. auch unsere Nrn. **83** und **84**.

Die Nr. **97** zeigt Tierdarstellungen, wie sie sich seit den Anfängen der Siegelkunst grösster Beliebtheit erfreuen. Die Gravur des Rindes ist etwas tiefer und sauberer als jene des Capriden, so dass ungleiches Handwerk zu verschiedener

Zeit in Frage kommt. Möglicherweise handelt es sich ursprünglich um ein Konoid, das später zurückgeschnitten und mit einem zweiten Bild, dem Rind, versehen wurde. Eine beidseitig gravierte Scheibe ist in spätem Kontext in Alişar gefunden worden (von der Osten 1937: 92 Abb. 90:d863, 2. Hälfte 1. Jt.).

Das Skaraboid Nr. **98** ist auffallend klein. Ein Siegel mit angedeuteter Käferform aus Nimrūd hat das gleiche Ausmass und zeigt einen liegenden Löwen in ähnlichem Stil (Parker 1962: Pl. 17:2, ebd. 34 als syrisch, wahrscheinlich 8. Jh. klassifiziert). Dass noch kleinere Steine nicht nur als Amulette sondern auch zum Siegeln benutzt wurden, beweisen Siegelabdrücke aus Nimrūd und Ninive (Parker 1955: 124 Fig. 30; 109 unter Nr. 5). Die Füllelemente *ʿnḫ* und Blüte sind ägyptischer Herkunft. Das Siegel steht im Stil gewissen Vertretern der sogenannten Yunus-Gruppe nahe (s. Boardman/Moorey 1986, ebd. 41 – wahrscheinlich zu spät – ins 8./7. Jh. datiert; vgl. oben S. 56). Eine gleiche Blüte wie auf Nr. **98** erscheint dort auf einem Skarabäus (aaO. Nr. 4).

Die Nr. **99** gehört zu einer Serie von Fayence-Skaraboiden mit rein ägyptischem Dekor, die in Modeln hergestellt worden sind. Sie sind in verschiedenen palästinischen Fundstätten der Eisenzeit II aufgetaucht: in Grab 1, 2 und 5 von Bet-Schemesch (Mackenzie 1912-13: Pl. 29:A1, 38:3, 40:1, 43:7 = Rowe 1936: Nr. SO.17, SO.45, SO.48, SO.46, SO.51; zur Datierung von Grab 1 ins 10. Jh. bzw. der Gräber 2 und 5 ins 8./7. Jh. s. Wright 1975: 253); in Megiddo (Lamon/Shipton 1939: Pl. 69:65, keine genaue Fundlage, Pl. 67:32,29,50,52; 69:3, 6,17,28 aus Str. IV-II, 10.-7. Jh.), Geser (Macalister 1912: III Pl. 205a:17, unzuverlässiger Fundkontext). Den gleichen Bildgedanken, das Verehren einer Kartusche, trifft man auf Erzeugnissen einer anderen Werkstätte an, s. unsere Nrn. **92-93.**

Das Skaraboid Nr. **100** mit Pseudoschriftzeichen kann ein paar sehr ähnlichen Exemplaren aus Lachisch zugesellt werden (Tufnell 1953: Pl. 45: 159-162; die Fundorte, Grab 218 für die Nrn. 159 und 162 bzw. Grab 116 für die Nr. 161, werden um 900 bzw. zwischen 700 und 600 datiert). Da beschriftete Siegel in Palästina erst im 8. Jh. aufkommen, vgl. unsere Nr. **127** und **128**, und reine Schriftsiegel ab dem späten 8. Jh. beliebt werden, kann für unser Stück keine frühere Datierung in Anspruch genommen werden.

95 (PS 147)

OBJEKT: Konoid mit abgerundetem, oberem Ende und runder Siegelfläche. Unter dem Apex, waagrecht zum Siegelbild durchbohrt. Oberes Ende durch eine von Bohrloch zu Bohrloch waagrecht verlaufende Linie abgetrennt und mit diagonalen und schrägen Strichen verziert. Grösserer Splitter vom Siegelmantel bzw. von der Siegelfläche weggebrochen. Ganzes Siegel stark abgenutzt. Weisser Kalkstein. Ø 10 x H. 21 mm.
DATIERUNG: 12.-10. Jh.
HERKUNFT: Syrien/Palästina (in Jerusalem gekauft).
BASISGRAVUR: Figürliche Darstellung: nach rechts sitzende menschliche Gestalt mit herabhängenden Armen; hinter ihr zwei parallel zu ihr verlaufende Linien mit Querstrichen (Zweige?). Grabsticheltechnik; dünner Ritzstil, Rumpf etwas tiefer eingegraben.
PARALLELEN: Für den Stil vgl. früheisenzeitliche Rollsiegel aus Ḥamā (Riis 1948: 154 Fig. 194:A), für den Stil und die gleichen Zweige(?) zwei Rollsiegel aus den ins 10./9. Jh. datierten Marǧ Kamiš Gräbern bei Kargamiš (Hogarth 1920: 80 Fig. 86, 89; zur Datierung der Gräber vgl. Porada 1981: Nr. 1072).

96 (PS 163)

OBJEKT: Ovaler Siegelstein mit hochgewölbtem Rücken. Der Länge nach und senkrecht zum Siegelbild durchbohrt. Kleiner Splitter von der Siegelfläche weggebrochen. Weisser Kalkstein mit eisenbraunen Punkten. 16,6 x 14,7 x 11,8 mm.
DATIERUNG: 12./11. Jh.
HERKUNFT: Syrien/Palästina (in Jerusalem gekauft).
BASISGRAVUR: Figürliche Darstellung: nach links schreitendes Pferd(?), darauf stehende menschliche Gestalt, evtl. Stock in der Rechten. Grabsticheltechnik; grober Ritzstil.
PARALLELEN: Parallelen in bezug auf Form und Ikonographie sind ein Konoid aus einem Grab des 12. Jhs.(?) vom Tall ʿAitūn (Shuval 1990: 139 Nr. 33), ein Oberflächenfund ursprünglich gleicher Form aus Lachisch (Tufnell 1953: Pl. 43A/44:80), ein Konoid ohne genaue Fundangabe aus Byblos (Dunand 1954: 79 Nr. 7220; ders. 1950: Pl. 197:7220) und ein unpubliziertes Beispiel vom Tall Taʿyīnāt/ʿAmuq Field Nr. x-966.

97 (Schmidt 224)

OBJEKT: Ungleich dicke, ovale Platte, evtl. abgeschnittener Konoid; beidseitig graviert. Der Breite nach und senkrecht zum Siegelbild durchbohrt. Sehr weiter Bohrkanal. Bei einem Bohrloch Siegelfläche etwas eingebrochen. Rand teilweise bestossen. Grüngestein. 17 x 15,5 x 10,5-11,5 mm.
DATIERUNG: Eisenzeit II.
HERKUNFT: Syrien.

BASISGRAVUR: Figürliche Darstellung: a) gehörnter Vierfüssler (Rind) mit zurückgewendetem Kopf; b) Capride. Beide Tiere sind nach rechts gerichtet, ihre Beine sind geknickt, so dass sich die Füsse einander nähern. Grabsticheltechnik; flüchtiger Ritzstil.
PARALLELEN: Für Form und Darstellung vgl. ein nicht näher bestimmbares Siegel (Perle?) aus Alişar (von der Osten 1937: 92 Abb. 90:d863). Ein gutes Vergleichsstück findet sich auch in der Berliner Sammlung (Jakob-Rost 1975: Nr. 124, ohne Herkunft, der syrischen Gruppe zugeordnet). Für die Stellung der Beine vgl. unsere Nr. **140**.

98 (Matouk o.Nr.)

OBJEKT: Flacher Skaraboid. Dem Seitenrand entlang verläuft eine Rille. Der Länge nach, waagrecht zum Siegelbild durchbohrt. Sehr weiter Bohrkanal, dessen Enden durch eine Tragschnur ausgeweitet und teilweise eingebrochen sind. Ein Splitter vom Seitenrand weggebrochen; kleine Beschädigung auf der Siegelfläche im Bereich des Tierkopfes. Ganzes Siegel stark abgenutzt. Harz (E. Nickel). 14 x 10,4 x 5,8 mm.
DATIERUNG: 8./7. Jh. oder früher?
HERKUNFT: Syrien.
BASISGRAVUR: Figürliche Darstellung in horizontaler Anordnung: liegender Capride; über seinem Rücken *ʿnḫ*-Zeichen, vor ihm eine Blüte(?). Randleiste. Grabsticheltechnik; leicht modellierender Stil mit Innenzeichnung (Rippen), kleine Kugelbohrung für die Blüte.
PARALLELEN: Zum kleinen Format und zum Stil vgl. einen Beleg aus Nimrūd (Parker 1962: Pl. 17:2). Für die Form und die Ikonographie s. ein unpubliziertes Komposit-Skaraboid aus Çatal Höyük/ʿAmuq Field Nr. b-763.

99 (PS 157)

OBJEKT: Skaraboid mit nahezu flachem Rücken. Der Länge nach, waagrecht zum Siegelbild durchbohrt. Oberer und unterer Rand bestossen. Fayence, Spuren von hellblauer Glasur. 16 x 12,7 x 7 mm.
DATIERUNG: 10.-8. Jh.
HERKUNFT: Palästina (in Jerusalem gekauft).
BASISGRAVUR: Figürliche Darstellung in horizontaler Anordnung: rechts eine stehende, links eine hockende menschliche Gestalt im kurzen Rock mit erhobenen Armen vor einer Kartusche undeutbaren Inhalts. Randleiste nur teilweise sichtbar. Grabsticheltechnik; linearer Ritzstil, schraffierte Innenzeichnung.
PARALLELEN: Zwei Fayenceskaraboide aus Bet-Schemesch zeigen eine Kartusche mit einer stehenden Figur mit erhobenem Arm (Mackenzie 1912-12: 61, Pl. 29:A1 = Rowe 1936: Nr. SO.45, Grab 1) bzw. einer hockenden Figur mit erhobenen Armen (Mackenzie 1912-13: 73, Pl. 40:1 = Rowe 1936: Nr. SO.46, Grab 4; zur Datierung von Grab 1 ins 10. Jh. bzw. Grab 4 ins 8./7. Jh. s. Wright 1975: 253). Vgl. weiter Rowe 1936: Nr. SO.40, „22 Dyn.(?)“ = 944-716, ohne Provenienz. Ein Fayenceskaraboid aus Megiddo zeigt zwei gleiche Gestalten mit

erhobenem Arm, die einen Altar flankieren (Lamon/Shipton 1939: Pl. 69:65, keine genaue Fundlage).

100 (Matouk 6033)

OBJEKT: Skaraboid mit leicht nach aussen abfallender Seitenwand. Der Länge nach und senkrecht zum Siegelbild durchbohrt. Darstellung stark abgeschliffen. Hirschgeweih (vgl. den Exkurs über die Materialbestimmung auf S. 73f). 17 x 14 x 6,8 mm.
DATIERUNG: Ende 8. - 7. Jh.
HERKUNFT: Palästina.
BASISGRAVUR: In senkrechter Anordnung: drei waagrecht verlaufende Strichbänder, dazwischen einmal eine Wellenlinie und einmal Pseudoschriftzeichen, der untere und obere Abschluss senkrecht schraffiert. Randleiste. Grabsticheltechnik; sehr dünner Ritzstil.
PARALLELEN: Eine genaue Parallele ist ein Skaraboid aus Grab 116 in Lachisch (Tufnell 1953: Pl. 44A/45:161, vgl. weiter ebd. Nrn. 159-160, 162; zur Datierung des Grabes ins 9. bzw. 7. Jh. s. ebd. 203).

XI

Levantinisch-phönikische Stempelsiegel von der Eisenzeit II bis und mit der Perserzeit 9.-5./4. Jh. Nrn. 101-126

A. Levantinisch-phönikische Kalkstein-Skaraboide: 9./8. Jh. Nrn. 101-103

In dieser Gruppe sind Skaraboide versammelt, die sich durch ihre Ikonographie dem phönikischen Kernland oder zumindest dem phönikischen Einflussgebiet zuordnen lassen. Sie müssen noch vor dem klassischen phönikischen Siegeltyp, dem Skarabäus aus gemasertem Steatit bzw. aus grünem ‚Jaspis' entstanden sein, deren Produktion erst in der Perserzeit am Ende des 6. Jhs. einsetzt.

Die Nr. **101** ist rein phönikisch. Der dünne Ritzstil und die Registeraufteilung sprechen für eine frühe Herstellung. Ein gutes Vergleichsstück aus einem ins 9./frühe 8. Jh. datierten Friedhof in Ḫalda/Beirut erlaubt denn auch eine Einordnung in die erste, bzw. archaische Phase der phönikischen Glyptik (Culican 1974 p. 195 Pl. 35).

Das Skaraboid aus weissem Kalkstein Nr. **102** trägt das typisch phönikische Motiv des ägyptisierenden vierflügligen Genius (vgl. Galling 1941: Nrn. 91-94, davon Nr. 91 mit Schlangen, ebd. 153 ins 8. Jh. datiert; Culican 1977: 3, Pl. 3: a,b). Der Genius oder Gott trägt auf unserem Stück nicht die ägyptische Krone, hingegen sind die in Uräen auslaufenden Arme eine alte ägyptische Darstellungsweise, so z.B. bei Seth-Baʿal auf einem Skarabäus der 19. Dyn. = 1292-1190 (Hall 1913: Nr. 1144). Aus regulären Ausgrabungen stammen folgende Parallelen: als genaue Entsprechung ein Skaraboid aus der allerdings sehr späten Schicht I (ca. 600-350) von Megiddo (Lamon/Shipton 1939: Pl. 67:27); ferner je ein Skaraboid aus einem zwischen 800 und 586 datierten Grab auf dem Tall al-Fārʿa (Süd) (Petrie 1930: Pl. 48:566) und aus einem Grabungskontext des 8./7. Jhs. in Nimrūd (Parker 1962: Pl. 10:2). Über die Herkunft des vierflügligen Wesens, weitere Parallelen sowie seine mögliche Deutung als Baʿal s. Keel 1977: 194-207; die letztere scheint umso wahrscheinlicher, als die Figur mit einer

Schlange kombiniert ist. Für einschlägige ikonographische Prototypen vgl. ebd. 99 Nrn. 70-72 (ebd. 98 fälschlicherweise als Rešef bezeichnet, dazu jetzt Keel 1990: 302-321). E. Gubel (mündlich) möchte das Siegel eher vor als nach dem 8. Jh. datieren, vgl. auch die Übereinstimmung des Stils mit der Nr. **101**.

Die Kleidung der geflügelten Gestalt auf Nr. **103** zeigt Verbindungen zum nordsyrischen Raum, wo allerdings anthropomorphe Figuren auf Siegeln des frühen 1. Jts. selten sind. Wohl aus Platzgründen ist hier das zweite Flügelpaar weggelassen, vgl. Nr. **102**. Ein Gott vom Typ des Baᶜal als Schlangentöter ist schon auf Rollsiegeln der altsyrischen Zeit belegt (z.B. Delaporte 1923: Pl. 96: 16; Williams-Forte 1983: 40 Fig. 7-10 Pl. 1,3). Er findet sich am Ende der Spätbronzezeit im 13./12. Jh. auf Skarabäen (Keel 1990: 309-320), im 10. Jh. auf einem der Tonständer vom Tall Taᶜannak (Beck 1990: 419 Abb. 1) und im 9.-7. Jh. auf neuassyrischen Zylindern und tritt schliesslich auf griechischen bzw. graeco-phönikischen Gemmen in der Gestalt des Herakles auf (Porada 1948: Nr. 688; Vercoutter 1945: Nr. 615).

101 (VS 1990,2)

OBJEKT: Skaraboid. Der Länge nach, senkrecht zum Siegelbild durchbohrt. Unterer Rand leicht bestossen, an einer Stelle kleines Stück weggebrochen. Ocker und dunkelgrau gesprenkelter Kalkstein. 24,7 x 19,5 x 10,7 mm.
DATIERUNG: 9./8. Jh.
HERKUNFT: Phönikien.
BASISGRAVUR: Figürliche Darstellung in senkrechter Anordnung: Ein durch die Mitte verlaufendes zweifaches Band, das in der unteren Hälfte senkrecht schraffiert ist (Flügelsonne), teilt die Siegelfläche in zwei Hälften. Oben, nach rechts gerichtet: geflügelter Uräus über einem dem *wḏ3t*-Auge ähnlichen Zeichen, stehender Falke, Uräus (oder nach links hockende menschliche Gestalt mit erhobenem Arm oder Stab?), Falke mit ausgebreiteten Schwingen. Unten: nach rechts liegender falkenköpfiger Sphinx, flankiert von zwei von ihm abgewendeten Uräen. Randleiste. Kratzer im Feld. Grabsticheltechnik; flaches Relief mit Binnenzeichnung im dünnen Ritzstil.
PARALLELEN: Für Form, Komposition, Stil und teilweise auch für die Ikonographie vgl. ein Siegel aus einem ins 9. bis frühe 8.Jh. datierten Friedhof in Ḫalda/Beirut (Culican 1974: 195, Pl. 35), weiter einen Skarabäus ohne genaue Fundangabe aus Geser (Giveon 1985: 130f Nr. 63).

102 (PS 148)

OBJEKT: Skaraboid. Der Länge nach und senkrecht zum Siegelbild durchbohrt. Rand teilweise leicht bestossen; ein Splitter von der Siegelfläche weggebrochen. Darstellung abgenutzt. Hellbeiger Kalkstein. 21 x 16 x 9 mm.
DATIERUNG: 9./8. Jh.
HERKUNFT: Nordsyrien/Phönikien.
BASISGRAVUR: Figürliche Darstellung in senkrechter Anordnung: eine nach rechts gerichtete (weibliche?) vierflüglige Gestalt im dreiviertellangen Rock mit herunterhängenden Armen, die in Schlangen (Uräen) auslaufen. Randleiste. Grabsticheltechnik; sehr dünner Ritzstil auf der Oberfläche. Rock gegittert.
PARALLELEN: Ein sehr gutes Vergleichsstück stammt aus Str. I (ca. 600-350) in Megiddo (Lamon/Shipton 1939: Pl. 67:27; vgl. weiter die Einleitung zu diesem Abschnitt).

103 (PS 137)

OBJEKT: Skaraboid. Der Seitenrand ist mit einer Doppelrille verziert. Der Länge nach und senkrecht zum Siegelbild durchbohrt. Bei einem Bohrloch kleiner Splitter weggebrochen. Hellgrauer, teilweise schwarzer und weisser Kalkstein. 17 x 13 x 8 mm.
DATIERUNG: 9./8. Jh.
HERKUNFT: Nordsyrien/Phönikien.
BASISGRAVUR: Figürliche Darstellung in senkrechter Anordnung: Eine nach links gerichtete Gestalt mit runder Kappe(?) und dreiviertellangem, zottenrockähnlich stilisiertem Gewand bekleidet hält in der Rechten einen Stock und in der Linken eine Schlange am Schwanz. Von der rechten Schulterpartie aus führt je ein Flügel nach oben und nach unten. Grabsticheltechnik; dünner Ritzstil.
PARALLELEN: Für die Form s. Nrn. **72**, **73** „nordsyrisch“. Zur Ikonographie vgl. die Einleitung zu diesem Abschnitt.
BIBLIOGRAPHIE: Keel 1990a: 316f Fig. 93. Keel/Uehlinger 1990: 52 Abb. 66

B. Phönikische Skarabäen und Skaraboide aus hartem Stein: 8.-5./4. Jh. Nrn. 104-108

Diese Gruppe umfasst Skarabäen (Nrn. **104-105**, **107**) und Skaraboide (Nrn. **106** und **108**). Die Materialien sind Achat (Nr. **104**, **107**), Bergkristall (Nr. **108**), Hämatit (Nr. **105**) und grüner „Jaspis“ (Nr. **107**).

Der Skarabäenform entspricht bei den Nrn. **104** und **107** ein ägyptisierender Dekor der Basis. Nr. **104** zeigt unter einer geflügelten Sonnenscheibe zwei einander gegenüberstehende anthropomorphe Gestalten, von denen jede ein Papyrusszepter hält. Die rechts ist fast ganz zerstört, die links trägt langes Haupthaar und einen kurzen Schurz, dessen unterer Rand schräg nach hinten läuft. Sie hält die eine Hand grüssend-segnend erhoben. Eine ähnliche Gruppe findet sich auf einem phönizischen Skaraboid, der ans Ende des 9. Jhs. datiert wird (Bordreuil 1986: Nr. 1). Einzelne Gestalten dieser Art sind mehrfach auf nordwestsemitischen Namenssiegeln anzutreffen (Galling 1941: 158f, 192f Nrn. 136-138). Verschiedentlich trägt diese Gestalt die ägyptische Doppelkrone. Gubel (1990) plädiert dafür, dass es sich bei den Besitzern dieser Siegel um Könige oder mindestens um hohe Würdenträger handle. Die beschrifteten Siegel mit diesem Motiv legen aus paläographischen Gründen und aufgrund des Onomastikons eine Datierung ins 8. Jh. nahe.

Gallings Nr. 138 ist ein Hämatit-Skaraboid (Bordreuil 1986: Nr. 14). Ein Hämatit-Skarabäus ist auch unsere Nr. **105**. Er dürfte etwas jünger sein als Nr. **104**. Die beste Parallele ist ein Lapislazuli-Skarabäus aus Kition aus einem Fundzusammenhang, der zwischen 600 und 450 datiert (Clerc/Karageorghis u.a. 1976: 53f Nr. 505). Die gleiche Gestalt mit geschulterter Fensteraxt und Baumszepter findet sich – allerdings sitzend dargestellt – auf einem Skarabäus aus grünem „Jaspis" im Louvre (de Ridder 1911: Pl. 18:2758). Die Gestalt wird normalerweise als Melqart gedeutet (Culican [1962] 1986: 195-211). Vielleicht ist es aber richtiger, in ihr Baᶜalšāmēm zu sehen (so Gubel 1980: 11, 15f). Das Baumszepter war jedenfalls seit dem 2. Jt. Attribut des kanaanäischen Wettergottes und späteren Himmelsherrn (Keel 1989: 263-269).

Das Skaraboid Nr. **106** aus Achat ist phönikisches Handwerk. Die Kopfbedeckung des Helden ist syrisch, der Stil der Löwen ist mit jenem auf phönikischen Skarabäen zu vergleichen, die ihrerseits deutliche Verwandtschaft mit Löwendarstellungen des „common style" auf griechisch archaischen Gemmen vom Ende des 6. Jhs. verraten (Culican 1968: 52, Pl. 1:2 = 1986: 213 Pl. 1:2; Boardman 1968: Nrn. 380, 383).

Der Skarabäus Nr. **107** gehört zur grossen und berühmten Gruppe der sog. Tharros-Skarabäen – so genannt, weil sie zuerst in grösseren Mengen in Tharros auf Sardinien zum Vorschein kamen – bzw. der Skarabäen aus grünem „Jaspis". Das Material ist, wie neuere Untersuchungen gezeigt haben, genauer als Grünschiefer Facies zu bezeichnen (Barnett/Mendleson 1987: 106f). Dies ist ein Oberbegriff für die gleiche chemische Substanz, aus der auch Jaspis besteht, die aber durch die Einwirkung verschieden hoher Temperaturen je verschiedene Endformen angenommen hat (vgl. Keel 1989: 228). Bes, der mit einem Löwen kämpft, ist auf diesen Skarabäen nicht selten (Furtwängler 1900: Taf. 7:19, Berlin Nr.

102; Taf. 15:16 = Brandt 1968: Nr. 217; Walters 1926: Nr. 279; Vollenweider 1967: Nr. 157; Culican 1968: 70, Pl. 3:4 = 1986: 231, Pl. 3:4). Eine sehr gute Übersicht über Bes als Löwenkämpfer auf Tharrosskarabäen bietet Hölbl (1986: I 305-308). Er zeigt, zum Teil in Anlehnung an Bisi (1980), wie der ägyptische Zwerggott mit stark unheilabwehrendem Charakter auf den phönikischen Skarabäen vom mesopotamischen Helden überlagert wird, der gegen wilde Tiere und Mischwesen kämpft. In diesem Zusammenhang ist das Fehlen der Federkrone auf unserm Stück zu vermerken. Sie ist für den ägyptischen Bes sehr typisch und erscheint auch auf den Tharros-Skarabäen, wenngleich stark stilisiert und verdünnt. Auf einem Skarabäus aus Grünschiefer Facies vom Monte Sirai trägt Bes als Löwenkämpfer eine Zipfelmütze (Bondi 1975: 75 Nr. 6).

Der eben genannte und ein weiterer Skarabäus mit diesem Motiv vom Monte Sirai (Taramelli 1912: 159 Fig. 73) stammen beide aus Gräbern des 4. Jhs. Buchanan/Moorey geben eine gute Übersicht über Tharros-Skarabäen aus Ausgrabungen in der Levante von Ugarit bis ʿAtlīt und kommen zum Schluss, dass die Fundzusammenhänge stets achämenidisch sind (1988: 71). Sowohl im Osten wie im Westen erscheinen sie nicht vor dem Ende des 6. Jhs. und sind typisch für das 5. und 4. Jh.

Nicht nur das Thema des Löwen bändigenden oder mit einem Löwen kämpfenden Helden, sondern speziell auch das Hochhalten des Tieres an seinem Schwanz ist typisch orientalisch. Auf dem Skaraboid Nr. **108** aus Bergkristall ist es auf Herakles bezogen. Ausgangsland der griechischen Version des vorderasiatischen Motivs ist Phönikien. Aus gesicherter Fundlage, nämlich aus einem phönikischen Friedhof des 5./4. Jhs. in ʿAtlīt, stammen drei Skarabäen aus Grünschiefer Facies, deren Basis die gleiche Darstellung zeigt (Johns 1933: Pl. 14:496,687, 705). Der einzige ikonographische Unterschied besteht darin, dass dort das Strichband fehlt und der Held den Löwen am Hinterlauf statt am Schwanz hält und zudem das Löwenfell über den Kopf gestülpt hat, während er auf unserem Stück wohl die Haartracht trägt, wie sie auf griechisch-archaischen Darstellungen üblich ist und wie sie auf zwei weiteren Parallelen aus dem Metropolitan Museum in New York erscheint, je einem Skarabäus aus Grünstein Facies und rotem Karneol (Richter 1956: 6 Nr. 22, Pl. 4:22, „Greco-Phoenician ca. 530-510"; 9 Nr. 31, Pl. 5:31 „Archaic Greek style ca. 530"). Boardman klassiert den letztgenannten Stein, die einzige mir bekannte Parallele für das Hochhalten am Schwanz, in die Gruppe der „Latest Archaic Styles", d.h. ans Ende des 6. Jhs. bzw. den Anfang des 5. Jhs. (1968: 104 Nr. 297). Er weist ebd. 105 darauf hin, dass die gleiche Gruppe, jedoch ohne Hund, auf phönikischen Münzen erscheint, z.B. auf solchen der Zeit um 450 im British Museum (vgl. Hill 1965: Pl. 45:3,4).

Ueber die Herkunft bzw. die Ausbildung des vorliegenden Motivs in Phönikien und dessen Vermittlerrolle bei der Uebernahme durch Griechenland s. Bisi 1980 (vgl. schon Rachel Levy 1934). Eine weitere, jedoch gröber geschnittene Parallele auf einem Skarabäus aus Kypern zeigt die Brückenfunktion der Insel in diesem Prozess auf (Zwierlein-Diehl 1969: Nr. 145, vom Verfasser als graeco-phönikisch eingeordnet und in die erste Hälfte des 5. Jhs. datiert).

Material, Form und Stil weisen die Nr. **108** in den griechischen Raum, wo der Skaraboid, allerdings in der Regel mit geradem Rand und nur selten mit einem Strichband versehen (s. Zazoff 1983: 119; Boardman 1970: I 191), in spätarchaischer Zeit in zunehmendem Masse gebräuchlich wird. E. Gubel betrachtet den Stein als evtl. in Zypern hergestellte phönikische Arbeit des 6. Jhs. (mündl. Mitteilung).

104 (Matouk 5976)

OBJEKT: Skarabäus; Kopf und Schutzschild (Clipeus) sind herausgearbeitet; der Rücken ist bis auf zwei kleine Einkerbungen, die den Ansatz der Pronotumlinie andeuten, glatt (O. Keel). Der Länge nach, waagrecht zum Siegelbild durchbohrt. Beim Kopf und am hinteren Ende ist je ein Stück weggebrochen. Karneol. Erhaltene Länge 14,2 x 11 x 7,5 mm.
DATIERUNG: 8. Jh.
HERKUNFT: Phönikien.
BASISGRAVUR: Figürliche Darstellung; axialsymmetrische Komposition in waagrechter Anordnung: zwei einander gegenüberstehende menschliche Gestalten, die je ein Papyrusszepter halten. Die Figur rechts ist fast ganz zerstört, die links trägt schulterlanges Haar und einen Schurz, dessen unterer Rand schräg nach unten verläuft; die andere Hand hält sie grüssend-segnend erhoben. Zwischen den Papyrusszeptern sind zwei phönikische *t* (Taw) eingraviert (zur Bedeutung des Taw als Zugehörigkeitszeichen bzw. Besitzermarke vgl. Keel 1981: 193-212). Über der Szene eine geflügelte Sonnenscheibe mit drei Strichen, die wahrscheinlich auf Uräen zurückgehen. Schleifradtechnik; flacher Tiefschnitt.
PARALLELEN: Zu den einander gegenüberstehenden Figuren, die mit der einen Hand ein Szepter halten und die andere grüssend erhoben haben vgl. Bordreuil 1986: Nr. 1; zu einzelnen solchen Figuren vgl. Gubel 1990.

105 (PS 168)

OBJEKT: Skarabäus; Pronotum durch eine einfache Linie von den Flügeldecken getrennt; die beiden Flügeldecken sind durch eine Erhöhung voneinander getrennt, bei jeder Flügeldecke geht ein kurzer Strich von der Pronotumlinie aus, der die Schulterbeulen andeutet (O. Keel). Der Länge nach, senkrecht zum Siegelbild durchbohrt. An beiden Enden der Durchbohrung ist je ein Stück weggebrochen; am vorderen Ende ist dadurch der Kopf des Käfers verloren gegangen. Hämatit. 17,8 x 12,6 x 8,7 mm.
DATIERUNG: 7./6. Jh.
HERKUNFT: Phönikien.
BASISGRAVUR: Figürliche Darstellung in senkrechter Anordnung: auf einer Standlinie eine nach rechts schreitende männliche Gestalt mit Bart und Haupthaar, das im Nacken endet; sie trägt einen langen, gefältelten Schurz, der vorne offen zu sein scheint und der in einem gerundeten Bogen vom Knie des vorderen zum Knöchel des hinteren Fusses reicht. In der schräg nach unten vorgestreckten Hand hält sie ein Baumszepter, das wie eine mannshohe Lanze mit grosser blattartiger Spitze aussieht. Die andere angewinkelte Hand hält einen zweiten Gegenstand geschultert. Auf sorgfältiger ausgeführten Stücken ist es eine Fensteraxt (vgl. Einleitung zur Gruppe). Unter dem Ellbogen des angewinkelten Arms ein Papyrusstengel (?); im oberen Abschlussfeld Sichelmond. Schleifradtechnik; flacher Tiefschnitt.
PARALLELEN: Zur Hauptfigur vgl. Clerc/Karageorghis u.a. 1976: 53f Nr. 505 und die Einleitung zur Gruppe.
BIBLIOGRAPHIE: Sternberg 1990: 65 Nr. 399.

106 (Schmidt o.Nr.)

OBJEKT: Skaraboid mit leicht nach innen abfallender Seitenwand. Der Länge nach, waagrecht zum Siegelbild durchbohrt. Bei einem Bohrloch kleiner Splitter weggebrochen; Rand geringfügig bestossen. Hellbeige-bläulicher Achat, weiss verwittert. 23,6 x 19 x 12 mm.
DATIERUNG: Ende 6.Jh./5. Jh.
HERKUNFT: Phönikien.
BASISGRAVUR: Figürliche Darstellung; axialsymmetrische Komposition in waagrechter Anordnung: Ein nach rechts gerichteter Held mit Spitzbart, konischer und von einer Kugel bekrönter Kappe und das Vorderbein freilassendem Faltenrock hält rechts und links je einen sich aufbäumenden Löwen am Vorderbein fest (vgl. Nr. **79**). Das Maul der Löwen ist geöffnet, die Zunge hängt heraus. Randleiste. Schleifrad/Kugelbohrer-Technik; relativ sorgfältig modellierender Stil.
PARALLELEN: Vgl. die Einleitung zur Gruppe.

107 (Schmidt o.Nr.)

OBJEKT: Skarabäus; der kleine Kopf ist mit zwei Strichen markiert; das Pronotum ist durch eine Doppelinie von den Flügeldecken und diese sind durch eine einfach Linie voneinander getrennt (O. Keel). Der Länge nach senkrecht zum Siegelbild durchbohrt. Am oberen Ende der Basis ist ein Stück weggesplittert. Grünschiefer Facies. 16,2 x 12,7 x 9,7 mm.
DATIERUNG: 5./4. Jh.
HERKUNFT: Phönikien.
BASISGRAVUR: Figürliche Darstellung in senkrechter Anordnung: Ein nach rechts gerichteter, nackter Bes mit langem, am Ende eingerolltem Haupthaar, Bart und Löwenschwanz hält einen auf den Hinterbeinen aufgerichteten Löwen an den Vorderpranken gepackt. Der Löwe hat den Rachen aufgerissen und lässt die Zunge heraushängen. Unten *nb*. Randleiste. Schleifrad/Kugelbohrer-Technik; sorgfältig modellierender Stil; das *nb* ist gegittert.
PARALLELEN: Die beste Parallele für den Bes ohne Federkrone stammt aus Tharros (Della Marmora 1855: Tav. B:73). Vgl. weiter die Einleitung zur Gruppe.

108 (Schmidt o.Nr.)

OBJEKT: Skaraboid mit leicht nach innen abfallender Seitenwand. In der Längsachse senkrecht zum Siegelbild durchbohrt. Oberer Teil weggebrochen. Bergkristall.
DATIERUNG: Ende 6. Jh./Anfang 5. Jh.
HERKUNFT: Griechisch-archaisch oder graeco-phönikisch.
BASISGRAVUR: Figürliche Darstellung in senkrechter Anordnung: Ein nackter Held (Herakles) mit Keule in der erhobenen Rechten hält mit der Linken einen Löwen am Schwanz; hinter ihm ein vertikal angeordneter Hund. Strichbandumrandung. Schleifrad/Kugelbohrer-Technik, griechisch archaischer „dry style“ (vgl. Boardman 1968: 77).
PARALLELEN: Die besten Vergleichsstücke sind zwei Skarabäen aus Grünschiefer Facies und aus Karneol des Metropolitan Museum, New York (Richter 1956: 6 Nr. 22, Pl. 4:22; 9 Nr. 31, Pl. 5:31 = Boardman 1968: 104 Nr. 297, Pl. 20:297). Drei Skarabäen aus einem Friedhof des 5./4. Jhs. in ʿAtlīt zeigen das gleiche Motiv, Herakles trägt aber zusätzlich das Löwenfell über Kopf und Schulter, das Strichband fehlt (Johns 1933: Pl. 14:496, 687,705). Das ist auch auf je einem Skarabäus aus ʿAmrīt und aus Zypern der Fall (Ridder 1911: 558 Nr. 2781, Pl. 18:2781; Zwierlein-Diehl 1969 Nr. 145).

C. Phönikische Skarabäen aus (gemasertem) Steatit: 6.-4. Jh. Nrn. 109-115

Othmar Keel

In dieser Gruppe sind – mit der Ausnahme von Nr. **115** – Skarabäen zusammengestellt, die aufgrund ihres Materials, der Form des Käfers, des Gravurstils und der Ikonographie dem phönikischen Kulturraum des 6. und 5. Jhs. zuzuordnen sind. Die Gruppe ist zuerst von Matthiae Scandone (1975) erkannt und dann vor allem von Hölbl eingehend als solche beschrieben worden (1986: I 181-208). Das Material ist ein gemaserter Steatit, der „einen ausgesprochen hölzernen Eindruck" vermittelt. „Außerdem ist bemerkenswert, dass bei grösseren Beschädigungen ganze Teile einfach abspringen" (ebd. 183). Die Käfer sind im Vergleich mit den klassischen ägyptischen Skarabäen in der Regel ungewöhnlich dick. Während die Dicke bei klassischen ägyptischen Skarabäen ca. 40-45% der Länge ausmacht, sind es bei dieser Gruppe 55-60%. Der Kopf ist geriffelt: Nrn. **109-114**, die Flügeldecken (Elytren) sind selten durch eine einfache (Nr. **113**), meist durch eine dreifache Trennungslinie (Nrn. **110**, **112**) oder durch Punktreihen getrennt (Nrn. **111**, **114**). Puncto Gravur zeichnen sie sich durch einen Stil aus, der die Figuren auffällig tief aber in der Regel nur in ziemlich schematisierenden Umrissen wiedergibt. Einzelne Figuren, wie die Uräen auf den Nrn. **110** und **111**, sind geriffelt.

Die Ikonographie ist stark ägyptisierend. Besonders beliebt ist Horus als Kind, Harpokrates, der von der geflügelten Isis mit Kuhgehörn und Sonnenscheibe (Nrn. **109**, **111-112**) oder von einer grossen, gelegentlich ebenfalls geflügelten Uräusschlange beschützt wird (Nr. **110**). Zwei enge Parallelen zu Nr. **109** stammen aus Grab 12 und 32 in Tharros auf Sardinien (Barnett/Mendleson 1987: 173 Nr. 12/21, Pl. 50,20; 235 Nr. 32/20, Pl. 50,19; Grab Nr. 12 enthielt vor allem Material aus dem 6.-4. Jh., Grab 32 aus dem 7. Jh. v. bis ins 1. Jh. n. Chr., ebd. 172-175, 234-237). Ein weiteres Stück aus Tharros und fünf ohne genaue Herkunft, die aber auch in Sardinien gefunden worden sein dürften, befinden sich im Museum von Cagliari (Matthiae Scandone 1975: 44-47 Nrn. D 13-18). Ein weiteres Stück wurde auf dem Tall Sūkās an der syrischen Küste praktisch auf der Oberfläche gefunden (Riis 1958-59: 130, Pl. 20 oben rechts).

Das von einem sich aufrichtenden Uräus beschützte Horuskind, Nr. **110**, ist ebenfalls auf drei Skarabäen ohne genauere Herkunft im Museum von Cagliari zu finden (Matthiae Scandone 1975: 48f Nrn. D22-24). Zwei weitere Stücke mit diesem Motiv kommen aus Gräbern des 4. Jhs. in Karthago (Vercoutter 1945: Nr. 115 und 455). Ein seinerzeit unveröffentlichtes Stück aus der Sammlung de Clercq, das heute im Louvre ist, dürfte von der Levanteküste stammen (Hölbl 1986: II Taf. 111,2; vgl. I 200f). Das Motiv ist schon auf Skarabäen des Neuen Reiches zu finden, so z.B. auf einem Skarabäus aus einem Grab des 12. Jhs. vom Tall al-Fārʿa (Süd) (Starkey/Harding 1932: Pl. 57,347; vgl. auch Matouk 1977: 396 Nr. 1182 = 403 Nr. 1721).

Auf den Nrn. **111-112** bäumt sich vor dem von Isis beschützten Harpokrates noch eine Uräusschlange auf. Skarabäen mit einer Reihe von drei Figuren sind bei diesem Skarabäentyp nicht selten (vgl. Newberry 1907: Pl. 17,37388; Matthiae Scandone 1975: 51 Nr. D28; Hornung/Staehelin 1976: Nr. 672; Gamer-Wallert 1978: 172 Abb. 92, Taf. 52a-b), wenn auch keine dieser Parallelen in allen Details genau unseren Nummern 111-112 entspricht .

Auf Nr. **113** wird die Dreiergruppe von einer Königsgestalt gebildet, die von zwei Hapi-Figuren flankiert ist. Der Gott der Überschwemmung und Fruchtbarkeit mit Papyrusstengeln auf dem Kopf ist auf Stücken dieser Gruppe sehr beliebt und in der Regel doppelt dargestellt, so auf einer beidseitig gravierten ovalen Platte vom Tall al-Yahūdīya (Petrie 1906: Pl. 11:248), auf einem Skarabäus aus Karthago aus einem Grab des 6. Jhs. (Vercoutter 1945: 112 Nr. 70), auf einem Skarabäus aus Mozia (Bevilacqua et al. 1972: 125f Fig. 8:5), auf zwei Skarabäen aus Tharros im Museum von Cagliari (Matthiae Scandone 1975: 41f Nrn. D8-9; vgl. Hölbl 1986: I 230, II Taf. 118:2). Bei diesen Stücken handelt es sich aber nicht durchwegs um Steatitskarabäen. In Šiqmōnā bei Haifa ist ein Skarabäus mit den zwei Nilgöttern aus dunkelgrünem, hartem Stein („Jaspis") gefunden worden (Schroer 1987: 513 Abb. 9, dort irrtümlich als Bes-Gottheiten interpretiert). Schon Matthiae Scandone hat erkannt, dass die beiden Nilgottheiten, die auf manchen dieser Stücke gemeinsam einen Papyrusstengel halten, auf das alte Motiv der Vereinigung der beiden Länder zurückzuführen sind. Nr. **108** zeigt statt eines Königs ein Papyrusszepter.

Die Basis von Nr. **114** wird durch Kerbbänder in vier Felder eingeteilt, von denen die zwei unteren nicht ganz erhalten sind. Die vier Löwen mit aufgerissenem Rachen haben puncto Stilisierung ihre nächsten Parallelen auf einem Stück ohne genaue Herkunft im Museum von Cagliari (Matthiae Scandone 1975: 64 Nr. D29) und besonders auf einem Stück aus der Sammlung de Clercq, das erst Hölbl veröffentlicht hat (1986: I 184, 188f, II Taf. 119,2) und das von der Levanteküste stammen dürfte.

Der hockende Sphinx, wie er auf Nr. **115** zu sehen ist, erfreute sich im syro-phönikisch-punischen Raum Jahrhunderte lang andauernder Beliebtheit und zierte namentlich im Westen bis in die Spätzeit die Skarabäen. Des gerade aufsteigenden Flügels und Schwanzes des Sphingen wegen könnte unser Stück noch vor der Perserzeit entstanden sein. Stilistisch genaue Parallelen finden sich auf Skarabäen, die mit unserem Siegel das Material gemeinsam haben. Beispiele aus dem syro-phönikischen Raum und Sardinien sind von Hölbl aufgelistet worden (1986: II Taf. 113:2, 114:1,3, 120:1, 124:4; für weitere Belege aus Akko, Ninive(?), Karthago und Zypern s. Katalog unter „Parallelen"). Einen Datierungshinweis gibt ein stilistisch verwandter hockender Flügelsphinx auf einem Skarabäus aus der Fayence-‚Fabrik' in Naukratis, die nach Hölbl 1979: 207.209 zwischen 620 und 570, zum Teil etwas früher, im Betrieb gewesen sein muss (Petrie 1886: 5, 36f, Pl. 37:20; ein weiteres Beispiel vom selben Ort bei Gardner 1888: Pl. 18:16).

Hölbl nimmt für diese ganze Gruppe eine Entstehung im phönikischen Mutterland an, wenngleich auch denkbar wäre, dass Handwerker von dort nach Sizilien gekommen sind. Zu den Argumenten s. Hölbl 1986: I 205-208. Da die Stücke Nr. **109-110** und **112-114** von F.S. Matouk wahrscheinlich in Beirut gekauft worden sind und Nr. **111** in Tel Aviv erworben worden sein soll, gibt unsere kleine Sammlung der Auffassung von Hölbl zusätzlich Gewicht.

Die traditionelle Datierung der Stücke ins 7./6. Jh. (Matthiae Scandone 1975: 45; Barnett/Mendleson 1987: 235) scheint mir aufgrund der wenigen und nicht sehr präzisen Fundzusammenhänge eher zu hoch; das 6. und das 5. Jh., die Hauptbelegzeit von Grab Nr. 12 in Tharros, dürften wahrscheinlicher sein. Auch ein Skarabäus dieses Typs, der in ʿAtlīt gefunden worden ist, stammt aus einem perserzeitlichen Grab (Johns 1933: 63 Nr. 328). Auffallend ist auch, dass in Achsib zwar zahlreiche Skarabäen der 26. Dynastie (664-525) gefunden worden sind, aber bisher kein einziges Stück unserer Gruppe und keines der grünen, sogenannten „Jaspis"-Skarabäen zum Vorschein gekommen ist. Die Parallelen zu Nr. **115** lassen erste Anfänge der Gruppe zwar schon im 7. Jh. möglich erscheinen, die Blüte beider Gruppen scheint aber in die Perserzeit zu fallen.

109 (Matouk 5771)

OBJEKT: Skarabäus. Der Länge nach, senkrecht zum Siegelbild durchbohrt. Der Rücken ist fast ganz weggebrochen und auch ein kleines Stück der Basis fehlt. Gemaserter Steatit (zur

Materialbestimmung vgl. den Exkurs S. 73f), Reste von grüner Glasur. 17 x 13 x (soweit erhalten) 7,2 mm.
DATIERUNG: 6.-4. Jh.
HERKUNFT: Phönikien.
BASISGRAVUR: Figürliche Darstellung in senkrechter Anordnung: nach rechts schreitender, nackter Horusknabe, die eine Hand am Mund, die andere dem Körper entlang herunterhängend. Hinter ihm schreitende Isis mit langem Kleid und je einem schützend nach oben und nach unten gebreiteten Flügel; evtl. mit Kuhkopf, auf dem Kopf jedenfalls ein Kuhgehörn und Sonnenscheibe dazwischen. Unter den beiden Figuren *nb*. Randleiste. Grabsticheltechnik; kräftiger, aushöhlender Ritzstil.
PARALLELEN: Vgl. die Einleitung zur Gruppe.
BIBLIOGRAPHIE: Matouk 1977: 337 Nr. 248, 379 Nr. 288.

110 (Matouk 5773)

OBJEKT: Skarabäus. Der Kopf des Käfers ist durch vier parallele Striche markiert, Pronotum und Flügeldecken sind durch eine einfache Linie, die beiden Flügeldecken durch drei parallele Striche getrennt. Der Länge nach senkrecht zum Siegelbild durchbohrt. Ein kleines Stück der Basis weggebrochen. Gemaserter Steatit (zur Materialbestimmung vgl. den Exkurs S. 73f). 16 x 13 x 9 mm.
DATIERUNG: 6.-4. Jh.
HERKUNFT: Phönikien.
BASISGRAVUR: Figürliche Darstellung in senkrechter Anordnung: nach rechts schreitender Horusknabe, die eine Hand am Mund, die andere dem Körper entlang herunterhängend. Hinter ihm ein sich aufrichtender Uräus. Unter den beiden Figuren *nb*. Randleiste. Grabsticheltechnik; flacher Tiefschnitt. Der Leib des Uräus ist schraffiert.
PARALLELEN: Vgl. die Einleitung zur Gruppe.
BIBLIOGRAPHIE: Matouk 1977: 33 Nr. 34, 329 Nr. 24 (falsche Umzeichnung des Horusknaben als Anubis mit Schakalskopf), 373 Nr. 34 (Photo).

111 (PS 109)

OBJEKT: Skarabäus. Der Kopf des Käfers ist durch vier parallele Striche markiert; das Pronotum ist von den Flügeldecken durch eine Punktreihe geschieden; die beiden Flügeldecken trennt eine Punktreihe, die von zwei parallelen Linien eingerahmt wird; zwei parallele Linien laufen von der Pronotum-Punktreihe zum Rand der Flügeldecke und bilden so auf beiden Seiten je ein spitzes Dreieck. Der Länge nach senkrecht zum Siegelbild durchbohrt. Basisrand leicht bestossen. Grauer Steatit (zur Materialbestimmung vgl. den Exkurs S. 73f), weisslicher Überzug. 20,5 x 14,9 x 12,5 mm.
DATIERUNG: 6.-4. Jh.
HERKUNFT: Phönikien (in Tel Aviv gekauft).

BASISGRAVUR: Figürliche Darstellung in senkrechter Anordnung: nach rechts schreitender, nackter Horusknabe mit der Roten Krone (Doppelkrone?) auf dem Kopf; die eine Hand hält einen Stab, der sich oben zum Rand hin zweiteilt, die andere Hand hängt dem Körper entlang herunter. Vor ihm bäumt sich ein Uräus auf. Hinter ihm schreitende Isis mit langem Kleid und je einem schützend nach oben und nach unten gebreiteten Flügel; auf dem Kopf Kuhgehörn mit Sonnenscheibe. Über den drei Figuren die geflügelte Sonnenscheibe mit drei nach unten gerichteten kleinen Strichen, ursprünglich herabhängende Uräen. Unten *nb*. Randleiste in Form eines Kerbbandes. Grabsticheltechnik; kräftiger, aushöhlender Ritzstil. Der Leib des Uräus und das *nb* sind schraffiert.
PARALLELEN: Vgl. die Einleitung zur Gruppe.

112 (Matouk 5774)

OBJEKT: Skarabäus. Der Kopf des Käfers ist durch drei parallele Striche markiert, das Pronotum ist durch eine einfache Linie von den Flügeldecken, die beiden Flügeldecken sind durch drei parallele Striche geschieden. Der Länge nach senkrecht zum Siegelbild durchbohrt. Der Kopf der mittleren Figur ist beschädigt. Bräunlicher, gemaserter Steatit (zur Materialbestimmung vgl. den Exkurs S.73f). 14,5 x 11 x 8,7 mm.
DATIERUNG: 6.-4. Jh.
HERKUNFT: Phönikien.
BASISGRAVUR: Figürliche Darstellung in senkrechter Anordnung: nach rechts schreitender, nackter Horusknabe mit der Doppelkrone auf dem Kopf, die eine Hand hält er (zum Mund?) erhoben, die andere hängt dem Körper entlang herunter. Vor ihm bäumt sich ein Uräus auf. Über diesem eine Sonnenscheibe. Hinter ihm schreitende Isis mit knielangem Kleid und je einem schützend nach oben und nach unten gebreiteten Flügel; beide erscheinen nur als Linie, der untere besonders schwach; auf dem Kopf Kuhgehörn mit Sonnenscheibe; der Kopf ist evtl. als Kuhkopf gestaltet. Unten *nb*. Randleiste. Grabsticheltechnik; flacher Tiefschnitt.
PARALLELEN: Vgl. die Einleitung zur Gruppe.
BIBLIOGRAPHIE: Matouk 1977: 77 Nr. 306, 379 Nr. 306.

113 (Matouk 2243)

OBJEKT: Skarabäus. Der Kopf des Käfers ist durch fünf parallele Striche markiert, Pronotum und Flügeldecken sind durch einfache Linien voneinander geschieden. Der Länge nach senkrecht zum Siegelbild durchbohrt. Basisrand etwas bestossen. Grauer Steatit (zur Materialbestimmung vgl. den Exkurs S. 73f), weisslich-gelblicher Überzug. 14,7 x 11,2 x 7,2 mm.
DATIERUNG: 6.-4. Jh.
HERKUNFT: Phönikien.
BASISGRAVUR: Figürliche Darstellung in senkrechter Anordnung: Nach rechts schreitender König mit ägyptischer Doppelkrone und langem Kleid wird von zwei Nilgottheiten, die ihn

flankieren, an den Händen geführt. Oben geflügelte Sonnenscheibe, unten *nb*. Randleiste. Grabsticheltechnik; kräftiger, aushöhlender Ritzstil.
PARALLELEN: Vgl. die Einleitung zur Gruppe.
BIBLIOGRAPHIE: Matouk 1977: 43 Nr. 104, 331 Nr. 79 (Zeichnung), 375 Nr. 104 (Photo).

114 (Matouk 2478)

OBJEKT: Skarabäus. Der Kopf des Käfers ist durch fünf parallele Striche markiert; das Pronotum ist von den Flügeldecken durch eine Punktreihe geschieden; die beiden Flügeldecken trennt eine Punktreihe, die von zwei parallelen Linien eingerahmt wird; zwei parallele Linien laufen links, drei rechts von der Pronotum-Punktereihe zum Rand der Flügeldecke und bilden so auf beiden Seiten je ein spitzes Dreieck. Die Beine sind frei auf der Platte stehend herausgearbeitet. Der Länge nach senkrecht zum Siegelbild durchbohrt. Ein Stück der Basis ist weggebrochen. Grauer Steatit (zur Materialbestimmung vgl. den Exkurs S. 73f); weisslicher Überzug. Erhaltene Länge 18,7 x 13,8 x 9,7 mm.
DATIERUNG: 6.-4. Jh.
HERKUNFT: Phönikien.
BASISGRAVUR: Figürliche Darstellung; axialsymmetrisch Komposition in senkrechter Anordnung: Das Feld ist durch zwei horizontale und ein vertikales Kerbband in vier Felder geteilt. In der oberen und unteren Bildhälfte hocken sich –spiegelbildlich angeordnet – je zwei Löwen mit aufgerissenen Rachen gegenüber. Kerbbandumrandung. Grabsticheltechnik; Kerbschnittstil.
PARALLELEN: Vgl. die Einleitung zur Gruppe.
BIBLIOGRAPHIE: Matouk 1977: 113 Nr. 738, 387 Nr. 738.

115 (Matouk 6727)

OBJEKT: Schwach konkaver Zylinder mit gerundetem oberem Ende. Unter dem Apex, waagrecht zum Siegelbild durchbohrt. Unterer Rand bestossen; Siegelfläche ziemlich abgenutzt und mit Spuren grünlicher Glasur versehen. Gemaserter Steatit (zur Materialbestimmung vgl. den Exkurs S. 73f), Spuren grüner Glasur. 10 x 10,7 x 13,8 mm.
DATIERUNG: 6.-4. Jh.
HERKUNFT: Nordsyrien/Phönikien.
BASISGRAVUR: Figürliche Darstellung in senkrechter Anordnung: hockender Flügelsphinx mit konischer Kopfbedeckung (verkümmerte ägyptische Krone?). Randleiste. Grabsticheltechnik; flacher Tiefschnitt mit Innenzeichnung bzw. Schraffur.
PARALLELEN: Für eine verwandte Form vgl. ein Fayencekonoid aus Deve Höyük mit hokkendem Sphinx, dessen Flügel aber nach perserzeitlicher Manier sichelförmig geschwungen sind (Buchanan/Moorey 1988: Nr. 74). Stilistisch genauere Parallelen mit gerade aufsteigendem Schwanz und Flügel finden sich auf Skarabäen gleichen Materials aus dem syro-phönikischen Raum (Hölbl 1986: II Taf. 113:2, 114:3, 120:1), aus Sardinien (ebd. Taf. 114:1, 124:4 Kopfsiegel), aus Akko (Giveon/Kertesz 1986: Nr. 84), aus Ninive (?, Giveon 1985: 166f Nr. 3), aus

Karthago (Vercoutter 1945: 127 Nr. 135, „fin 4e s.“, Pl. 4:135), aus Ajia Irini/Zypern (Gjerstad et al. 1935: 769 Nr. 2590 „white paste“, Pl. 248:2590). Vgl. weiter einen Skarabäus aus Naukratis (Petrie 1886: 5, 36f, Pl. 37:20; ein weiteres Beispiel vom selben Ort bei Gardner 1888: Pl. 18:16; vgl. Gamer/Wallert 1978: 105).
BIBLIOGRAPHIE: Matouk 1977: 108 Nr. 637, 343 Nr. 514 (Zeichnung), 385 Nr. 637 (Photo). Hölbl 1986: II 85 Anm. 267 (erwähnt).

Exkurs: Röntgenographische Untersuchung von 7 Siegeln (Nrn. 109-115)

Marino Maggetti, Freiburg Schweiz

1. Methodik

- Röntgenographische Phasenanalyse mittels Diffraktometrie der flachen Stempelseite (Proben 1-6)
- Röntgenographische Phasenanalyse mittels Gandolfi-Kamera einer minimsten Probenmenge, entnommen aus dem Bohrloch (Probe 7)

2. Analytiker

Prof. Dr. G. Galetti.

3. Ergebnisse

Probe	Inv.Nr., Beschreibung	identifizierte Phasen	
		Talk	Enstatit/Proto-Enstatit
1	Nr. **109**, Matouk 5771	x	xx
2	Nr. **110**, Matouk 5773	xx	xx
3	Nr. **111**, PS 109	xxx	xx
4	Nr. **112**, Matouk 5774	xx	xx
5	Nr. **113**, Matouk 2243	xxx	xx
6	Nr. **114**, Matouk 2478	x	xx
7	Nr. **115**, Matouk 6727	—	xxx

Neben den identifizierten Phasen gibt es noch andere, die in sehr kleinen Mengen vorkommen und die wir nicht bestimmen konnten. Für die Materialbestimmung ist dies irrelevant.

4. Interpretation

Bei allen 7 Proben handelt es sich um (wohl verschieden hoch bzw. lange) gebrannte Specksteine.

D. Phönikische Fayencesiegel mit gräzisierendem oder ägyptisierendem Dekor: 7.-4. Jh. Nrn. 116-126

Das Hauptmerkmal dieser Siegelgruppe ist das Material, nämlich Fayence mit hellblaugrüner Glasur. Die Form ist der in Mesopotamien und der Levante während der neuassyrischen, spätbabylonischen und persischen Zeit übliche Kegel; bei Nr. **119** ist er facettiert. Die Nr. **116** ist mit einem faustförmigen Griff versehen, einer aus der Hammerform (vgl. unsere Nrn. **75-76**) hervorgegangenen Entwicklung in Nordsyrien (Buchanan/Moorey 1988: 36, wo ein Beispiel möglicherweise vom 8. Jh. aus Zincirli, Andrae 1943: Taf. 37c, und unpublizierte Vergleichsstücke erwähnt werden). Die Nr. **125** ist mit einer Öse versehen, die Nr. **126** in der Form eines Widderkopfes ausgestaltet.

Was die Ikonographie betrifft, so steht der geflügelte Löwe bzw. Löwendrache mit erhobenem Vorderlauf und zurückgewendetem Kopf der Nrn. **116-118** Darstellungen auf griechischen Siegeln des orientalisierenden Stils des 7. Jhs. nahe (vgl. unsere Nr. **174** und z.B. die dort erwähnten Siegelfunde aus Perachora, Stubbings 1962: Pl. 176-181). Das gleiche Motiv wird auf den späteren persischen Siegeln übernommen (s. unsere Nr. **170**).

Die übrigen Siegelbilder zeigen den typisch levantinisch bzw. phönikischen Mischstil mit mehr oder weniger stark ägyptisierenden Zügen. So ist die falkenköpfige Gestalt auf Nrn. **119-120** ägyptisch, während die erhobene Rechte, die Thronform sowie der Kampf mit einem Steinbock vorderasiatisch sind. Der Greif auf Nr. **121** ist wie der ihm verwandte Sphinx auf Nr. **115** ein beliebtes phönikisches Motiv und dementsprechend im ganzen Mittelmeerraum verbreitet (vgl. die angegebenen Parallelen im Katalog sowie unsere Nr. **115**). Die Nrn. **122-125** tragen ägyptische Symbole bzw. Hieroglyphen.

Die Form wurde wohl nach einem Model gefertigt, das Siegelbild dann von Hand mit dem Grabstichel eingeritzt (vgl. Petrie 1886: 5). Breite Partien sind im leicht versenkten Flachrelief mit gelegentlicher Innenzeichnung (Schraffur) geschnitten.

Folgende Fundorte sind bekannt: in Palästina Bet-Schemesch (Rowe 1936: Nr. S.111, „Tomb 9"; zur Datierung des Grabes ins 8./7. Jh. s. Wright 1975: 253), Tall Abū Ḥawwām (Hamilton 1935: 28 Fig. 149, Str. III, von Balensi 1985: 68f zwischen 1000 und 750 datiert), Tall an-Naṣba (McCown 1947: 295 Nr. 24, Pl. 54:24, Grab 32 N, Eisenzeit I - II); außerhalb von Palästina Naukratis im Nildelta (Gardner 1888: Pl. 19:6; Hall 1913: Nr. 2051, „26. Dyn." (664-525); zur Datierung des Naukratismaterials in die Jahre 620-570 und z.T. etwas früher s. Hölbl 1979: 207, 209), Karthago (Vercoutter 1945: Nr. 440, 447 (Paste), 7./6. bzw. 4. Jh.), Tharros (Barnett/Mendleson 1987: Pl. 1:19), Deve Höyük bei Kargamiš (Moorey 1980: 114f Nrn. 274-278, wovon die Nr. 476 vom Friedhof mit Brandbestattung stammt, also vor 600 datiert).

Wegen des homogenen Charakters der Nrn. **116-118** und ihrer im Katalog erwähnten Vergleichsstücke würde man diese Siegel gerne einer gemeinsamen Werkstätte zuweisen. Dafür käme ein von Griechen besiedelter Ort in Phönikien des 7., evtl. 6. Jhs. in Frage; auch Naukratis ist nicht ausgeschlossen. Die konische Form ist zwar dort selten, unsere Nr. **116** mit faustförmigem Griff und der Aufschrift „Memphis" ist jedoch aller Wahrscheinlichkeit nach in dieser Gegend gefunden worden. Die Parallele des Ashmolean Museum soll aus Ägypten stammen, und das von Petrie publizierte Vergleichsstück (s. Katalog unter Nr. **116** und **117**) weist ebenfalls eher in diese Richtung.

Die Nrn. **119-120** bilden insofern eine Einheit, als sie vorderasiatische Züge tragen. Sie sind levantinischer Herkunft, und es spricht nichts dagegen, dass sie nicht schon in vorachämenidischer Zeit entstanden sind. Nach Gubel (1987a: 171-175) kommt die Thronform der Nr. **119** auf phönikischen Siegeln des 6.-4. Jhs. vor, und auch der Steinbock im Zweikampf tritt schon in spätbabylonischer Zeit geflügelt auf (Vigneau/Ozenfant 1936: 94 Nr. 136). Die Nr. **121-124** lassen sich zeitlich schwer festlegen, da weder ihrer Form noch ihrer Ikonographie ein diesbezüglicher Hinweis zu entnehmen ist. Die Produktion von ägyptisierenden Siegelamuletten aus Fayence ist in der Levante bis in die Mittlere Bronzezeit zurück zu verfolgen. Frühe Beispiele sind unsere Nr. **99** und die unter Nr. **123** erwähnte Parallele aus Abū Ḥawwam. Andererseits mag diese Art der Massenproduktion während der Perserzeit weiter gepflogen worden sein.

Die Nrn. **125-126** stehen hinsichtlich des Materials und der Ikonographie der vorliegenden Siegelgruppe nahe, ihr Produktionszentrum wird aber im Niltal oder in Westphönikien gelegen haben. Nach Petrie (1925: 16) gehört der Widderkopf, Nr. **126**, zur bevorzugten Form von Siegelamuletten aus blauer Paste der 26. Dynastie (664-525), wie sie für Naukratis typisch sind.

116 (Matouk o.Nr.)

OBJEKT: Rundes Stempelsiegel mit Griff in Form einer Faust, die quer zu den Fingern und schräg zum Siegelbild durchbohrt ist. Ein Teil vom Siegelrand weggebrochen. Fayence mit hellgrünlich-grauer Glasur. 17,3 x 17 x 19,8 mm.
DATIERUNG: 7./(6.) Jh.
HERKUNFT: Phönikien (Nildelta?) Auf dem Rand ist mit Tusche in griechischer Schrift vermerkt „Memphis".
BASISGRAVUR: Figürliche Darstellung: Nach rechts gerichteter hockender geflügelter Löwe (?) oder Greif(?) mit zurückgewendetem Kopf. Das erhobene Vorderbein ist wegen der Beschädigung im Bildfeld nicht sichtbar. Grabsticheltechnik; Ritzstil mit tiefer ausgehöhltem Rumpf.
PARALLELEN: Für die Form vgl. ein Siegel aus gebranntem Ton aus einem Grab der Perserzeit in Deve Höyük (Moorey 1980: 117 Nr. 499, Fig. 19:499). Ein sehr ähnliches in Ägypten erworbenes Siegel mit faustförmigem Griff befindet sich im Ashmolean Museum (Buchanan/Moorey 1988: Nr. 265; für weitere, z.T. unpublizierte Parallelen s. ebd. 36); vgl. weiter ein unpubliziertes Stück aus Çatal Höyük in der ʿAmq-Ebene, Field Nr. a-251, Datierung nach 730 (mündliche Mitteilung von J.-W. Meyer). Für die Ikonographie vgl. Nr. **117**.

117 (Matouk 6729)

OBJEKT: Konoid mit abgerundetem oberem Ende und runder, nicht ganz glatter Siegelfläche. Unter dem Apex, schräg zum Siegelbild durchbohrt. Fayence mit olivgrün/hellbräunlicher Glasur. Ø 18,4 x H. 17,2 mm.
DATIERUNG: 7./(6.) Jh.
HERKUNFT: Phönikien (Nildelta?)
BASISGRAVUR: Figürliche Darstellung: Hockender geflügelter Löwe(?) oder Greif(?) nach rechts gerichtet, mit zurückgewendetem Kopf, ein Vorderbein leicht erhoben. Grabsticheltechnik; Ritzstil, Rumpf tiefer ausgehöhlt.
PARALLELEN: Eine sehr genaue Parallele ist ein Siegel aus einem Grab der Perserzeit in Deve Höyük (Moorey 1980: 114f Nr. 477 = Buchanan/Moorey 1980: Nr. 76, dort um 90° gedreht abgebildet und als Vogel bezeichnet). Für ein weiteres gleiches Exemplar unbestimmter Herkunft vgl. Petrie 1925 Nr. 290 (ebd. 7 als „Perso-Greek" bezeichnet).

118 (Matouk 6730)

OBJEKT: Konoid mit abgerundetem oberem Ende und runder Siegelfläche. Auf halber Höhe schräg zum Siegelbild durchbohrt. Rand teilweise leicht bestossen, Beschädigungen auf dem Siegelmantel. Fayence, hellgrün glasiert. Ø 17,3; H. 16,3 mm.
DATIERUNG: 7./(6.) Jh.
HERKUNFT: Phönikien (Nildelta?)
BASISGRAVUR: Figürliche Darstellung: nach rechts gerichteter hockender, geflügelter Löwe mit krokodilähnlichem, zurückgewendetem Kopf. Ein Vorderbein erhoben. Grabsticheltechnik; Ritzstil, Rumpf tiefer ausgehöhlt und mit Innenzeichnung (Schraffur) versehen.
PARALLELEN: S. unter Nr. **117.**

119 (Matouk 6685)

OBJEKT: Facettierter Kegel mit gerundetem oberem Ende und achteckiger Siegelfläche. Unter dem Apex, senkrecht zum Siegelbild durchbohrt. Rand stark bestossen, ein Splitter vom Mantel weggebrochen. Fayence, mit Spuren von heller türkis-grüner Glasur. 19 x 13 x 20,3 mm.
DATIERUNG: 6. Jh. (oder später)?
HERKUNFT: Phönikien.
BASISGRAVUR: Figürliche Darstellung: nach rechts gerichtete falkenköpfige Gestalt mit erhobener Rechten auf Thron. Grabsticheltechnik; kräftiger Ritzstil, flache Reliefierung.
PARALLELEN: Für die Form vgl. ein Fayencesiegel mit falkenköpfigen Gestalten im Ashmolean Museum (Buchanan/Moorey 1988: Nr. 498). Für den gleichen Thron mit der schrägen Sitzfläche auf phönikischen Siegeln des 6. bis frühen 4. Jhs. vgl. Gubel 1987a: 171-175, Pl. 35: 120-122.
BIBLIOGRAPHIE: Keel/Uehlinger 1990: 54f mit Abb. 74.

120 (Matouk 6684)

OBJEKT: Konoid mit abgerundetem oberem Ende und ovaler Siegelfläche. Unter dem Apex, senkrecht zum Siegelbild durchbohrt. Bohrlöcher durch Schnur nach unten ausgeweitet. Fayence mit Spuren von hell türkis-grüner Glasur. 20,5 x 15,5 x 21,7 mm.
DATIERUNG: Ende 7./6. Jh. (oder später?).
HERKUNFT: Phönikien.
BASISGRAVUR: Figürliche Darstellung: Eine nach rechts gerichtete falkenköpfige(?) Gestalt hält in der Linken eine Waffe und packt mit der Rechten einen geflügelten Steinbock mit zurückgewendetem Kopf am Horn. Standlinie. Grabsticheltechnik; kräftiger Ritzstil und flache Reliefierung.
PARALLELEN: Zur Ikonographie s. unsere Nr. **149** und **171.**

121 (PS 153)

OBJEKT: Konoid mit abgerundetem oberem Ende und runder Siegelfläche. Unter dem Apex, waagrecht zum Siegelbild durchbohrt. Rand und teilweise Mantel stark bestossen. Fayence hellgrün glasiert. Ø 15 x H. 19,5 mm.
DATIERUNG: 7./6. Jh. (- 5./4. Jh.).
HERKUNFT: Ost- oder West-Phönikien (in Jerusalem gekauft).
BASISGRAVUR: Figürliche Darstellung: nach rechts hockender Greif mit roter Krone (?). Über ihm kurzer senkrechter Strich, vor ihm ursprünglich ebenfalls ein Nebenmotiv (Uräus?). Grabsticheltechnik; Ritzstil und flache Reliefierung mit Schraffur (Flügel).
PARALLELEN: Ein gutes Vergleichsstück ist ein hockender Greif vor einem Uräus auf einem Fayenceskarabäus aus Aschdod (Dothan 1971: 164, Fig. 89:6, Pl. 81:7, Str. 2, Eisenzeit II). Vgl. weiter drei Siegel aus blauer Paste von Naukratis (Gardner 1888: Pl. 18:57; Petrie 1886: Pl. 37: 132,133) und ein Fayenceskarabäus von Ajia Irini (Gjerstad et al. 1935: Pl. 248:2586). Für das Motiv auf Steinskarabäen aus Fundlage des 8./7. Jhs. in Palästina vgl. Ben-Tor 1946: 80f; für Karthago Vercoutter 1945: Nr. 661 (7./6. Jh.), Nr. 662 (4. Jh.); für Kition/Zypern Clerc/Karageorghis 1976: 108 Kit. 2769, mit weiteren Literaturangaben über den hockenden Greif; zur Datierung des Stücks zw. 1075/50 und 1000 ebd. 10).

122 (Matouk 6682)

OBJEKT: Konoid mit abgerundetem oberem Ende und runder, ganz leicht konvexer Siegelfläche. Unter dem Apex und schräg zum Siegelbild durchbohrt. Vom Rand ein Splitter weggebrochen. Fayence mit hellgrün-gräulicher Glasur. Ø 19,9 x H. 19,7 mm.
DATIERUNG: 7./6. (- 5./4. Jh.).
HERKUNFT: Ost- oder West-Phönikien.
BASISGRAVUR: Figürliche Darstellung: Falke mit Geissel. Der Stiel der Geissel fehlt; vor dem Falken die Schilfrispe mit dem Lautwert *j*. Über ihm das Spielbrett mit dem Lautwert *mn*; der Falke mit Geissel ist als *rᶜ* zu lesen (Jaeger 1982: 294). Die Lesung des Ganzen ergibt *Jmn-Rᶜ* „Amun-Reᶜ" (O. Keel). Grabsticheltechnik; Ritzstil, Flächen tiefer ausgehöhlt.
PARALLELEN: Zu Fayencekonoiden aus Naukratis mit Hieroglyphendekor s. Gardner 1988: Pl. 19:6; Hall 1913: Nr. 2051.

123 (Matouk 6683)

OBJEKT: Konoid mit gerundetem oberem Ende und runder Stempelfläche. Keine Durchbohrung. Rand bestossen. Fayence maseriert mit Spuren von olivgrüner und hellgrüner Glasur. Ø 18,1 x H. 20 mm.
DATIERUNG: 7./6. (- 5./4. Jh.).
HERKUNFT: Ost- oder West-Phönikien.

BASISGRAVUR: Figürliche Darstellung: nach rechts gerichteter stehender Falke über *nb*, hinter ihm *nfr* „vollkommen, schön" (O. Keel). Grabsticheltechnik; Ritzstil mit flacher Reliefierung.
PARALLELEN: Ein Fayencekonoid vom Tall Abū Ḥawwām trägt die Darstellung eines Falken kombiniert mit einem Uräus (Hamilton 1935: 28 Fig. 149, Str. IIIa, revidierte Datierung zwischen 1000 und 750 bei Balensi 1985: 68f).

124 (Matouk 6686)

OBJEKT: Konoid mit gerundetem oberem Ende und runder, ganz leicht konvexer Siegelfläche. Unter dem Apex, waagrecht zum Siegelbild durchbohrt. Rand geringfügig bestossen, ein Bohrloch durch Schnur nach oben ausgeweitet. Fayence mit hell türkisfarbener Glasur. Ø 19,1 x H. 17,7 mm.
DATIERUNG: 7./6. Jh. (- 5./4. Jh.).
HERKUNFT: Ost- oder West-Phönikien.
BASISGRAVUR: Figürliche Darstellung; axialsymmetrische Komposition: *ʿnḫ*-Zeichen flankiert von zwei Maʿat-Federn, darunter *nb*-Zeichen. Da das *ʿnḫ*-Zeichen von *jtn* (Spiegel-)Scheibe her akrophonisch als *j*, die Maʿatfeder als *m* und *nb* als *n* gelesen werden können, haben wir es wahrscheinlich mit einer kryptographischen Schreibung des Namens „Amun" zu tun (Jaeger 1982: 294). Grabsticheltechnik; Ritzstil und flache Reliefierung mit Innenzeichnung (Schraffur).
PARALLELEN: Je ein Fayencekonoid mit axialsymmetrischer ägyptisierender Darstellung vom Tall an-Naṣba (McCown 1947: 295 Nr. 24, Pl. 54:24, Grab 32 N, Eisenzeit I - II) und aus Karthago (Vercoutter 1945: Nr. 440 "Pâte dure", 7./6. Jh.).

125 (Matouk o.Nr.)

OBJEKT: Kalottenförmiges Stempelsiegel mit kleiner Öse. Der Rand oberhalb der Siegelfläche ist mit einer Punkt- bzw. Strichreihe verziert. Ein Stück vom Rand weggebrochen. Fayence mit türkisblauer Glasur. Ø 13,8 x H. 11,5 mm.
DATIERUNG: 6.-4. Jh.
HERKUNFT: Nildelta? Westphönikien?
BASISGRAVUR: Figürliche Darstellung: *nfr* flankiert von zwei umgekehrten Schilfrispen oder Maʿatfedern; Randleiste. Grabsticheltechnik; Ritzstil und flache Reliefierung.
PARALLELEN: Die Hieroglyphen könnten vielleicht eine kryptographische Schreibung von *Jmn* „Amun" sein (Jaeger 1982: 294). Ein in Form, Material, Farbe und Darstellung verwandtes Stück aus Koptos ist Petrie 1925: 8, Pl. 17:1294.

126 (Schmidt o.Nr.)

OBJEKT: Stempelsiegel in Form eines vollplastischen Widderkopfes mit Schneckenhörnern. Parallel zur Stempelfläche und nicht ganz waagrecht zum Siegelbild durchbohrt. Siegelbild abgetragen. Kompositmaterial, hellblau bemalt. Ø 9,8 x H. 3 mm.
DATIERUNG: Ende 7./6. Jh.
HERKUNFT: Nildelta (Naukratis)?
BASISGRAVUR: Figürliche Darstellung: Nach rechts gerichteter liegender Sphinx über *nb*; über Rücken des Sphingen fischförmiges und ringförmiges Zeichen. Grabsticheltechnik; Ritzstil und flache Reliefierung mit Innenzeichnung (Schraffur).
PARALLELEN: Der rhytonähnlich ausgebildete und als Siegel verwendete Widderkopf aus blauer Paste gehört zum Repertoire von Naukratis (Petrie 1886: Pl. 37:135,136,143,144; Gardner 1888: Pl. 18:54,56). Weitere Beispiele befinden sich im British Museum und in der Sammlung des University College, London (Hall 1913: Nr. 2554, „26. Dyn.“ (664-525); Petrie 1925: Pl. 9: 311). Der liegende Sphinx ohne Flügel kommt ebenfalls auf Material aus Naukratis vor (Petrie 1886: Pl. 37:32, 38:177).

XII

Nordwestsemitische (z.T. aramäische?) Siegel der Eisenzeit II 8. und 7. Jh. Nrn. 127-137

Wie die Diskussion zeigen wird, darf angenommen werden, dass die in diesem Kapitel zusammengefassten Siegel dem aramäischen Kulturkreis nahestehen, wenn sie nicht gar ihm entstammen.

A. Ein beschriftetes Achat-Skaraboid: 8. Jh. Nr. 127

Das beschriftete Skaraboid Nr. **127** aus hartem Stein mit dem im nordwestsemitischen Raum beliebten Bild des schreitenden Löwen mit aufgerissenem Rachen und hochgeschwungenem Schwanz ist von Lemaire 1979 und 1990 diskutiert worden. Der Vergleich mit dem berühmten, in Megiddo gefundenen und einem Minister Jerobeams II. (1. Hälfte 8. Jh.) zugeschriebenen Siegel (Galling 1941 Nr. 17 = Hestrin/Dayagi-Mendels 1979: Nr. 3) liegt auf der Hand, so dass eine gemeinsame Werkstätte vermutet werden kann. Laut Lemaire weist der epigraphische Befund unseres Stücks in den nordwestsemitischen Raum des 8. Jhs. In seinem Aufsatz von 1990 neigt er dazu, die Löwensiegel dem aramäischen und – von dort her übernommen – dem nordisraelitischen Bereich zuzuordnen.
Zu bemerken ist, dass die von Mähnenhaar freigelassene bzw. eingerahmte und somit betonte Schulter des Löwen hier im Original heraustritt, um im Abdruck als Versenkung zu erscheinen. Das ist, wie Abdrücke in Berlin und Istanbul zeigen, auch auf dem oben erwähnten Megiddo-Siegel der Fall (vgl. dazu das Photo Bossert 1951: 347 Abb. 1205). Das Herausheben der Schulterpartie beim Löwen ist im nordsyrischen und assyrischen Raum des 1. Jts. eine weitverbreitete Darstellungsweise; sie findet sich schon auf syrischen Rollsiegeln des 2. Jts. (Porada 1948: Nrn. 955, 958; vgl. Galling 1941: 136). Ikonographie und Stil weisen unser Stück somit dem aramäisch-assyrischen Kulturbereich zu,

wo der Löwe mit aufgerissenem Rachen als Torlöwe u.ä. im 9./8. Jh. sehr populär war (Orthmann 1971: Taf. 1a, 4d, 6d, 7e, 12c, 13d u.o.).

127 (Schmidt 165)

OBJEKT: Skaraboid mit leicht schräg nach innen abfallender Seitenwand. Der Länge nach, waagrecht zum Siegelbild durchbohrt. Unterer Rand bestossen; je ein Splitter vom Rand und von der Siegelfläche weggebrochen; ein Bohrloch in Richtung Siegelrücken erweitert. Gebänderter Achat. 18,5 x 13,5 x 7,5 mm.
DATIERUNG: 1. Hälfte 8. Jh.
HERKUNFT: Nordsyrien.
BASISGRAVUR: Figürliche Darstellung in horizontaler Anordnung: nach rechts schreitender Löwe mit geöffnetem Rachen und erhobenem Schwanz; vor ihm ein Rinderkopf, hinter ihm ein nur noch teilweise erhaltener aufrecht stehender Vogel (Falke?), über dem Rücken Inschrift: *ʾlh*. Randleiste (nur am oberen Rand erkennbar). Standlinie. Schleifrad/Kugelbohrer-Technik; sorgfältiger, flach modellierender Stil.
PARALLELEN: Eine genaue Entsprechung ist Galling 1941: Nr. 17 = Hestrin/Dayagi-Mendels 1979: Nr. 3. Vgl. weiter Galling 1941: Nrn. 18-22, Nr. 23 für den stehenden Vogel, Nr. 32 für den Stierkopf (zu letzterem als archaischem Element s. unsere Nr. **76**). Ein gleicher Stierkopf ist auf einem syrischen Rollsiegel zu finden (Frankfort 1939: Pl. 45:j) und in Verbindung mit einem Löwen auf einem Skaraboid des späthethitischen bzw. luwischen Raumes des 8./7. Jhs. (Boardman/Moorey 1986: Pl. 18,23). Alle 15 bisher bekannten beschrifteten nordwestsemitischen Löwensiegel sind aufgelistet bei Lemaire 1990: 13f.
BIBLIOGRAPHIE: Lemaire 1979: 67-69, Pl. 2,1. Garbini 1982: 168. Keel/Uehlinger 1990: 52 mit Abb. 67. Lemaire 1990: 14 Nr. 8.

B. Siegel mit Astral- bzw. Mondkult-Ikonographie: 8./7. Jh. Nr. 128-137

In dieser Gruppe sind Skaraboide zusammengestellt, deren Ikonographie weitestgehend vom Mondkult bestimmt ist. Zentrum dieses Kults war Nordsyrien, vor allem Ḫarrān. Seine Blütezeit erlebte er unter neuassyrischer Oberherrschaft im 8./7. Jh.

Der nur aus Astralsymbolen bestehende Dekor auf dem beschrifteten Skaraboid Nr.**128** findet eine aufallende Entsprechung auf Siegelabdrücken auf aramäischen Tontafeln des 7. Jhs. (Homès-Frédéricq 1976: 62 Fig. 1) und ist wohl diesem Kulturkreis zuzuordnen. Eine gute Parallele ist ein Oberflächenfund vom Tēl Terūmōt bei Bet-Schean (Uehlinger 1990: 324f mit Fig. 101) und ein nordsyrisches Siegel im Ashmolean Museum (Buchanan/Moorey 1988: Nr. 257). Für die Interpretation der Kugeln als Sterne und den damit verbundenen Kult des Himmelsheeres im Zusammenhang mit einem einschlägigen Siegel vom Tall Kaisān s. Keel 1980: 275f = Keel 1990: 222-225; vgl. auch Rose 1975: 49, 155, 254.

Die Inschrift *lylʾ* erscheint auf dem Siegel im Positiv und ist nachträglich eingraviert worden. Da sie kein charakteristisches Zeichen enthält, ist es schwierig, das Stück aufgrund der Schrift genau zu datieren. Wahrscheinlich gehört es in die 2. Hälfte des 8. oder ins 7. Jh. (A. Lemaire, brieflich). Der gleiche Name *ylʾ* findet sich auf einem wahrscheinlich aramäischen Siegel, welches eine Anbetungsszene unter einer Mondsichel zeigt (Bordreuil/Lemaire 1976: 53f Nr. 24). Zu Siegeln, deren Inschrift erst nachträglich eingraviert wurde, vgl. Welten 1977: 300, 301 Abb. 78:3,5,8.

Nrn. **129**, **130** und **131** sind die einzigen Stücke der Gruppe, die nicht aus Kalkstein sind. Nr. **129** ist zudem das einzige Stück, das nicht schlicht die Form eines Skaraboids hat. Die Ikonographie der Basis weist es aber deutlich dem gleichen Kulturkreis zu wie Nr. **128**. Der mit zwei Troddeln geschmückte Sichelmond auf der Stange ist das Kultemblem des Sîn von Ḫarrān (Spycket 1973 und 1974; Keel 1977: 284-296; Weippert 1978). Das Siebengestirn mit einzelnen ägyptischen Hieroglyphen kombiniert findet sich öfter auf den schon erwähnten aramäischen Tontafeln aus der Gegend von Ḫarrān (Homès-Frédéricq 1976: 62 Fig. 1). Die Form des stark abgeschliffenen Siegelsteins scheint die eines Stierkopfs zu sein. Ein nordsyrisches Stierkopf-Siegelamulett aus Hämatit ist auf dem Tall al-Fārʿa (Süd) gefunden worden (Keel 1990: 191f Fig. 23, 368). Es dürfte ins 10. Jh. zu datieren sein. Auf einen Stierkopf gehen vielleicht auch zwei etwas jüngere Siegel der sog. „Yunus Gruppe" zurück (Boardman/Moorey 1986: Pl. 13,1-2; zu dieser Gruppe s.o. S. 56).

Die stark abgeschlieffene Nr. **130** lässt im oberen Teil einen einfach geschnittenen Sichelmond erkennen. Die beiden als Striche stilisierten Troddeln, die vom Berührungspunkt von Sichelmond und Stange ausgehen, sind gerade noch zu erkennen. Der Punkt und die konzentrisch darum herum gelagerten Kreise im unteren Teil der Basis dürften nachträglich dazugekommen sein.

Eine zweite, in die erste eingezeichnete Mondsichel, wie auf Nr. **131**, ist unüblich. Sie ist noch auf je einem Stempelsiegel vom Tall Ḥalaf und aus Megiddo sowie auf einem spät-neuassyrischen Rollsiegel aus Ḫorṣābād belegt (Hrouda 1962: Nr. 65; Lamon/Shipton 1939: Pl. 67:8; Loud/Altmann 1938: Pl. 57:88).

Die folgenden vier Nrn. **132-135** verbinden Form, Material und Stil. Es handelt sich besonders bei den Nrn. **133-135** um auffallend breite Skaraboide mit senkrechten Seitenwänden und nur sehr schwach gewölbtem Rücken. Das Material ist feiner, kompakter geäderter Kalkstein, bisweilen poliert (Nrn. **132** und **134**; vgl. auch Nr. **136**). Die Darstellungen sind mit dem Stichel dünn eingeritzt. Der Stil ist gekennzeichnet durch feine Gitterung oder Schraffierung der flächigen Bildpartien. Nr. **132** zeigt wie Nrn. **129**, **130** und **131** die mit zwei Troddeln geschmückte Mondsichelstandarte. Die Gitterung des Sockels und die Form der beiden Gebilde, die das Emblem flankieren, sind aber typisch für Palästina und Transjordanien (Keel 1977: 292 Abb. 219, Šiqmōnā; ebd. 295 Abb. 223, Naḥšōnīm; ebd. 288 Abb. 209, Tall Tawīlān; Uehlinger 1990: 329 Fig. 109, Nebo). Im Gegensatz zu diesen Stücken, bei denen die Mondsichel auf einer Stange aufliegt, krönt sie auf unserm Stück direkt den konischen Sockel, ähnlich wie auf zwei Siegeln aus Nimrūd vom Ende des 8. bzw. Anfang des 7. Jhs. (Parker 1955: Pl. 18:1,5).

Es ist interessant zu vermerken, dass bei den Mondstandarten-Darstellungen auf den viel früheren (1. Hälfte 2. Jt.) Stempelsiegeln von der Kuwait vorgelagerten Insel Failaka der Sockel üblicherweise gegittert ist und bisweilen ebenfalls unmittelbar an die Mondsichel anschliesst (Kjaerum 1983: Nrn. 56, 145, 147). Das Feld in der Mondsichel ist in der Regel leer, vgl. unsere Nrn. **129-130**, **163**. Auf Nr. **132** ist es mit einem blütenähnlichen Motiv ausgefüllt, das noch über einem Capriden mit eckig stilisierten *ʿnḫ*-Zeichen auf einem Skaraboid im Ashmolean Museum erscheint (Buchanan/Moorey 1988: Nr. 327). Auf dem bereits erwähnten Siegel vom Tall Tawīlān (Keel 1977: 288 Abb. 209) ist ein Stern eingezeichnet, gelegentlich ist auch ein Kreis – die volle Mondscheibe – zu sehen wie auf dem ebenfalls oben genannten Beispiel aus Nimrūd (Parker 1955: Pl. 18: 1) und unsere Nr. **131**. Die Gitterung der Mondsichel ist anderweitig nicht belegt.

Die Nrn. **133** und **134** zeigen eine thronende Gestalt in einem Boot. Im späten 9. bzw. frühen 8. Jh. taucht in Nordsyrien das Motiv des anthropomorphen Mondgottes auf, der in der Mondsichel wie in einem Boot steht (van Buren 1945: 63f). Einer der ältesten Belege findet sich auf dem Rollsiegel des Mannukīma-Aššur, der 793 Gouverneur von Guzana (Tall Ḥalaf) war (Moortgat 1940: Nr. 596). Im 7./6. Jh. ist der Mondgott „im Boot" auf aramäischen Siegeln häufig (Bordreuil 1986: Nrn. 95, 99, 109, 111, 113-115).

Eine in einem Boot *thronende* menschliche Gestalt ist ein typisch ägyptisches Motiv (Culican 1970: 31; Wiese 1990: 59-69). Ein angeblich in der Nähe von Jerusalem gefundenes Kalksteinskaraboid unseres Typs zeigt im Boot die thronende Isis mit dem Horusknaben auf dem Schoss (Barnett 1969-71: 48 Nr. 5, Pl. 14:5 = Gubel 1987a: 110 Nr. 48, Pl. 19:48). Die beiden einzigen bekannten Parallelen, die wie die Nr. **133** und **134** eine thronende männliche Gestalt mit segnend erhobener Hand im Boot zeigen, stammen ebenfalls aus dem Handel. Es handelt sich um das vieldiskutierte Siegel Dalman 1906: Taf. 1 und das Vergleichsstück Tushingham 1971: 23 = Keel 1977: 307f Abb. 238a-b. Ein geographischer Hinweis ist für das erstgenannte Siegel durch seine hebräische Inschrift, für das zweite durch den Ankauf in Irbid/Nordjordanien gegeben.

Wie die drei Parallelen zeigen, sind mit den hochgezogenen und in einen Kreis mündenden Bootsenden auf Nr. **133** wahrscheinlich Tierköpfe (Enten?) gemeint. Die zoomorphe Ausbildung von Bug und Heck ist für phönikische Schiffe typisch (Gubel 1987: 112). Die Darstellung des gleichen Thronenden mit den ihn begleitenden Kultgegenständen oder letztere allein finden sich auf einer Reihe von Siegeln aus palästinischen Fundstätten, wie die Parallelen im Katalog zeigen. Somit wird man annehmen dürfen, dass der zur Diskussion stehende Siegeltyp einer dortigen, vielleicht ein und derselben Werkstätte entstammt, wobei der Siegelschneider offenbar ein phönikisches Motiv den Bedürfnissen des lokalen Kultes angepasst hat. Keel erwägt, dass der Thronende möglicherweise mit dem Mondgott Sîn zu identifizieren ist (1977: 307). Er weist auf ein zu unserer Siegelgruppe gehöriges Skaraboid aus Sichem hin, auf dem die thronend segnende Gottheit in genau dem Rahmen erscheint (gegittertes Gestell von ‚Zypressen' flankiert), in dem sonst die Sichelmondstandarte zu sehen ist (ebd. 308 Abb. 238c, Taf. 4a).

Dem für diese Siegelgruppe typischen *ʿnḫ*-ähnlichen Zeichen (Nrn. **134-136**) hat Uehlinger (1990: 322-330) eine kleine Untersuchung gewidmet. Zu Recht wehrt er sich gegen eine Lesung als Schriftzeichen seitens der Epigraphiker P. Bordreuil und E. Puech und möchte es als Astralkultsymbol verstanden wissen.

Der Ständer mit dem Strahlen aussendenden Kreis auf Nr. **134** findet sich u.a. auf einem phönikischen Siegel mit der ins 8. Jh. datierten Inschrift „Dem König der Tyrener". Bordreuil ist versucht, darin den Scheiterhaufen des Gottes Melqart zu sehen (1986: 304 mit Abb. 6).

Dass der Leierspieler auf Nr. **135** zum Umfeld des auf den beiden vorausgegangenen Siegeln evozierten Kultes gehört, wird durch den Sichelmond und das *ʿnḫ*-ähnliche Symbol angedeutet. Eine ikonographisch und stilistisch sehr enge Parallele ist ein zylinderförmiger Oberflächenfund vom Tall Kaisān (Keel 1980: Nr. 23). Die Darstellung auf einem unserer Gruppe zugehörigen Skaraboid aus

Akko weicht nur insofern von unserm Stück ab, als die Gestalt nicht leierspielend, sondern mit nach oben erhobenen Armen abgebildet ist (Uehlinger 1990: 328 Nr. 107, 329 Fig. 106!). Die gleiche Figur erscheint auch auf einem judäischen Skaraboid, den Lemaire aus paläographischen Gründen dem Ende des 8. Jhs. bzw. dem 7. Jh. zuschreibt (1986: 310f Nr. 4). Das *ʿnḫ*-ähnliche Zeichen auf unserem Stück rechts und auf der Parallele aus Akko ist mit zwei Querbalken versehen, was auch beim voll ausgebildeten *ʿnḫ*-Zeichen vorkommen kann und nach Ward (1967: 70) eine Eigenart der phönikischen Schule ist.

Leierspieler unseres Typs tauchen auf dem bereits erwähnten Rollsiegel vom Nebo und auf einem Prisma unbekannter Herkunft der Sammlung Dayan im Zusammenhang mit dem Kult des Sichelmondemblems von Ḫarrān auf (Uehlinger 1990: 329f Abb. 108-109). In phönikischen Zusammenhängen haben wir es in Kultszenen in der Regel mit weiblichen Leierspielerinnen zu tun (Markoe 1985: 246f Nr. C 3; 252f Nr. Cy 6; 316f Nr. G 3). Im aramäischen Einflussbereich hingegen finden wir männliche Musikanten (Orthmann 1971: Taf. 18:c; 63:g-h), wie auf den genannten palästinisch-transjordanischen Belegen, die Leierspieler im Kontext des Mondkults zeigen.

Die beiden Kalkstein-Skaraboide Nr. **136** und **137** sind im Vergleich zur Gruppe Nrn. **132-135** verhältnismässig klein und nur mit einzelnen Symbolen dekoriert. Ein Skaraboid aus dem westpersischen Nuš-i Ǧan und einer im Maritime Museum in Haifa zeigen das Symbol von Nr. **136** rechts in einem Boot wie dem auf unseren Nrn. **133-134** (Curtis 1984: 24 Nr. 234, Fig. 4:234; Barnett 1969-71: 48 Nr. 6, Pl. 14:6). Der Ährenbaum links auf Nr. **136** erscheint häufig neben dem Mondemblem von Ḫarrān, z.B. auf einem Kalksteinsiegel von Sultantepe und auf zwei Ritzzeichnungen vom Tall Kaisān (Lloyd 1954: 108, 110, Fig. 8:10; Puech 1980: 297f, Pl. 90:36-37).

Die Ikonographie der Nrn. **131-135** lässt sich wie schon die der Nrn. **128-130** im Wesentlichen mit dem Mondkult von Ḫarrān in Zusammenhang bringen, wenn auch manche Details, etwa die Gestaltung des *ʿnḫ*-Symbols oder die Form des Bootes phönikischen Einfluss verraten.

Die Einordnung von Nr. **137** in die vorliegende Siegelgruppe erfolgt vorab aus stilistischen Gründen. Der Vogel, wahrscheinlich eine Taube, steht hier für sich allein, erscheint aber einmal auf einem nordsyrischen Skaraboid in Verbindung mit einer Mondsichel und anderen Astralsymbolen (Buchanan/Moorey 1988: Nr. 257). Ein ähnlicher Vogel mit Mondsichel ist auf einem Skarabäus aus einem vom 7.-3. Jh. benutzten Grab in Lachisch abgebildet (Tufnell 1953: Pl. 43/43A:58). Tiere sind auf Siegeln dieser Gruppe nicht häufig. Als Hauptmotiv, beidemale mit einem Gittermuster überzogen, kommen sie noch auf zwei nicht stratifizierten Skaraboiden wiederum aus Lachisch vor (ebd. Pl. 43/43A:104 Fisch, 105 Capride). Im übrigen sei noch auf die verblüffende Ähnlichkeit unserer Vogeldarstellung mit jener auf Siegeln der "Lyre-Player Group" hingewiesen (vgl. Buchanan/Moorey 1988 Nr. 305).

Was die zeitliche Einordnung dieser Siegelgruppe anbelangt, muss festgestellt werden, dass die aufgeführten Vergleichsstücke entweder Oberflächenfunde sind oder aus ungenauer Fundlage stammen. Einen terminus ante quem vermittelt uns das Siegel aus Nuš-i Ǧan, das laut Grabungsbefund kaum später als 600 datiert werden kann. Weitere Datierungshinweise kann der Epigraphiker geben. Herr weist die hebräische Inschrift des zu den Nrn. **133-134** erwähnten Dalman-Siegels in die Mitte des 7. Jhs. (1978: 144f Nr. 152). Lemaire (brieflich) schlägt für die Inschrift auf unserer Nr. **128** das spätere 8. oder das 7. Jh. vor. Ins 7. Jh. datieren die aramäischen Tontafeln, auf denen das gleiche Motiv bzw. der Sichelmond mit den Kugeln/Sternen erscheint. Die Inschrift eines weiteren Siegels dieser Gruppe datiert Lemaire (1986) ans Ende des 8. bzw. ins 7. Jh.

Die Datierung der Gruppe Nrn. **132-135** ins 8./7. Jh. wird zusätzlich durch den Fund eines Skaraboids in einer Schicht des 8. Jhs. in Yoqneᶜām bestätigt, der eindeutig dieser Gruppe angehört (Ben-Tor/Rosenthal 1978: 81 Anm. 50).

128 (PS 90)

OBJEKT: Skaraboid mit leicht schräg nach innen abfallender Seitenwand. Der Länge nach durchbohrt. Unterer Rand bestossen; je ein Splitter vom Rücken und von der Siegelfläche weggebrochen. Dunkelgrau-weiss gesprenkelter Silex. 22 x 18 x 17,7 mm.
DATIERUNG: Ende 8./7. Jh.
HERKUNFT: Nordsyrien (in Jerusalem gekauft).
BASISGRAVUR: Figürliche Darstellung in senkrechter Anordnung: Sichelmond über 16 (ursprünglich 17-19) Kugeln, d.h. Sternen. Am linken Rand wahrscheinlich nachträglich hinzugefügte Inschrift *lylʾ*. Kugelbohrer/Röhrenbohrer-Technik; Kugelbohrerstil. Inschrift mit Stichel eingeritzt.
PARALLELEN: Für Siegelabdrücke auf aramäischen Tontafeln des 7. Jhs. mit der gleichen Ikonographie, nur dass sieben Kugeln unter der Mondsichel gruppiert sind, vgl. Homès-Frédéricq 1976: 62 Abb. 1. Weitere Vergleichsstücke sind ein Oberflächenfund vom Tēl Terūmōt bei Bet-Schean (Uehlinger 1990: 324f Fig. 101) und ein Siegel mit spätluwischer Inschrift im Ashmolean Museum (Hogarth 1920: Nr. 306 = Buchanan/Moorey 1988: Nr. 257). Stellen die sieben Punkte auf den Parallelen jeweils das Siebengestirn (*sebetti*) dar, so dürften auf unserem Stück die kleineren Gestirne bzw. das Himmelsheer insgesamt gemeint sein.

BIBLIOGRAPHIE: Keel 1980: 275 Fig. 85 = Keel 1990: 223 Fig. 47 (jeweils Zeichnung).

129 (Matouk 6001)

OBJEKT: Siegelstein in From eines Tierkopfes, wahrscheinlich eines Stiers; durch die Maulpartie waagrecht zum Siegelbild durchbohrt, stark abgeschliffen. Grüngestein, wahrscheinlich Serpentin. 24,7 x 17,8 x 11 mm.
DATIERUNG: 8./7. Jh.
HERKUNFT: Nordsyrien.
BASISGRAVUR: Figürliche Darstellung in senkrechter Anordnung: im Zentrum Sichelmond mit zwei Troddeln auf Stange, flankiert vom Siebengestirn und einem ägyptischen *nfr*-Zeichen. Randleiste. Grabstichel/Kugelbohrer-Technik und -stil.
PARALLELEN: S. die Einleitung zur Gruppe. Zum *nfr*-Zeichen vgl. das nordsyrische Skaraboid Hogarth 1920: Nr. 306 = Buchanan/Moorey 1988: Nr. 257.

130 (PS 143)

OBJEKT: Skaraboid mit leicht schräg nach innen abfallender Seitenwand. Der Länge nach und senkrecht zum Siegelbild durchbohrt. Unterer Rand an einer Stelle leicht bestossen. Darstellung stark verschliffen. Grüngestein. 16,5 x 13,5 x 9 mm.
DATIERUNG: Ende 8./7. Jh.
HERKUNFT: Nordsyrien.
BASISGRAVUR: Figürliche Darstellung; axialsymmetrische Komposition in senkrechter Anordnung: eine Mondsichelstandarte mit zwei zu Strichen stilisierten Troddeln über einer Scheibe, die von einem Doppelring umrahmt wird. Die beiden Ringe sind durch je drei kreuzförmig angeordnete Querstriche miteinander verbunden. Am mittleren Siegelrand je ein nach aussen gekehrter Winkel. Untere Bildfläche wahrscheinlich nachgeschnitten. Grabstichel/Kugelbohrer-Technik; dünner linearer Ritzstil, Scheibe eingebohrt.
PARALLELEN: Für die Mondsichelstandarte vgl. die Einleitung zu den Nrn. **129-131**.

131 (PS 142)
Aus der Slg. F. S. Matouk

OBJEKT: Konoid mit gerundetem oberem Ende und ovaler, glatter Siegelfläche. Unter dem Apex, waagrecht zum Siegelbild durchbohrt. Die sehr grosse und nach unten ausgeweitete Durchbohrung verläuft ausserhalb der Achse des Kegelstumpfes. Winziger Splitter aus der Siegelfläche weggebrochen. Grüngestein (Basalt?). 16,6 x 13,7 x 18 mm.
DATIERUNG: Ende 8./7. Jh.
HERKUNFT: Syrien.

BASISGRAVUR: Figürliche Darstellung: Standarte mit Mondsichel und Troddeln; darüber noch einmal eine Mondsichel mit kleiner Kugelbohrung. Stichel-, Röhren- und Kugelbohrertechnik und -stil.
PARALLELEN: Für die Ikonographie vgl. unserer Nrn. **129-132**. Eine zweite, in die erste eingezeichnete Mondsichel ist auf je einem Stempelsiegel vom Tall Ḥalaf und aus Megiddo (Hrouda 1962: Nr. 65; Lamon/Shipton 1939: Pl. 67:8) sowie auf einem spätneuassyrischen Rollsiegel aus Ḫorṣābād belegt (Loud/Altmann 1938: Pl. 57:88).

132 (PS 141)

OBJEKT: Skaraboid mit unregelmässig hoher Seitenwand. Der Länge nach und senkrecht zum Siegelbild durchbohrt. Ein Bohrloch nach oben und unten etwas ausgeweitet. Darstellung abgenutzt. Hellrotbrauner Kalkstein, poliert. 18 x 15 x 7,6 mm.
DATIERUNG: 8./7. Jh.
HERKUNFT: Palästina (in Jerusalem gekauft).
BASISGRAVUR: Figürliche Darstellung; axialsymmetrische Komposition in senkrechter Anordnung: Sichelmond auf konischem Podest, darüber blütenähnliches Element. Vom Sichelmond hängen zwei armähnlich nach aussen geknickte Linien herunter. Darunter auf Standlinie je eine Standarte, die oben durch einen nach unten gerichteten Winkel und zwei Querbalken abgeschlossen wird. Randleiste. Grabsticheltechnik; dünner Ritzstil, Sichelmond flächig vertieft und gegittert, Sockel gegittert.
PARALLELEN: Die stilistisch und ikonographisch engste Parallele ist ein Skaraboid vom Tall Tawīlān/ Edom (Bennet 1971: VI, Pl. 2; 1984: 3f, Pl. 6). Für den konischen Sockel vgl. zwei Siegel aus Nimrūd vom Ende des 8./Anfang des 7. Jhs. (Parker 1955: Pl. 18:1,5); für den gleichen gegitterten, dort allerdings rechteckigen Sockel vgl. einen Oberflächenfund aus Šiqmōnā (Keel 1977: 295-223); weitere palästinische Belege für die Mondstandarte ebd. 292 Abb. 215 216, 219; 295 Abb. 220, 226, 227. Für das blütenähnliche Element vgl. ein Skaraboid mit Capriden und degeneriertem *ʿnḫ*-Zeichen im Ashmolean Museum (Buchanan/Moorey 1988: Nr. 327).

133 (PS 83)

OBJEKT: Skaraboid. Leicht schräg zur Längsachse und zum Siegelbild durchbohrt. Unterer Rand bestossen; Sprung durch die Siegelfläche sowie ein Stück davon weggebrochen; bei einem Bohrloch nochmals angebohrt. Siegelfläche sehr abgenutzt. Hellbeiger Kalkstein. 20 x 18 x 8 mm.
DATIERUNG: 8./7. Jh.
HERKUNFT: Palästina.
BASISGRAVUR: Figürliche Darstellung in waagrechter Anordnung: nach rechts gerichtete auf einem Schemel sitzende Gestalt im langen Rock mit segnend erhobener Hand. Die Gestalt ist von einem kugelförmigen ‚Baum‘ und einem (Räucher)Ständer (?) flankiert. Der Thron und die

flankierenden Gegenstände stehen auf einem gegitterten Standsegment mit hochgezogenen, in einen Kreis mündenden Enden, d.h. einem Boot mit zoomorphem Bug und Heck. Grabsticheltechnik; linearer Ritzstil. Grössere Bildpartien im sehr flachen versenkten Relief geschnitten und schraffiert bzw. gegittert.
PARALLELEN: S. die Einleitung zu den Nr. **133-134**.

134 (PS 150)

OBJEKT: Skaraboid mit fast runder Grundfläche, ungleichmässig hoher Seitenwand und kaum wahrnehmbar konisch zulaufendem Rücken. Der Länge nach und waagrecht zum Siegelbild durchbohrt. Dunkelbrauner Kalkstein, poliert. 17,5 x 18,5 x 7,8 mm.
DATIERUNG: 8./7. Jh.
HERKUNFT: Palästina.
BASISGRAVUR: Figürliche Darstellung in waagrechter Anordnung: nach rechts gerichtete, auf einem Schemel sitzende Gestalt in knielangem Rock und mit segnend erhobener Hand. Vor ihr Sichelmond mit Stern. Die Gestalt wird von einem ʿ*nḫ*-förmigen Zeichen (Opferständer?) und einem zweiten Ständer mit Aufsatz flankiert. Auf dem Ständer ein Kreis mit strahlenförmig nach aussen angeordneten Strichen. Ein schräg schraffiertes Standsegment mit hochgezogenen Enden , d.h. Boot, bildet den unteren Abschluss der Darstellung. Grabsticheltechnik; linearer Ritzstil mit Vertiefung und Schraffierung der grösseren Flächen.
PARALLELEN: Zu den Parallelen für den Thronenden im Boot s. die Einleitung zu den Nrn. **133-134**. Für den Kreis mit Strahlen vgl. ein phönikisches Siegel mit einer ins 8. Jh. datierten Inschrift (Bordreuil 1986: Nr. 3), je einen Oberflächenfund aus Lachisch (Tufnell 1953: Pl. 43A/44:105) und vom Tēl Terūmōt bei Bet-Schean (Uehlinger 1990: 324f Fig. 101; hier sind auch Beispiele mit ʿ*nḫ*-ähnlichen Zeichen vom Tall al-ʿAǧǧūl, Tall Kaisān, Lachisch, Akko und solche unbekannter Herkunft aufgelistet).
BIBLIOGRAPHIE: Uehlinger 1990: 326, 329 Abb. 104. Keel/Uehlinger 1990: 52f Abb. 69.

135 (PS 98)

OBJEKT: Skaraboid. Der Länge nach und senkrecht zum Siegelbild durchbohrt. Ränder bestossen; an einem Bohrloch je ein Stück in Richtung Siegelfläche und oberer Rand weggebrochen. Siegelfläche stark abgenutzt. Rötlich-beiger Kalkstein. 18 x 16,5 x 9 mm.
DATIERUNG: 8./7. Jh.
HERKUNFT: Palästina (in Jerusalem gekauft)
BASISGRAVUR: Figürliche Darstellung in senkrechter Anordnung: nach links gerichteter Leierspieler in langem Gewand; hinter ihm ein Stab, der oben mit zwei Querbalken und einem Dreieck abschliesst bzw. ʿ*nḫ*-ähnliches Zeichen. (Opferständer?), vor ihm derselbe Ständer, jedoch kleiner und mit nur einem Querbalken; über der Leier ein Halbmond. Randleiste (nur teilweise erhalten). Grabsticheltechnik; dünner Ritzstil; Körper flächig vertieft, Rock gegittert.
PARALLELEN: S. die Einleitung zu den Nr. **133-135**.

BIBLIOGRAPHIE: Uehlinger 1990: 327 Nr. 106, 329 Fig. 107.

136 (PS 160)

OBJEKT: Skaraboid mit nahezu flachem Rücken. Der Länge nach, waagrecht zum Siegelbild durchbohrt. Unterer Rand teilweise bestossen. Hellgrau-brauner Kalkstein, poliert, teilweise Eisenkruste. 16 x 13,4 x 8,1 mm.
DATIERUNG: 8./7. Jh.
HERKUNFT: Palästina (in Jerusalem gekauft).
BASISGRAVUR: Figürliche Darstellung in waagrechter Anordnung: links ein Baum, rechts ein Opferständer(?), der von einem Dreieck mit Spitze nach unten bekrönt ist und so einem eckig stilisierten *ʿnḫ* ähnlich sieht; rechts aussen senkrechter Strich(?). Grabsticheltechnik; dünner Ritzstil.
PARALLELEN: Für den Opferständer vgl. Nrn. **134-135**. Für einen von stilisierten Bäumen (?) flankierten Altar bzw. Opferständer vgl. ein in Nuš-i Gan/Iran gefundenes und vor 600 datiertes Siegel (Curtis 1984: Pl. 11:234). Ein unstratifiziertes Knochenskaraboid aus Lachisch zeigt ein ähnliches Gebilde neben einem Fisch (Tufnell 1953: Pl. 43A/44:104; ebd. 371 Nr. 104 „Iron II").

137 (PS 158)

OBJEKT: Skaraboid mit kaum gewölbtem Rücken. Der Länge nach und waagrecht zum Siegelbild durchbohrt. Rücken und Siegelfläche teilweise beschädigt. Schwarzer Kalkstein. 13,8 x 12 x 7,6 mm.
DATIERUNG: 8./7. Jh.
HERKUNFT: Palästina (in Jerusalem gekauft).
BASISGRAVUR: Figürliche Darstellung in waagrechter Anordnung: stehender Vogel. Der ausgeprägte Bug legt nahe, den Vogel als Taube zu identifizieren. Grabsticheltechnik; dünner Ritzstil, Binnenzeichnung.
PARALLELEN: Ein ähnlicher Vogel in Verbindung mit der Mondsichel ist auf einem Skarabäus aus Lachisch abgebildet (Tufnell 1953: Pl. 43/43A:58; 369 Nr. 58, Grab 106, „23.-26. Dyn.?" (823-525); Grab 106 war im 7./6., evtl. Anfang 5. Jh. und dann wieder im 3./4. Jh. im Gebrauch, vgl. ebd. 180). Verblüffende Ähnlichkeit besteht zwischen unserer und einer Vogeldarstellung auf einem Siegel der „Lyre-Player Group" (2. Hälfte 8. Jh.; Buchanan/Moorey 1988: Nr. 305).

XIII

Skaraboide und Konoide aus der assyrisch-babylonischen Peripherie 8./7. Jh. Nrn. 138-145

Die Nrn. **138-145** stehen hinsichtlich der Form und/oder der Ikonographie und des Stils den spätassyrisch/neubabylonischen Stempelsiegeln nahe und dürften in den Randgebieten des Grossreichs entstanden sein, was nicht ausschliesst, dass sie auch im Kernland im Umlauf waren. Das einzige eindeutige gemeinsame Merkmal der hier zusammengefassten Siegel ist, dass sie aus lokalem Stein gefertigt sind, im Gegensatz zum kostbareren härteren Achat, der die „klassische", spätassyrisch/neubabylonische Serie auszeichnet. Ikonographisch gesehen gelangen vornehmlich Astralsymbole, Göttersymbole und deren Verehrung zur Darstellung. Buchanan/Moorey (1988) gruppieren diese Art Siegel unter dem Titel „Neo-Imperial Common Style" und schreiben ihnen eine gewisse syrisierende Ikonographie zu, die auch auf unseren Stücken mehr oder weniger in Erscheinung tritt. Es liegt auf der Hand, dass eine derart definierte Siegelklasse nicht sehr einheitlich ausfallen kann und ihre Grenzen nicht immer klar umrissen sind (vgl. ebd. 48). Wie die unter den einzelnen Nummern erwähnten Parallelen zeigen, tauchen Siegel dieser Kategorie in regulären Ausgrabungen auf, die jedoch weder verlässliche nähere Datierungshilfen noch Hinweise über mögliche Produktionszentren liefern. Die mageren Resultate der einschlägigen Funde sind bei Buchanan/Moorey (1988: 48f) diskutiert.

Der Beter auf dem grossen Skaraboid Nr. **138** ist in jeder Hinsicht typisch assyrisch. Auch das ährenförmige Bäumchen findet sich häufig auf neuassyrischen Roll- und Stempelsiegeln (vgl. Keel 1977: 288, 290 mit Abb. 211, 211a, 212, 214). Die sich aufbäumende Ziege ist wohl nicht als Objekt der Verehrung zu sehen (so noch Keel 1986: 92f Abb. 47a); der Verehrungsgestus dürfte vielmehr, wie das Leierspiel auf Nr. **135,** dem Sichelmond gelten. Verehrer, Capride und Zweig (Baum) finden sich alle drei um das Neumondemblem gruppiert auf einem rechteckigen Siegel, das in einer Schicht des 7. Jhs. in Nimrūd gefunden worden ist, aber syrischer Herkunft sein dürfte (Parker 1955: 107, Pl. 18:4).

Die Nrn. **139-141** zeigen Einzeltiere, wie sie seit prähistorischer Zeit beliebt sind. Vergleichbare Steinböcke mit oder ohne astrales Motiv finden sich auf Skaraboiden aus dem assyrisch-babylonischen Kernland und der Peripherie, so aus Assur und Babylon (Jakob-Rost 1975: Nrn. 364-367, 371), Ḫorṣābād (Loud/Altmann 1938: Pl. 58:110), Nimrūd (Parker 1955: 109, Pl. 19: 5 = Buchanan/Moorey 1988: Nr. 57, ebd. Nr. 59, 7. Jh.) und Tarsus (Porada 1963: Nr. 7, „Assyrian Group"). Wie die angeführten Belege aus Assur und Tarsus zeigen, ist die Beinstellung zwischen Stehen und Liegen auf Nr. **140** zwar eigenartig, aber durchaus üblich. Die Punktrosette ist ein beliebtes Element der syro-mitannischen und zyprischen Glyptik des 2. Jts. Sie findet sich wieder auf Skaraboiden des phönikischen Kreises, z.B. in Zincirli (Andrae 1943: Taf. 38: e,g). Auf unserem Siegel mag sie die Bedeutung des Sterns haben, wie ein Vergleich mit den flüchtiger geschnittenen Beispielen aus Assur nahelegt. Die Nr. **141** trägt das Bild eines in vorachämenidischer Art schematisierten Löwen.

Die Nr. **142** ist im linearen Ritzstil graviert, wie er vor allem auf neuassyrischen Rollsiegeln des 9./8. Jhs. beliebt und auf Stempelsiegeln aus weichem Stein, vgl. auch Nr. **138**, **139**, gepflogen wurde. Die Darstellung von zwei Tieren Bauch gegen Bauch ohne Mittelachse ist unüblich.

Der Beter auf Nr. **143** hebt sich durch seine Position zur Linken der Symbole (wie auf Nrn. **144** und **156**), seine Kleidung (schraffierter Rock) und den Stil vom üblichen spätbabylonischen Darstellungstyp ab und dürfte noch vorher entstanden sein. Das gleiche gilt für die lokalen Steine Nrn. **144** und **145**, die sich zusätzlich durch die glatte Stempelfläche und die Schneidetechnik von den Konoiden des assyrisch-babylonischen Kernlandes unterscheiden.

138 (PS 144)

OBJEKT: Skaraboid. Der Länge nach und senkrecht zum Siegelbild durchbohrt. Sehr enge Durchbohrung. Darstellung stark abgenutzt. Schwarzer Kalkstein. 24 x 20 x 11 mm.
DATIERUNG: 8./7. Jh.
HERKUNFT: Syrien/Palästina (in Jerusalem gekauft).
BASISGRAVUR: Figürliche Darstellung in senkrechter Anordnung: Ein nach links gerichteter Beter im langen Fransengewand mit erhobener Rechten und vorgestreckter Linken steht verehrend unter dem Sichelmond. Vor ihm ein halb aufgerichteter Capride mit zurückgewendetem

Kopf; hinter dem Beter Zweig bzw. Baum. Grabsticheltechnik; kombiniert linearer Ritzstil und modellierender Stil mit Innenzeichnung; Tierkörper schräg schraffiert.
PARALLELEN: Eine ikonographische Parallele aus Nimrūd ist zu finden bei Parker 1955: 107, Pl. 18:4.
BIBLIOGRAPHIE: Keel 1986: 93 Abb. 47a (Zeichnung). Keel/Uehlinger 1990: 53 Abb. 68.

139 (VS 1983,4; Geschenk von U. Winter)

OBJEKT: Skaraboid. Der Länge nach senkrecht zum Siegelbild durchbohrt. Darstellung stark abgenutzt. Dunkelgrauer Kalkstein mit feinen roten Adern. 15 x 12,5 x 6,9 mm.
DATIERUNG: Ende 8./7. Jh.
HERKUNFT: Nordsyrien (in Jerusalem gekauft).
BASISGRAVUR: Figürliche Darstellung: nach rechts gerichteter stehender Steinbock – darüber Flügelsonne. Andere nicht bestimmbare und womöglich zufällige Ritzspuren im Feld. Grabsticheltechnik; Kugelbohrungen am Gehörn; flacher Ritzstil; Rumpf des Tieres und Sonnenscheibe tiefer ausgehöhlt.
PARALLELEN: Ein ähnlicher Steinbock findet sich auf einem Siegel des 7. Jhs. aus Nimrūd (Parker 1955: 109, Pl. 19:5 = Buchanan/Moorey 1988: Nr. 57) sowie auf einem Skaraboid aus Babylon (Jakob-Rost 1975: Nr. 364).

140 (Schmidt 164)

OBJEKT: Skaraboid mit leicht schräg nach innen abfallender Seitenwand und nahezu runder Siegelfläche. Der Länge nach und senkrecht zum Siegelbild durchbohrt. Grauer Kalkstein, dunkelgrau gesprenkelt. 17 x 16 x 7,5 mm.
DATIERUNG: Ende 8./7. Jh. (P.R.S. Moorey, mündlich: „Syrianizing Group", Ende 8./7.Jh.).
HERKUNFT: Syrien.
BASISGRAVUR: Figürliche Darstellung in senkrechter Anordnung: nach links gerichteter Steinbock mit eingeknickten Beinen; über seinem Rücken Punktrosette. Grabstichel/Kugelbohrer-Technik; sorgfältiger, flach modellierender Stil mit Innenzeichnung: Schraffur; Kugelbohrungen für Rosette.
PARALLELEN: Gute ikonographische und stilistische Vergleichsstücke sind je ein Skaraboid aus Assur und Ḫorṣābād (Jakob-Rost 1975: Nr. 371a; Loud/Altmann 1938: Pl. 58:110). Ein neuassyrisches Rollsiegel der Slg. Newell zeigt im Nebenmotiv eine Rosette über einem gleich gezeichneten Steinbock (von der Osten 1934: Nr. 446). Für die Beinstellung vgl. einen Abdruck auf einer Bulle vom Tall Kaisān (Keel 1980: 282 Nr. 32 = Keel 1990: 247 Nr. 32), zwei Skaraboide aus Assur und einen Beleg aus Tarsus (Jakob-Rost 1975: Nrn. 366, 357; Porada 1963: Nr. 7 „Assyrian Group"). Vgl. weiter Buchanan/Moorey 1988: Nrn. 328, 332, 337.

141 (Schmidt 176)

OBJEKT: Runde Platte mit schwach gewölbter Oberseite und mit leicht schräg nach innen abfallender Seitenwand. Nicht ganz senkrecht zum Siegelbild durchbohrt. Ränder bestossen, Splitter von der Siegelfläche weggebrochen. Stein stark versintert. Alabaster (E. Nickel) mit bräunlicher Verwitterungskruste. 19 x 18 x 10,7 mm.
DATIERUNG: 7. Jh. (P.R.S. Moorey, mündlich: „Syrianizing Group", 7.Jh.).
HERKUNFT: Syrien.
BASISGRAVUR: Figürliche Darstellung: nach rechts gerichteter Löwe mit erhobenem Schwanz und zurückgewendetem Kopf. Hinterbeine eingeknickt. Mit stumpfem (röhrenförmigem?) Grabstichel gearbeitet; schematischer Stil; Querschnitt der Gravur: halbkreisförmig.
PARALLELEN: Für zwei ähnlich summarisch geschnittene Siegel mit Vierbeinern bzw. Löwen aus al-Mīna/Suwaidīya vgl. Buchanan/Moorey 1988: Nrn. 8 und 14, letzteres Schicht 6-5, d.h. vorachämenidisch.

142 (PS 162)

OBJEKT: Konoid mit gerundetem oberem Ende und schwach konvexer runder Siegelfläche. Unter dem Apex waagrecht zum Siegelbild durchbohrt. Ein Teil des Mantels weggebrochen; Rand teilweise bestossen, Siegelbild abgenutzt. Grauer Kalkstein. Ø 17,5 x H. 19 mm.
DATIERUNG: 8./7. Jh.
HERKUNFT: Syrien/Palästina (in Jerusalem gekauft).
BASISGRAVUR: Figürliche Darstellung: Flügelsonne über zwei Bauch gegen Bauch angeordneten Vierfüsslern (Löwen). Grabsticheltechnik; linearer Ritzstil, mit Innenzeichnung (Schraffur).
PARALLELEN: Ein Oberflächenfund aus Samaria zeigt einen ähnlich stilisierten Löwen unter der geflügelten Scheibe (unveröffentlichtes Skaraboid in der Slg. Clark, Jerusalem, Nr. 111).

143 (Matouk A64)

OBJEKT: Konoid mit gerundetem oberem Ende und ovaler, schwach konvexer Siegelfläche. Unter dem Apex, senkrecht zum Siegelbild durchbohrt. Rand stark abgenutzt und teilweise bestossen; Darstellung sehr verschliffen. Kalzit (G. Galetti). 17,7 x 12,5 x 20,2 mm.
DATIERUNG: 7. Jh.
HERKUNFT: Syrien/Palästina.
BASISGRAVUR: Figürliche Darstellung: Eine nach rechts gerichtete Figur in langem, schräg schraffiertem Gewand, das vordere Bein frei, erhebt die Hand im Gebetsgestus vor Spaten und einteiligem Griffel, den Symbolen von Marduk und Nabû. Darüber Mondsichel. Grabsticheltechnik; flüchtiger linearer Stil, Schraffur des Gewandes.
PARALLELEN: Vgl. ein Siegel der Slg. Newell (von der Osten 1934: Nr. 490).

144 (Matouk A54)

OBJEKT: Konoid mit gerundetem oberem Ende und glatter, runder Siegelfläche. Unter dem Apex, waagrecht zum Siegelbild sehr kleine Durchbohrung. Am unteren Rand auf einer Seite etwas bestossen. Radiolarit, dunkelbraun-rot. 15,4 x 16,5 x 22 mm.
DATIERUNG: Ende 8./7. Jh. (P.R.S. Moorey, mündlich: „Syrianizing Group", 7.Jh.).
HERKUNFT: Syrien/Palästina.
BASISGRAVUR: Figürliche Darstellung: nach rechts gerichtete Figur im langen Gewand, Arme nicht wiedergegeben, steht vor kreuzförmigem Zeichen und Mondsichel. Hinter ihr ovale Einkerbung (Augensymbol?). Mit Stichel oder sonstigem Kratzinstrument relativ tief ausgehöhlt; sehr grober, schematischer Stil, unbeholfene Arbeit.

145 (Matouk A55)

OBJEKT: Konoid mit gerundetem oberem Ende und runder, glatter Siegelfläche. Unter dem Apex, waagrecht zum Siegelbild durchbohrt. Grüngestein. 15,1 x 15,5 x 23,7 mm.
DATIERUNG: Ende 8./7. Jh. (P.R.S. Moorey, mündlich: „Syrianizing Group", 7.Jh.).
HERKUNFT: Syrien/Palästina.
BASISGRAVUR: Figürliche Darstellung: Auf einem Sockel in Form einer waagrechten Linie mit senkrechten Strichen an beiden Enden stehen rechts der Spaten und links, etwas erhöht, der (einteilige) Griffel, die Symbole von Marduk und Nabû. Der Griffel weist oben und unten ein stumpfes Ende und in der Mitte einen Querbalken auf. Links am Rand ein x-förmiges Zeichen, dessen oberes Ende in eine Pfeilspitze ausläuft (oder ein zweiter, kleiner Griffel?); rechts aussen eine nicht näher bestimmbare Einritzung, wahrscheinlich ein Zweig. Grabstichelarbeit; flüchtiger Ritzstil.
PARALLELEN: Zum x-förmigen Zeichen vgl. den Kommentar zu Nr. **104**.

XIV

Assyro-babylonische Stempelsiegel der neuassyrischen und spätbabylonischen Zeit Ende 8./7. bzw. Ende 7./6. Jh. Nrn. 146-165

Die Nrn. **146-165** sind mesopotamische Stempelsiegel der neuassyrischen und spätbabylonischen, zum Teil wohl auch noch der persischen Zeit. Der Grabungsbefund in Nimrūd zeigt, dass ab Sargon (722-705) der Stempel zwar den Zylinder nicht verdrängte, jedoch zur allgemein gebräuchlichen Siegelform Assyriens wurde (Parker 1962: 27), um in spätbabylonischer Zeit schliesslich als Massenprodukt den mesopotamischen Markt zu erobern.

Hauptformen sind der glatte bzw. facettierte Kegel mit runder oder ovaler (Nrn. **148-150, 152, 155, 157-158, 161-162**) bzw. achteckiger Siegelfläche (Nrn. **153-154, 156, 159**) und das Skaraboid (Nrn. **146-147**), ferner der Siegelstein in Form einer Gewichtsente, die in Mesopotamien seit der Ur III-Zeit bekannt ist (Nrn. **151, 163-165**). Aufgrund ihrer Untersuchungen am Material des Berliner Vorderasiatischen Museums stellt Jakob-Rost 1975: 45 fest, dass das Skaraboid in Assur häufiger, das Konoid hingegen im babylonischen Süden weit zahlreicher belegt ist. Als Material dienten sogenannte Halbedelsteine, zur Hauptsache verschiedenfarbige Achate, wobei ein bläulich wolkiger Stein namentlich für die grossen spätbabylonischen Kegel besonders beliebt war (Nr. **152**, ferner Nrn. **148** und **159**).

Das Verbreitungsgebiet umfasst das Kernland von Assyrien und Babylonien, sowie den Herrschaftsbereich der beiden Grossmächte, namentlich Syrien, Palästina, Elam, ferner Zypern.

Wichtig für die Datierung der neuassyrischen Stempelsiegel ist das Material des späten 8. und des 7. Jhs. aus Nimrūd (Parker 1955, 1962).

Was die spätbabylonische Glyptik betrifft, stellt Zettler (1979: 257-261) aufgrund datierter und gesiegelter Tontafeln aus der Zeit Nebukadnezzars II., Nabonids, Kyros' des Grossen und Kambyses' II. fest, dass nicht nur während der spätbabylonischen Zeit, sondern auch während der Herrschaft der ersten

Achämenidenkönige über Babylon der Beter vor Altar und/oder Symbolen beinahe ausschliessliches Siegelmotiv sei. Erst unter Darius I. gewännen die eigentlich persischen Darstellungen die Oberhand. Die allgemeine Verbreitung des vorliegenden babylonischen Siegeltyps würde das Ende des spätbabylonischen Reiches also um ca. 25 Jahre überdauern (ebd. 268).

Dass spätbabylonische Siegel bis tief in die Perserzeit hinein verwendet und wahrscheinlich auch weiterhin hergestellt wurden, beweisen zudem die Abdrücke auf Tonbullen aus fest datiertem Grabungskontext in Persepolis, Darius Jahr 30 - Artaxerxes Jahr 5, d.h. 492-459 (Schmidt 1957: Pl. 13:61-62, Pl. 17), sowie die in die Zeit zwischen dem 10. Jahr Artaxerxes' und dem Ende der Regierungszeit Darius' II., d.h. 454-404 datierten gesiegelten Tontafeln aus dem Murāšu- Archiv in Nippur (Legrain 1925: 45-48, Pl. 59:965-968). Da es einerseits an Material aus verlässlicher Fundlage mangelt, andererseits gerade festdatierte Gruppen wie die des Murāšu-Archivs die Langläufigkeit gewisser Siegeltypen demonstrieren, ist eine feinere zeitliche Einordnung sowie eine genaue Abgrenzung der neuassyrischen Siegel von den spätbabylonischen schwierig. Für die Datierungsfrage vgl. weiter Nagel 1963: 129-140; Buchanan/Moorey 1988: 53-57.

Das Siegelbild ist in spätneuassyrischer Zeit zunächst noch relativ vielfältig und in mehr oder weniger sorgfältig überarbeiteter Kugelbohrer/Schleifrad-Technik gefertigt. Es zeigt Ausschnitte aus dem assyrischen Flachbild- und Rollsiegelrepertoire wie die Göttin im Strahlenkranz (Nr. **147**), Verehrung der thronenden Ištar (Nr. **148**), eine Tierkampfszene (Nr. **149**), den Löwendämon (Nr. **150**) oder den geflügelten Genius (Nr. **151**). Zur räumlichen Trennung der Stempelsiegel dieser Periode in eine assyrische und eine babylonische Gruppe kann gesagt werden, dass der in Babylon offenbar bevorzugte Konoid auch gleichzeitig der weitaus häufigste, in unserer Sammlung gar der ausschliessliche, Träger des wohl aus der gleichen Gegend hervorgegangenen Beter-vor-Altar-und/oder-Symbolen-Motivs ist.

Die Nr. **146**, im linearen Stil geschnitten, ist aus stilistischen Gründen hier eingeordnet. Der Hund, Symbol der Göttin Gula, kommt in unveränderter Position auf Siegeln von der Kassiten- bis zur Seleukidenzeit vor (Moortgat 1940: Nr. 554; Delaporte 1920: Pl. 123:b). In der assyrischen Glyptik ist er selten. Ein Abdruck auf einer Tontafel aus Nimrūd, datiert nach 648, zeigt einen schreitenden Hund mit Stern und Raute (Parker 1955: 118: Fig. 11, Pl. 25:3); in hockender Stellung erscheint der Hund auf einem neuassyrischen Rollsiegel der Slg. Newell (von der Osten 1934: Nr. 443) und auf unserer Nr. 150. Für die in der ganzen neuassyrischen Zeit häufig verwendete Raute als stilisiertes Auge(?) und als zum astrologischen Kontext gehörend s. Parker 1955: 106; Uehlinger 1990: 328).

Das Motiv des Helden (bzw. Königs) im Kampf mit einem Tier auf Nr. **149** erscheint häufig auf neuassyrischen Rollsiegeln (Porada 1948: Nrn. 619, 722) und ist die ausschliessliche Darstellung auf den frühesten assyrischen Stempelsiegeln, den sog. Königssiegeln des 9.-7. Jh. (vgl. hierzu zuletzt Millard 1980-1983: 136f). Den Kampf eines gleichen Helden mit einem Stier zeigt ein Rollsiegelabdruck auf einer in das Jahr 650 datierten Tontafel aus Nimrūd (Parker 1955: 117 Nr. 8, Pl. 24:6). Die Verwendung des nämlichen Siegeltyps in persischer Zeit bezeugen Abdrücke auf Tontafeln aus Nippur, die in die Zeit von 464-404 datieren (Legrain 1925: Nrn. 930, 932), und auf andern babylonischen Tafeln der Perserzeit (Delaporte 1923: Pl. 121:4d). Porada weist auf ein achämenidisches Rollsiegel mit dem vorliegenden assyrischen Motiv hin (Furtwängler 1900: I Taf. 1:14) und möchte Siegel unseres Typs zwischen beide Epochen stellen (1938: 21 Nr. 40).

Dem Löwendämon, wie er auf Nr. **150** erscheint, hat Green eine reich bebilderte Studie gewidmet (1986: 142-254, Taf. 2-41; vgl. auch Braun-Holzinger 1987: 100-102; Green 1988). Der Dämon ist in seiner typischen Pose („smiting posture", d.h. mit der Rechten über dem Kopf eine Waffe schwingend) seit der Akkad-Zeit in der Glyptik und auf andern Denkmälergattungen belegt. In neuassyrischer Zeit ist er textlich als *ugallu* identifiziert (Green 1986: 152) und tritt als apotropäisches Wesen auf (ebd. 156, 164). Er erscheint u.a. auf einem Konoid aus einem in die neuassyrische Zeit datierten Grab in Amman (ebd. 231f, Taf. 40:152) und auf einer Reihe von neuassyrischen und spätbabylonischen Stempeln im Besitz verschiedener Museen (ebd. 227-232 Nrn. 135-148, Taf. 37-40), auffälligerweise aber stets nur auf dem Siegelmantel.

Der geflügelte Genius von Nr. **151** hält auf sorgfältig ausgeführten Bildern in seiner Rechten einen zapfenförmigen Gegenstand und in der Linken einen Eimer oder Korb (vgl. ein Siegel der Berliner Sammlung bei Jakob-Rost 1975: Nr. 215, sowie Porada 1948: Nr. 770).

In spätbabylonischer Zeit schrumpft der Bildbestand auf das Motiv des Beter-vor-Symbolen-Motivs (Nrn. **152-156**) oder, vereinfacht, auf die blosse Darstellung von Symbolen in flüchtiger Kugelbohrer/Schleifrad-Technik zusammen (Nrn. **157-165**). Auch sorgfältiger, im modellierenden Stil gravierte Steine dieser Art kommen vor (Nr. **152**). Hervorzuheben ist, dass die Siegelform perfekt geschnitten bleibt, wie immer auch das Siegelbild beschaffen ist. Hier drängt sich der Vergleich mit der theriomorphen Stempelsiegelgruppe der Ǧamdat Naṣr-

Zeit auf (Nrn. **42-48**), bei der das gleiche Gefälle zwischen Siegelform und Siegelbild zutage trat.

Der Schlangendrache (*mušhuššu*) mit Symbolen auf dem Rücken (Nr. **157**) ist auf Stempelsiegeln in der Regel liegend dargestellt. In aufrechter Haltung findet er sich auf einem neuassyrischen Stempelsiegel des Ashmolean Museum (Buchanan/Moorey 1988: Nr. 357) und auf neuassyrischen Rollsiegeln (z.B. Menant 1888: Pl. 39: 343bis; Frankfort 1939: Pl. 36:d; Gordon 1939: Pl. 13:105).

146 (VS 1985,2; Geschenk von K. Bester)

OBJEKT: Skaraboid. Der Länge nach, senkrecht zum Siegelbild durchbohrt. An einer Stelle des unteren Randes bestossen. Beidseitig graviert. Darstellung auf Rücken abgeschliffen. Grüngestein, olivgrüner, mit dunkelgrünen Bändern netzartig durchsetzter Stein. 17 x 13 x 8 mm.
DATIERUNG: Ende 8./7. Jh.
HERKUNFT: Mesopotamien: Assyrien.
BASISGRAVUR: Figürliche Darstellung in senkrechter Anordnung; Basis: nach rechts hockender Hund, hinter ihm siebenstrahliger Stern; Rücken: von oben nach unten: Sichelmond, Raute mit Mittelrippe, siebenstrahliger Stern. Grabsticheltechnik; linearer Ritzstil, Tierkörper leicht vertieft und schraffiert.
PARALLELEN: Für beidseitige Gravur von Stempelsiegeln vgl. die Belege aus Nimrūd (Parker 1955: Pl. 18:5, 19:3). Die genauesten Vergleichsstücke sind je ein ebenfalls beidseitig graviertes Skaraboid des Genfer Museums (Vollenweider 1983: Nr. 95) und des Ashmolean Museum (Buchanan/Moorey 1988: Nr. 362). Eine weitere Parallele, jedoch im modellierenden spätbabylonischen Stil geschnitten, zeigt Porada 1948: Nr. 795b.

147 (VS 1983,5)
Aus der Slg. E. Bollmann, in die sie 1967 aus der Slg. Nägeli kam.

OBJEKT: Skaraboid mit leicht nach innen abfallender Seitenwand. Der Länge nach, senkrecht zum Siegelbild durchbohrt. An der oberen Kante kleiner Splitter weggebrochen; untere Kante geringfügig bestossen. Dunkelroter Achat. 12,5 x 8 x 4 mm.
DATIERUNG: Ende 8./7. Jh.
HERKUNFT: Mesopotamien: Assyrien.
BASISGRAVUR: Figürliche Darstellung in senkrechter Anordnung: nach rechts gerichtete Göttin im Strahlenkranz, Ištar, mit sternenbekröntem Polos und erhobener Rechten. Schleifrad/Kugelbohrer-Technik und -Stil.
PARALLELEN: Die gleiche Darstellung, bei der ebenfalls der Strahlenkranz den unteren Körperteil abschneidet, findet sich auf einem Chalzedonsiegel aus Ninive (Layard 1853: Pl. 69:30). Je ein Skaraboid mit dem gleichen Motiv wurde in Nimrūd in einer Schicht gefunden, die in die 2. Hälfte des 7. Jhs. datiert (Parker 1955: 109, Pl. 19:6), und in Persepolis in einem archämeni-

dischen Fundkontext der ersten Hälfte des 5. Jhs. (Schmidt 1955: Pl. 17:PT4 554a). Für einen Abdruck mit dem Bild derselben Göttin vom Tall Ḫalaf vgl. Hrouda 1962: Taf. 28:b.
BIBLIOGRAPHIE: Keel/Uehlinger 1990: 53 Abb. 70.

148 (Schmidt 129)

OBJEKT: Konoid mit gerundetem oberem Ende und runder, schwach konvexer Siegelfläche. Unter dem Apex, senkrecht zum Siegelbild durchbohrt. An einem Bohrloch und auf der Siegelfläche Splitter weggebrochen; Bohrlochränder und Kante der Siegelfläche bestossen; Einkerbung auf dem Mantel. Hellblauer durchscheinender Achat. Ø 14 x H. 21 mm.
DATIERUNG: 8./7. Jh.
HERKUNFT: Mesopotamien: Assyrien.
BASISGRAVUR: Figürliche Darstellung: Rechts sitzt eine Göttin, Ištar, mit hohem Polos, die Hand segnend erhoben, auf einem Thron, dessen Rücklehne mit Sternen verziert ist. Links vor ihr erhebt ein bärtiger Mann die Hand im Gebetsgestus. Zwischen Göttin und Beter ein sanduhrförmiger Altar; darüber ein achtstrahliger Stern. Schleifrad/Kugelbohrer-Technik, teilweise zusätzlich mit Stichel bearbeitet; modellierender Stil.
PARALLELEN: Dasselbe Thema, aber ohne Beter, findet sich auf einem Chalzedonsiegel aus Ninive (Layard 1853: Pl. 69:32).

149 (Schmidt o.Nr.)

OBJEKT: Konoid mit gerundetem oberem Ende und kreisrunder, schwach konvexer Siegelfläche. Unter dem Apex, senkrecht zum Siegelbild durchbohrt. Kante der Siegelfläche bestossen; in der Mitte der Siegelfläche Splitter weggebrochen. Weisser Achat, dunkelgrau gebändert. Ø 22,3 x H. 29,6 mm.
DATIERUNG: Ende 8./7. Jh.
HERKUNFT: Mesopotamien: Assyrien.
BASISGRAVUR: Figürliche Darstellung: Ein nach links gerichteter bärtiger Held im Schlitzrock packt mit der Rechten einen sich aufbäumenden, nach rückwärts blickenden Stier am Horn; in der gesenkten Linken hält er ein Sichelschwert. Standlinie. Schleifradtechnik mit Stichel nachmodelliert; modellierender Stil.
PARALLELEN: Für die gleiche Ikonographie vgl. einen Rollsiegelabdruck auf einer ins Jahr 650 datierten Tontafel aus Nimrūd (Parker 1955: 117, ND 3437, Pl. 24:6) sowie Stempelsiegelabdrücke auf in die Zeit von 464-404 datierten Tontafeln aus Nippur (Legrain 1925: Nrn. 930, 932) und auf babylonischen Tafeln der Perserzeit (Delaporte 1923: Pl. 121:4d).

150 (VS 1991,2)

OBJEKT: Konoid mit gerundetem oberem Ende und kreisrunder, leicht konvexer Siegelfläche. Unter dem Apex, senkrecht zum Siegelbild durchbohrt. Rand bestossen. Dunkelgrau-rötlich gesprenkelter Chalzedon. Ø 16,6 x H. 17.4 mm.
DATIERUNG: Ende 8./7. Jh.
HERKUNFT: Mesopotamien: Assyrien.
BASISGRAVUR: Figürliche Darstellung: Ein nach links schreitender, gehörnter, löwenköpfiger Dämon (*ugallu*) in kurzem Rock hält in der erhobenen Rechten einen Dolch, in der Linken eine Keule und trägt ein Schwert an seiner Seite. Füsse beschädigt. Vor ihm oben eine Mondsichel, darunter ein nach links sitzender Hund; hinter ihm ein rhomboides Symbol (,Auge'?). Schleifradtechnik, mit Stichel nachmodelliert; modellierender Stil.
PARALLELEN: Für eine gleiche Darstellung auf einem Konoid aus einem Grab der neuassyrischen Zeit in Amman vgl. Green 1986: 231f, Taf. 40:152. Weitere Parallelen ebd. 227-232 Nrn. 135-148, Taf. 37-40. Für den hockenden Hund und die Raute s. unsere Nr. 146.
BIBLIOGRAPHIE: Uehlinger 1991: Nr. 45.

151 (PS 146)
Aus der Slg. F.S. Matouk Nr. A58

OBJEKT: Liegende Ente mit zurückgewendetem, auf dem Rücken ruhendem Kopf. Zwischen Hals und Rücken waagrecht zum Siegelbild durchbohrt. Weisser Silex. 24,5 x 13 x 17,3 mm.
DATIERUNG: 7. Jh.
HERKUNFT: Mesopotamien: Assyrien (?).
BASISGRAVUR: Figürliche Darstellung: nach rechts gewendete geflügelte bärtige Gestalt in langem, vorne offenem Gewand in der Haltung des Genius vor dem ,Lebensbaum'. Kugelbohrer/Schleifrad-Technik und -Stil.
PARALLELEN: Für ein entenförmiges Siegel aus einer Fundlage vom Ende des 7. Jhs. in Nimrūd vgl. Parker 1955: 109, Pl. 19:4.

152 (Schmidt 128)

OBJEKT: Konoid mit gerundetem oberem Ende und ovaler, schwach konvexer Siegelfläche. Unter dem Apex senkrecht zum Siegelbild durchbohrt. An einem Bohrloch kleiner Splitter weggebrochen. Rand geringfügig bestossen. Hellblauer, durchscheinender Achat. 22 x 19,6 x 30,7 mm.
DATIERUNG: Ende 7./6. Jh.
HERKUNFT: Mesopotamien: Babylonien.
BASISGRAVUR: Figürliche Darstellung: Ein nach links gerichteter bärtiger Mann in langem Gewand erhebt die Hand im Gebetsgestus vor einem Altar, auf dem ein Schlangendrache (*mušḫuššu*) liegt, der den Spaten und den zweiteiligen Griffel, die Symbole von Marduk und Nabû,

auf seinem Rücken trägt. Darüber eine Mondsichel und hinter dem Beter ein rhomboides Symbol (‚Augensymbol'?) senkrecht im Feld. Schleifradtechnik – mit Stichel nachmodelliert; modellierender Stil.
PARALLELEN: Für das Motiv des Beters vor Symbolen auf einer ans Ende des 7. Jhs. datierten Tafel s. Parker 1962: 38 Fig. 6. Über seine Verwendung in der zweiten Hälfte des 5. Jhs. s. die Abdrücke aus dem Murašu-Archiv in Nippur (Legrain 1925: Nrn. 965, 967). Näheres über das rhomboide Symbol (‚Augensymbol') bei Parker 1955: 106; vgl. unsere Nr. **146** und **150**. Eine sehr enge Parallele zu unserem Stück ist ein Siegel der Genfer Sammlung (Vollenweider 1967: Nr. 81.
BIBLIOGRAPHIE: Keel/Uehlinger 1990: 53 Abb. 71.

153 (PS 145)

OBJEKT: Facettierter Konoid mit gerundetem oberem Ende und achteckiger, schwach konvexer Siegelfläche. Unter dem Apex, senkrecht zum Siegelbild durchbohrt. Am unteren Rand auf einer Seite etwas bestossen. Hell- und dunkelweinrot gesprenkelter Achat. 17,9 x 12,5 x 23,9 mm.
DATIERUNG: 6. Jh.
HERKUNFT: Mesopotamien: Babylonien (in Jerusalem gekauft, soll in Galiläa gefunden worden sein).
BASISGRAVUR: Figürliche Darstellung: Ein nach links gerichteter bärtiger Mann in langem Gewand erhebt die Hand im Gebetsgestus vor einem Altar, auf dem Spaten und zweiteiliger Griffel stehen, die Symbole von Marduk und Nabû. Darüber Mondsichel. Schreifrad/Kugelbohrer-Technik und -Stil.
BIBLIOGRAPHIE: Keel/Uehlinger 1990: 53f Abb. 27.

154 (Matouk A60)

OBJEKT: Facettierter Konoid mit gerundetem, oberem Ende und achteckiger, schwach konvexer Siegelfläche. Unter dem Apex, senkrecht zum Siegelbild durchbohrt. An einem Bohrloch und am unteren Rand leicht bestossen. Auf der Siegelfläche im Bereich des Spatenschaftes kleiner Fehler („Bohrloch") im Stein. Weisser, durchscheinender Achat. 19,5 x 13,6 x 27 mm.
DATIERUNG: 6. Jh.
HERKUNFT: Mesopotamien: Babylonien.
BASISGRAVUR: Figürliche Darstellung: Ein nach links gerichteter bärtiger Mann erhebt die Hand im Gebetsgestus vor einem Altar, auf dem Spaten und zweiteiliger Griffel stehen, die Symbole von Marduk und Nabû. Darüber ein Diagonalkreuz (Stern?) und ein schräger Strich. Schleifrad/Kugelbohrer-Technik und -Stil.

155 (Matouk A69)

OBJEKT: Konoid mit gerundetem oberem Ende und runder, schwach konvexer Siegelfläche. Unter dem Apex, senkrecht zum Siegelbild durchbohrt. Ein Splitter am unteren Rand weggebrochen. Der Einschluss im Stein auf dem Kegelstumpf bildet eine augenförmige Verzierung. Gebänderter hell ockerfarbener Achat. Ø 14,5 x H. 18,3 mm.
DATIERUNG: 6. Jh.
HERKUNFT: Mesopotamien: Babylonien.
BASISGRAVUR: Figürliche Darstellung: Eine nach links gerichtete Figur in knielangem Rock erhebt die Hand im Gebetsgestus vor zwei auf einem Querbalken (Podest) stehenden Spaten, den Symbolen des Marduk. Schleifrad/Kugelbohrer-Technik und -Stil.

156 (Matouk A66)

OBJEKT: Facettierter Konoid mit gerundetem oberem Ende und achteckiger, schwach konvexer Siegelfläche. Unter dem Apex, senkrecht zum Siegelbild durchbohrt. Bei einer Durchbohrung grosses Stück aus dem Mantel weggebrochen. Kanten der Siegelfläche durchgehend, Kanten der Facetten teilweise bestossen bzw. abgestumpft. Weisser Achat. 15 x 11 x 21,4 mm.
DATIERUNG: 6. Jh.
HERKUNFT: Mesopotamien: Babylonien.
BASISGRAVUR: Figürliche Darstellung: Ein nach rechts gewendeter bärtiger Mann in langem Gewand erhebt die Hand im Gebetsgestus vor einem Podest (Altar), auf dem ein Stab steht, der einen achtstrahligen Stern trägt. Schleifrad/Kugelbohrer-Technik und -Stil.
PARALLELEN: Für die von der Regel abweichende Position des Beters vgl. unserer Nrn. **143** und **144**.

157 (Schmidt 131)

OBJEKT: Konoid mit gerundetem oberem Ende und runder, schwach konvexer Siegelfläche. Unter dem Apex, senkrecht zum Siegelbild durchbohrt. Am oberen Kegelende angebohrt. Dunkelgrüner Jaspis. 16 x 14,6 x 20 mm.
DATIERUNG: 6. Jh. und später.
HERKUNFT: Mesopotamien.
BASISGRAVUR: Figürliche Darstellung: nach rechts schreitender Schlangendrache (*mušḫuššu*), auf dessen Rücken Spaten und einteiliger Griffel aufgestellt sind, die Symbole von Marduk und Nabû. Schleifrad/Kugelbohrer-Technik; fast reiner Kugelbohrerstil.
PARALLELEN: Für den stehenden statt des üblicherweise liegenden Schlangendrachen mit Symbolen auf dem Rücken vgl. ein Stempelsiegel im Ashmolean Museum (Buchanan/Moorey 1988: Nr. 357).

158 (Matouk A68)

OBJEKT: Konoid mit gerundetem oberem Ende und ovaler, schwach konvexer Siegelfläche. Unter dem Apex, waagrecht zum Siegelbild durchbohrt. Dunkelgrüner Jaspis. 10,3 x 14,3 x 16,8 mm.
DATIERUNG: 6. Jh. und später.
HERKUNFT: Mesopotamien.
BASISGRAVUR: Figürliche Darstellung: siebenstrahliger Stern über geflügelter Sonnenscheibe. Schleifradtechnik und -stil.

159 (Schmidt o.Nr.)

OBJEKT: Facettierter Konoid mit gerundetem oberem Ende und achteckiger, schwach konvexer Siegelfläche. Unter dem Apex, senkrecht zum Siegelbild durchbohrt. Vom Mantel einige Splitter weggebrochen; Bohrlöcher sowie unterer Rand der Siegelfläche bestossen. Hellblau-weiss gebänderter Achat. 15 x 9 x 20,3 mm.
DATIERUNG: 6. Jh. und später.
HERKUNFT: Mesopotamien.
BASISGRAVUR: Figürliche Darstellung: siebenstrahliger Stern über geflügelter Sonnenscheibe. Schleifrad/Kugelbohrer-Technik und -Stil.

160 (Matouk A65)

OBJEKT: Pyramidenförmiger Siegelstein mit abgeplattetem oberem Ende, leicht konvexen Seitenflächen und viereckiger, schwach konvexer Siegelfläche. Unter dem Apex, waagrecht zum Siegelbild durchbohrt. Bei einem Ende des Bohrkanals Splitter weggebrochen; Siegelfläche an einer Ecke leicht bestossen. Hell ockerfarbener Acht. 13,4 x 12,9 x 17,7 mm.
DATIERUNG: 6. Jh. und später.
HERKUNFT: Mesopotamien.
BASISGRAVUR: Figürliche Darstellung: achtstrahliger Stern über geflügelter Sonnenscheibe. Im unteren Feld links kleiner Strich. Schleifradtechnik und -stil.
PARALLELEN: Für die gleiche, weniger gebräuchliche Form vgl. ein Siegel der Slg. Newell (von der Osten 1934: Nr. 490).

161 (Matouk A59)

OBJEKT: Konoid mit gerundetem oberem Ende und ovaler, schwach konvexer Siegelfläche. Unter dem Apex, senkrecht zum Siegelbild durchbohrt. Ein Bohrloch rundherum gleichmässig (absichtlich?) bestossen. Weisser, durchscheinender Acht. 19,3 x 15,7 x 26,4 mm.
DATIERUNG: 6. Jh. und später.

HERKUNFT: Mesopotamien.
BASISGRAVUR: Figürliche Darstellung: geflügelte Sonnenscheibe, deren oberer Teil aus einem grossen Dreieck besteht. Schleifradtechnik und -stil.

162 (Matouk A70)

OBJEKT: Konoid mit abgeplattetem oberem Ende und glatter ovaler Siegelfläche. Unter dem Apex durchbohrt. Hellblauer Achat. 14,2 x 12,9 x 19,2 mm.
DATIERUNG: 6. Jh. und später.
HERKUNFT: Mesopotamien.
BASISGRAVUR: Figürliche Darstellung: achtstrahliger Stern. Schleifrad/Kugelbohrer-Technik und -Stil.
PARALLELEN: Für den gleichen Dekor auf je einem Stempelsiegel vom Tall Ḥalaf, aus Susa und aus Megiddo vgl. Hrouda 1962: Taf. 27:63; Amiet 1972: Nr. 2178; Lamon/Shipton 1939: Pl. 67:9 (Oberflächenfund).

163 (Schmidt o.Nr.)

OBJEKT: Liegende Ente mit zurückgewendetem und auf dem Rücken ruhendem Kopf. Zwischen Hals und Rücken waagrecht zum Siegelbild durchbohrt. Weisser, durchscheinender Achat. 25,8 x 11,6 x 18,6 mm.
DATIERUNG: 7./6. Jh.
HERKUNFT: Mesopotamien.
BASISGRAVUR: Figürliche Darstellung: Standarte mit Mondsichel und Troddeln auf Standlinie (Sockel), Symbol des Mondgottes Sîn von Ḫarrān. Schleifradtechnik, Röhrenbohrer für Mondsichel. Schleifradstil.
PARALLELEN: Für die Ikonographie vgl. unsere Nrn. **129-132**.
BIBLIOGRAPHIE: Keel/Uehlinger 1990: 54f Abb. 73.

164 (Schmidt o.Nr.)

OBJEKT: Liegende Ente mit zurückgewendetem, auf dem Rücken ruhendem Kopf. Zwischen Hals und Rücken waagrecht zum Siegelbild durchbohrt. Kopf und Kanten der Basis bestossen. Dunkelroter Jaspis, schwarz gesprenkelt. 20 x 10 x 12,5 mm.
DATIERUNG: 6. Jh. und später.
HERKUNFT: Mesopotamien.
BASISGRAVUR: Figürliche Darstellung: zehnstrahliger Stern über geflügelter Sonnenscheibe; oberhalb des Sterns waagrechte Linie. Schleifrad/Kugelbohrer-Technik und -Stil.

165 (Schmidt o.Nr.)

OBJEKT: Liegende Ente mit zurückgewendetem, auf dem Rücken ruhendem Kopf. Zwischen Hals und Rücken waagrecht durchbohrt. Am Flügelende Splitter weggebrochen. Weisser, durchscheinender Achat. 15,7 x 7,7 x 12 mm.
DATIERUNG: 6. Jh. oder später.
HERKUNFT: Mesopotamien.
BASISGRAVUR: Figürliche Darstellung: achtstrahliger Stern. Schleifrad/Kugelbohrer-Technik und -Stil.

XV

Ein urartäisches Siegel des 8. Jhs.
Nr. 166

Siegelform und Darstellung von Nr. **166** sind typisch urartäisch (vgl. Piotrovskii 1967: 70, 72). Die Verwandtschaft der Glockenform mit den in Urartu üblichen Rollstempelsiegeln liegt auf der Hand. Das geflügelte Pferd kommt in der Glyptik selten vor (Taşyürek 1979: 317), aber häufig auf Gürteln (Eichler 1984: 60). Van Loon (1966: 144-165) teilt die namentlich in den Ausgrabungen von Toprakkale und Karmir Blur, beides Gründungen des 7. Jhs., gefundenen Siegel in Stilkategorien ein. Für lineare Darstellungen, die mit unserem Stück vergleichbar sind (vgl. ebd. 147 Nr. C 11, Pl. 35) schlägt er eine Entstehung schon im 8. Jh. vor. Gleichermassen datiert Piotrovskii (1969: 211 Nr. 41) die in Karmir Blur ausgegrabenen glockenförmigen Siegel ins 8. Jh.
Eine Reihe von glockenförmigen Stempelsiegeln hat U. Seidl im Zusammenhang mit den in Bastām/Nordwestpersien gefundenen Siegeln veröffentlicht (1979: Taf. 39:6.C2‘, 42:3.D10‘,6.D19‘ aus Norşuntepe/Türkei; 1988: Taf. 33:12.D 30‘, 34:1.D32‘).

166 (Schmidt o.Nr.)

OBJEKT: Glockenförmiges Siegels mit konkaven Seitenwänden und runder, ganz schwach konvexer Siegelfläche. Die ursprünglich wohl ringförmige Öse ist weggebrochen. Ränder leicht bestossen. Kalzit (G. Galetti). Ø 16,7 x H. (ohne Öse) 18 mm.
DATIERUNG: 8. Jh.
HERKUNFT: Urartu.
BASISGRAVUR: Figürliche Darstellung: nach rechts gerichtetes geflügeltes Pferd. Es ist nur je ein Vorder- und Hinterbein dargestellt, wobei letzteres angewinkelt ist. Am unteren Rand ein nur noch teilweise erhaltener Stern. Grabsticheltechnik; linearer Ritzstil; Hals, Rumpf und Flügel geriffelt.
PARALLELEN: Für eine sehr enge Parallele aus Karmir Blur vgl. Piotrovskii 1969: Pl. 41:a, 211, 8. Jh. Für ein geflügeltes Pferd auf der Basis eines Rollstempelsiegels des 7. Jhs. aus Bastām vgl. Seidl 1979: 137 Nr. A1.

XVI

Achämenidische Siegel der westlichen Satrapien 5./4. Jh. Nrn. 167-171

Die Entstehungszeit der Nrn. **167-171** fällt unter die Perserherrschaft (550-331). Auf keinem der Beispiele wird der reine, klassisch achämenidische Stil, der sog. „Hofstil" fassbar. Die Siegel dürften somit aus den Randgebieten des Reiches stammen, wo lokale Traditionen und zum Teil griechischer Einfluss, schon ab dem 6. Jh. die offizielle Siegelkunst überlagern (vgl. Moorey 1988: 67). So gehören die Nrn. **167-169** einer Gruppe von Siegeln aus Glas oder Glaspaste an, die im nordsyrisch-phönikischen Raum fassbar geworden ist (Buchanan/Moorey 1988: 75). Zahlreiche Beispiele sind in al-Mīna (Suwaidīya) ausgegraben und von Woolley dem Ende des 5. und dem 4. Jh. zugeschrieben worden (1938: 160, Pl. 15; Buchanan/Moorey 1988: Nrn. 9-12). Weitere Fundorte sind Dülük (von der Osten 1957: Nrn. 198, 202, 205, 206), Deve Höyük (Buchanan/Moorey 1988: Nr. 78), Ugarit (Stucky 1983: Pl. 27:7, ebd. 65 in die 2. Hälfte des 4. Jhs. datiert), Tall Rifʿat (Seton-Williams 1967: 26 Nr. 4, Pl. 10:4 „Level Ic", persisch, 6./5. Jh.), Kāmid al-Lōz (Poppa 1978: Taf. 10:Grab 11:4), Tēl Dōr (Stern 1985: Pl. 10:C), Samaria (Crowfoot et al. 1957: 88 Nr. 26, 393 Abb. 92:80), Geser (Macalister 1912: II 347, III Pl. 214:28-30), Kiš (Buchanan/Moorey 1988: Nr. 51), Nippur (Legrain 1925: Nrn. 732, 736) sowie die ʿAmuq-Ebene (unpubliziert, s. Kapitel VIIB). Eine besonders umfangreiche Gruppe wird im Genfer Museum aufbewahrt (Vollenweider 1983: Nrn. 37-60). Die Hauptform ist der oben abgerundete Kegel (Konoid). Die Darstellungen der Nrn. **167-168** zeigen das in der Perserzeit beliebteste Motiv, den „Herrn der Tiere", der hier nicht in der Tracht des persischen Königs mit Faltenrock (Kandys) und Zackenkrone (Kidaris) erscheint, sondern barhäuptig oder mit Kappe in dem für diese Gruppe typischen langen, vorn offenen Gewand der assyrischen Tradition. Nr. **169** trägt das Bild eines hockenden Löwen mit den in achämenidischer Manier eingerollten Flügeln. Die im Glasgussverfahren hergestellten und als Massenware bestimmten Siegel gehen auf mehr oder weniger sorgfältig modellierte Originale zurück. Je nach Beschaffenheit der Glaspaste und dem evtl. Vorhandensein von Luftblasen treten die Konturen der Darstellung relativ klar oder verwischt zutage. Bevorzugt werden die grünen (Nr. **167**) und besonders die blauen Farbtöne (Nr. **169**). Auch farbloses Glas kommt vor (Nr. **168;** vgl. Barag 1985: 58).

Das Siegel Nr. **170** ist hinsichtlich der Form, des Materials und der Komposition (Symbole unter statt über dem Löwen) ungewohnt. Die Ikonographie, das Erheben der Pfote und die allerdings nur leicht eingerollten Flügel des Löwen erlauben eine Einordnung in die Achämenidenzeit.

Die seltene runde Form, im Gegensatz zur ovalen des Skaraboids, der Nr. **171** lässt sich wohl durch die Anpassung an die Bänderung im Stein erklären. Der gleiche Effekt, nämlich ein Auge, wurde auf einem Stein aus der Zeit Nebukadnezars und auf einem beschrifteten Siegel vom Tall an-Naṣba aus dem späten 8./7. Jh. erzielt (Delaporte 1923: Pl. 92:39; Hestrin/Dayagi 1979: Nr. 5). Auch auf einem griechisch archaischen Skarabäus wurde mit grosser Sorgfalt das Kontrastband in die Form einbezogen (Boardman 1970: I 203 Nr. 6).

Das Thema des mit einem Löwen kämpfenden Helden ist typisch für den persischen Hofstil. Auf den in die Zeit Xerxes‘ (486-476) datierten Abdrücken aus Daskyleion ist es das häufigste Thema (Balkan 1959: 124f). Die Füllmotive, Mondsichel und Raute, sind alte mesopotamische Tradition. Das Zurückgreifen auf den assyrisch-babylonischen Bildgedanken (vgl. Nr. **149**) ist hier auch durch zwei formale Elemente betont: erstens durch den auf das Hinterbein des Löwen gesetzten Fuss des Helden (vgl. Menant 1888: Nr. 360; Legrain 1925: Nrn. 926-928; der persische Held steht dem Löwen sonst unverändert steif gegenüber, und es ist vielmehr der Löwe, der seinen Herausforderer mit dem Fuss tritt); zweitens durch das wie zum Schlag ausholende, nach hinten geworfene Vorderbein des Löwen (vgl. die assyrischen Königssiegel, Sachs 1953: Pl. 18-19; und ein Rollsiegel, Porada 1948: Nr. 747; auf achämenidischen Darstellungen sind öfters beide Vorderbeine nach vorn gerichtet). Der Held trägt hier nicht die auf Siegeln des reinen Hofstils übliche Zackenkrone (Kidaris), sondern ist wie sein assyrischer Vorgänger barhäuptig. Der souverän modellierte Schnitt erreicht zwar die Feinheit griechisch archaischer Gemmen, muss aber deswegen allein nicht das Werk einer griechischen Hand sein, denn er schliesst lückenlos an die besten Arbeiten der assyrisch-babylonischen Steinschneider an (vgl. hierzu wiederum Porada 1948: Nr. 747).

Trotzdem eignet dem Siegel etwas Griechisches. Zieht man zum Vergleich die bei Boardman (1970a: Pl. 4-5; Fig. 77, 83, 85) zusammengestellten Siegelbilder auf pyramidenförmigen Stempeln des westlichen Hofstils heran, fällt auf, dass die übliche starke Stilisierung bei unserem Stück auf ein Minimum, nämlich auf die Schnauze des Löwen und das Knie des Helden, beschränkt ist und dass die Kugelbohrungen nur auf den Schultern des Tieres offen zutage treten. Den Löwen könnte man zwischen dem späten griechisch archaischen Stil (vgl. Boardman 1968: Nrn 427, 436) und dem achämenidischen Hofstil ansiedeln. Vor allem aber sind es die grössere Freiheit der Bewegung und die greifbare Körperlichkeit unserer Darstellung, die sich von den üblichen steifen, abstrakten achämenidischen Bildern abheben. Die unserem Stück im Geiste am nächsten verwandten Beispiele sind je ein Rollsiegel des Ashmolean Museum und des British Museum. Das Stück in Oxford (Buchanan 1966: Nr. 691) ist auch von starker stilistischer Ähnlichkeit, namentlich die Darstellung des Rockes und der Schuhe ist dieselbe. Buchanan hält griechisches Handwerk für möglich (ebd. 120). Was das zweite Rollsiegel (Furtwängler 1900: I Taf. 1:14 = Wiseman 1958: Nr. 105) mit unserem Stein verbindet, ist nicht nur der Gesamteindruck, sondern auch die besonders starke Anlehnung an das assyrische Vorbild, welche die Zweiergruppe rechts charakterisiert (Pose des Helden, Darstellung des Stieres mit nur einem Horn). Furtwängler (1900: III 11) vermutet in dem Zylinder das Werk „eines ionischen, in persischen Diensten arbeitenden Künstlers, der zu Anfang des 5. Jh. lebte“. Das gleiche könnte für unser Siegel gelten. Allgemein zur ethnischen Zugehörigkeit der Künstler der achämenidischen Zeit s. Zazoff 1983: 164.

Eine genauere zeitliche Einordnung der Siegel innerhalb des Achämenidenreiches ist schwierig, da es an Originalen aus verlässlichem Fundkontext fehlt. Zur Datierungsfrage s. Nagel 1963: 129-139; Zettler 1979.

167 (Schmidt 130)

OBJEKT: Konoid mit abgerundeter Spitze und kreisrunder glatter Siegelfläche. Knapp oberhalb der halben Höhe schräg zum Siegelbild durchbohrt. Ein Bohrloch etwas nach unten ausgeweitet. Grünes Glas. Ø 19,6 x H. 18,7 mm.
DATIERUNG: 5./4. Jh.
HERKUNFT: Nordsyrien/Phönikien.
BASISGRAVUR: Figürliche Darstellung; axialsymmetrische Komposition: Ein nach links blickender Held, „Herr der Tiere“, im langen, vorn offenen Gewand mit flacher Kopfbedeckung packt zwei antithetisch aufgebäumte Capriden (Steinböcke) an den Hörnern. Grabsticheltechnik; flach modellierender Stil.
PARALLELEN: Eine sehr enge Parallele ist ein Konoid aus Samaria (Crowfoot et al. 1957: 88 Nr. 26, 393 Fig. 92:80). Bei der Kopfbedeckung des Helden handelt es sich um eine flache Kap-

pe (wie Porada 1948: Nr. 828, Rollsiegel, oder Muscarella 1981: Nr. 174) oder um eine hochgesteckte Haartracht (wie Legrain 1951: Nr. 762). Anstelle der im vorliegenden ikonographischen Kontext üblicherweise auftretenden Löwen oder geflügelten Fabelwesen kommen bisweilen Capriden vor, so auf einem Konoid aus Stein von al-Mīna (Woolley 1938: Pl. 15:MNN 123; vgl. weiter Legrain 1925: Nrn. 909, 910, zwischen 446 und 404 datiert; von der Osten 1957: Nr. 198). Auch auf dem bereits erwähnten Siegel Muscarella 1981: Nr. 174 erscheinen zwei Capriden. Im begleitenden Text (ebd. 211) wird es von Boardman (1981) dem syro-phönikischen Raum des 5. Jhs. zugewiesen.
BIBLIOGRAPHIE: Keel/Uehlinger 1990: 54f Abb. 75.

168 (Matouk A71)

OBJEKT: Konoid mit gerundetem oberem Ende und kreisrunder, schwach konvexer Siegelfläche. Unter dem Apex, schräg zum Siegelbild durchbohrt. Stücke aus dem Siegelmantel und der Siegelfläche weggebrochen. Darstellung stark verschliffen. Farbloses Glas. Ø 21,7 x H. 27,5 mm.
DATIERUNG: 5./4. Jh.
HERKUNFT: Nordsyrien/Phönikien.
BASISGRAVUR: Figürliche Darstellung; axialsymmetrische Komposition: Ein nach rechts gewendeter Held im langen, vorn offenen Gewand bezwingt im „Herrn der Tiere"-Schema zwei sich aufbäumende Vierbeiner. Köpfe weggebrochen. Randleiste. Grabsticheltechnik; modellierender Stil
PARALLELEN: Eine gute Parallele ist ein Siegel aus Ugarit (Stucky 1983: Pl. 27:7, ebd. 65 Grabungskontext 2. Hälfte 4. Jh.). Hier kommt auch die Randleiste vor, desgleichen auf unserer Nr. **169**. Auf Steinsiegeln dieser Form ist sie unüblich.

169 (Schmidt 216)

OBJEKT: Konoid mit gerundetem oberem Ende und nicht ganz runder, unregelmässig glatter Siegelfläche. Ungefähr auf halber Höhe, senkrecht zum Siegelbild durchbohrt. Blaugrünes Glas. 9 x 7,5 x 10,5 mm.
DATIERUNG: 5./4. Jh.
HERKUNFT: Nordsyrien/Phönikien.
BASISGRAVUR: Figürliche Darstellung: nach rechts gerichteter hockender, geflügelter Löwe. Standlinie oder schmales Segment; Randleiste nur teilweise erkennbar. Original wohl sorgfältig modelliert, im Glasguss durch Luftblasen verwischt.
PARALLELEN: Für ein sehr ähnliches Stück mit einem schreitenden Löwen aus al-Mīna Schicht 4, Ende 5./4. Jh., vgl. Woolley 1938: Pl. 15:MNN 57. Ein fast identisches Siegel findet sich im Ashmolean Museum (Buchanan/Moorey 1988: Nr. 510). Zahlreiche weitere Beispiele sind im Besitz des Genfer Museums (Vollenweider 1983: Nrn. 54-60).

170 (Schmidt 303)

OBJEKT: Ovales Siegel mit hochgewölbtem Rücken (oberer Teil eines Konoids?). Der Länge nach und senkrecht zum Siegelbild durchbohrt. Bohrlöcher gegen oben hin ausgeweitet. Auf der Siegelfläche ein kleines Stück bis zum Bohrkanal eingebrochen. Darstellung stark abgenutzt. Weiss-schwarz gesprenkelter Jaspis. 20 x 16,7 x 12,5 mm.
DATIERUNG: Ende 6./5. Jh.
HERKUNFT: Achämenidenreich.
BASISGRAVUR: Figürliche Darstellung in senkrechter Anordnung: nach rechts gerichteter geflügelter Löwe mit zurückgewendetem Kopf und erhobener Pfote über fünfstrahligem Stern und Mondsichel. Schleifradtechnik(?), Federn und Stern mit Grabstichel eingeritzt; flach modellierender Stil mit Innenzeichnung.
PARALLELEN: Die nächste Parallele ist ein in gleicher Weise dargestellter geflügelter Stier auf einem in Susa gefundenen, leider nur noch im Abdruck dokumentierten Siegel, das aufgrund seiner aramäischen Inschrift ins frühe 5. Jh datiert werden kann (Amiet 1972: Nr. 2223 = Bordreuil 1986: Nr. 127).

171 (Schmidt o.Nr.)

OBJEKT: Runde Platte mit flach gewölbtem Rücken und schwach konvexer Siegelfläche. Die Bänderung des Steins bildet auf der Mitte des Rückens einen braunen Fleck, der von einem ebenfalls braunen Ring umrahmt ist („Auge"). Parallel zur Siegelfläche und nicht ganz senkrecht zum Siegelbild durchbohrt. An einem Bohrloch und an einer Stelle des Randes in Richtung Siegelfläche je ein Splitter weggebrochen. Gebänderter Achat. Ø 23 x H. 11 mm.
DATIERUNG: 1. Hälfte 5. Jh.
HERKUNFT: Westliche Satrapien, Ionien?
BASISGRAVUR: Figürliche Darstellung: Ein nach links gerichteter bärtiger, barhäuptiger Held im persischen Faltengewand (Kandys) packt einen Löwen am Hals. In seinem Haar trägt er ein Band, an den Füssen Schuhe mit je drei Riemen. In der zum Stoss ausholenden Rechten hält er einen Dolch, mit dem linken Fuss tritt er dem Löwen in den Leib. Das Maul des Tieres ist weit geöffnet, die Zunge hängt heraus, das rechte Vorderbein ist nach hinten geworfen. Über der Zweiergruppe eine Mondsichel, hinter dem Helden eine Raute als Füllmotive. Schleifradtechnik, ausserordentlich fein nachmodelliert; Schulterpartie des Löwen durch zwei Kugelbohrungen markiert; achämenidischer Hofstil griechischer Prägung.
PARALLELEN: Für das Miteinbeziehen des Kontrastbandes im Stein in die Siegelform vgl. einen Beleg aus der Zeit Nebukadnezars II. (Delaporte 1923: Pl. 92:39), ein beschriftetes Siegel vom Tall an-Naṣba aus dem späten 8./7. Jh. (Hestrin/Dayagi 1979: Nr. 5) und einen griechisch archaischen Skarabäus (Boardman 1970: I 203 Nr. 6). Die engste ikonographische Verwandtschaft zeigen Darstellungen auf einem Rollsiegel des Ashmolean Museum und des British Museum (Buchanan 1966: Nr. 691; Furtwängler 1900: I Taf. 1:14 = Wiseman 1958: 105f). – Für eine Parallele auf einem Skaraboid des Cabinet des Médailles, Paris, vgl. Richter 1968: Nr. 489 („Graeco-Persian – about 500?"). Der dort mit einem Stier kämpfende Held ist, was

Kleidung und Pose betrifft, mit dem auf unserem Stück identisch. Die Füllung des oberen und unteren Halbrunds durch eine sich dem Rand anpassende Flügelsonne bzw. durch ein Standsegment weist jedoch in den phönikischen Raum.
BIBLIOGRAPHIE: Vollenweider u.a. 1966: 157 Nr. 45, Pl. 95:g. Keel/Uehlinger 1990: 55 Abb. 76.

XVII

Ein spätbronzezeitliches Siegel aus Zypern und zwei ägäische Siegel des 7. Jhs. Nrn. 172-174

Die zyprische Stempelsiegelproduktion grossen Stils in der typischen Form des niederen Kegels bzw. Konoids setzt erst im letzten Viertel des 13. Jh. voll ein (vgl. Zazoff 1983: 68). Die Ikonographie auf der beidseitig gravierten Platte Nr. **172** erlaubt jedoch eine zeitliche Einordnung dieser Stempelsiegelgattung schon ins 14. Jh. Eine Anzahl gleicher rechteckiger Platten aus dunklem „Steatit" wurde in Salamis gefunden (Cesnola 1884: 140f Nrn. 1-8). Die Nrn. 2 und 6 (ebd. 140 Fig. 154, Pl. 15:61) bilden gleichzeitig eine ikonographische Parallele zu unserem Stück, insofern sie beide den typisch zyprisch stilisierten Lebensbaum zeigen. Letzterer findet sich auf zyprischen Rollsiegeln, die Porada (1948a: 189) in ihrer Gruppe V zusammengestellt und aufgrund eines festdatierten Siegels aus Kurion ins 14. Jh. datiert hat. Auch die Darstellung des Tierkopfes (Umrisslinie und Punkt für das Auge) auf der zweiten Seite unserer Platte ist charakteristisch für diesen Stil (ebd. Pl. 9:26). Der in übertriebenem Bogen gezeichnete Rücken des Tieres und das Herabsinken auf die Vorderbeine, so dass eine S-Bewegung entsteht, ist ein ägäisches Merkmal. Für Beispiele auf kegelförmigen Stempeln aus Enkomi der Schicht IIIA (1230-1190) vgl. Porada 1971: Nrn. 26 und 27 (vgl. auch unsere Nr. **173**).

Das Rundsiegel Nr. **173** gehört zu den Gemmen des griechisch orientalisierenden Stils des 7. Jhs., wie sie auf den ägäischen Inseln mit Herstellungszentrum Melos vorkommen und deshalb unter der Bezeichnung „Inselsteine" oder „melische Gemmen" in die Literatur eingegangen sind (Zazoff 1983: 76f). Die Beflügelung des Tieres, die wirbelförmige Ausfüllung des Siegelrunds und die Schneidetechnik finden dort zahlreiche Entsprechungen (Boardman 1963: Pl. 8-10). Obwohl Amygdaloid und Lentoid die typische Siegelform der „Inselsteine" sind, kommt auch die runde Platte mit schwach konvexem Rücken vor (ebd. 75 Nrn. 321-323). Im Material unterscheidet sich unser Stück von den in hellem, leicht durchscheinendem Steatit geschnittenen „Inselsteinen" (ebd. 15). Was den

Stil anbelangt, ist er eine Kombination der Boardman'schen Klassen A und B (ebd. 3). Zeitlich umfassen die „Inselsteine“ rund ein Jahrhundert mit Beginn im zweiten Viertel des 7. Jhs. Aus stilistischen Gründen muss unser Stück eher der ersten Hälfte dieses Zeitraums zugeordnet werden (ebd. 89-91).

Das knopfähnliche Siegel in Form einer abgestuften runden Platte aus Geweih, Nr. **174**, ist beidseitig graviert. Dieser Siegeltyp wurde in Mengen aus den Heiligtümern in Sparta, Perachora und Argos geborgen, was den Schluss auf Votivgaben zulässt (Stubbings 1962: 410). Seine Herstellung beginnt kurz vor 700 und dauert bis gegen 600. Als Material wird vornehmlich Elfenbein verwendet, später wird der billigere Knochen bevorzugt (Boardman 1963: 145). Da auf der abgestuften kleineren Platte sehr oft nur eine einfache Rosette erscheint, nimmt man an, dass sie die Oberseite bzw. der Griff sei. Bei den Darstellungen handelt es sich zumeist um die für den griechisch orientalisierenden Stil typischen geflügelten Fabelwesen mit S-förmig geschwungenem Schwanz (Sphingen, Greifen, Löwen). Caniden wie auf unserem Stück sind selten. Ein Hund kommt vermutlich auf je einem Elfenbeinsiegel aus Perachora (Stubbings 1962: Pl. 180:68b) und aus Sparta vor (Marangou 1969: 134f Nr. 83, Fig. 96:b; ebd. 143 in die Zeit von 640-630 datiert). Wegen der ikonographischen Verwandtschaft mit der protokorinthischen Vasenmalerei könnte Korinth der Ausgangspunkt dieser Siegelglyptik gewesen sein (Boardman 1970: 114).

172 (Schmidt 174)

OBJEKT: Rechteckige Platte, beidseitig graviert und der Länge nach, leicht schräg zur Achse und waagrecht zum Siegelbild der Seite A, senkrecht zu jenem der Seite B durchbohrt. An einer Ecke bestossen. Darstellungen abgenutzt. Grüngestein. 14,5 x 11 x 7,6 mm.
DATIERUNG: Spätzyprisch II A, 14. Jh. (zur Periodisierung vgl. Zazoff 1983: 67).
HERKUNFT: Zypern.
BASISGRAVUR: Figürliche Darstellung: a) nach links gerichteter Capride, b) stilisierter Lebensbaum. Darunter Spuren von Einritzungen. Randleiste fast völlig verwischt. Grabsticheltechnik; skizzenhafter Ritzstil an der Oberfläche.
PARALLELEN: Für rechteckige Platten mit teilweise gleicher Ikonographie vgl. zwei Belege aus Salamis (Cesnola 1884: 140f Nrn. 2 und 6, vgl. weiter Nrn. 1, 3-5, 7-8). Eine sehr enge Parallele zu unserem Stück befindet sich im Genfer Museum und wurde von Kenna in die 2. Hälfte des 14. Jhs. datiert (Vollenweider 1967: Nr. 169). – Für eine ikonographische Parallele auf einem festdatierten (1. Hälfte des 14. Jhs.) Rollsiegel aus Kurion s. Porada 1948a: 189 Pl. 10:28.

173 (Schmidt 246)

OBJEKT: Runde Platte mit schwach konvexer Oberseite. Grosse, schräg zum Siegelbild verlaufende Durchbohrung. Ein Splitter vom Rand und der Siegelfläche weggebrochen. Grüngestein. Ø 23 x H. 8 mm.
DATIERUNG: Früharchaische Zeit, 7. Jh.
HERKUNFT: Ägäis.
BASISGRAVUR: Figürliche Darstellung: nach rechts gerichtetes geflügeltes Pferd. Vom Zentrum aus bewegen sich Hals, Vorderbeine und Hinterleib des Tieres in je einem geschwungenen Bogen zum Rand hin, so dass ein Wirbeleffekt erzielt wird. Gestrichelte Randleiste. Grabsticheltechnik; kombinierter Kerbschnitt/Ritzstil; Hals und Hinterleib tief eingefurcht, so dass eine Gratmulde entsteht. Griechisch orientalisierender Stil.
PARALLELEN: Die stilistisch und kompositorisch engste Parallele zu unserem Siegel ist ein Lentoid aus dunklem Steatit des British Museum (Walters 1926: Nr. 199).

174 (Matouk o.Nr.)

OBJEKT: Abgestufte runde Platte. Zwischen den beiden Stufen eine Rille. Beidseitig graviert. Schräg zum Siegelbild durchbohrt. Ränder teilweise abgebrochen; die Mitte der kleineren Platte bis zum Bohrkanal eingebrochen. Geweih (vgl. den Exkurs über die Materialbestimmung auf S. 73f). Ø (a) 26, (b) 33 x H. 9,5 mm.
DATIERUNG: Früharchaische Zeit, 2. Hälfte 7. Jh.
HERKUNFT: Griechenland: Peloponnes.
BASISGRAVUR: Figürliche Darstellungen: a) wegen der starken Beschädigung nicht näher deutbare, unregelmässig komponierte Darstellung. b) nach rechts gerichteter Canide mit offenem Maul und heraushängender Zunge, das Vorderbein nach oben geknickt; je eine T-förmige, pfeilförmige und einfache Einkerbung als Füllmotive. Grabsticheltechnik; dünner Ritzstil, Körperpartien im flachen Relief geschnitten. Griechisch orientalisierender Stil.
PARALLELEN: Für Form und Siegeltyp im allgemeinen vgl. Boardman 1963: 145-148, Pl. 17-19. Für eine Hundedarstellung auf je einem Elfenbeinsiegel aus Perachora und Sparta vgl. Stubbings 1962: Pl. 180:68b; Marangou 1969: 134f Nr. 83, Fig. 96:b.

XVIII

Varia
Nrn. 175-187

Im folgenden werden Steine aufgeführt, die sekundär nachgeschnitten (Nrn. **175**, **179**, **181**, **183**, **184**), nicht näher bestimmbar (Nrn. **176-178**), zweifelhafte Stücke bzw. Fälschungen (Nrn. **180**, **182**, **185**) oder Stempel sind, welche andern Zwecken als dem des Siegelns dienten (Nrn. **186**, **187**).

Anhänger wie Nr. **175** gehören in die Kategorie der Amulettsiegel. Sie sind typisch für die Ḥalaf-Zeit. Unser Beispiel ist zwar von ovaler Form, unterscheidet sich aber von den nordmesopotamischen tropfenförmigen Anhängern durch sein regelmässiges Profil bzw. seine glatte Siegelfläche. In einer ᶜUbaid 3-zeitlichen Schicht vom südlichen Tall al-ᶜUwailī fand sich ein Amulettsiegel gleicher Form, jedoch mit einem sorgfältiger geschnittenen figürlichen Motiv („Herr der Tiere", von Wickede 1990: Taf. 30:i). Für die Darstellung fehlen in dieser Frühzeit Parallelen. Sie erinnert am ehesten an den schematischen Kerbschnittstil gewisser Giebel-Siegel (vgl. S. 27 und Buchanan/Moorey 1984: Nrn. 89, 104-106). Amiet (mündlich) vermutet moderne Arbeit.

Die Form des Anhängers Nr. **176** ist in Altvorderasien unbekannt. Aufgrund des Materials, Schiefer, könnte Ägypten als Herkunftsland in Frage kommen (P. Amiet, mündlich). Hierfür spricht auch seine Zugehörigkeit zur ehemaligen Slg. Matouk, die vorrangig in Ägypten erworben wurde. Der Dekor, das Quadratgitter, erscheint schon auf den frühesten Stempelsiegeln überhaupt und hat in prähistorischer Zeit weite Verbreitung gefunden (Keel-Leu 1989: 9f Nr. 3; von Wickede 1990: Nrn. 1-3, 15, 21, 22, 29 u.a.m.).

Für den Anhänger Nr. **177** findet sich einzig in der Slg. Aulock eine Parallele (von der Osten 1957: Nr. 336). Das Siegelbild erinnert entfernt an kufische Schriftzeichen – ein nach der Arabisierung in Anatolien entstandenes Stück oder eine Fälschung?

Der Dekor der Nr. **178** lässt an die „in reserve" Arbeitsweise gewisser Luristān-Siegel denken (vgl. Calwell 1976: 235; Buchanan/Moorey 1984: 6), erinnert aber auch an die „eneolithischen" (d.h. chalkolithischen) Abdrücke aus Byblos (Dunand 1945: Fig. 5:a, 8:c). Die Kalottenform kommt zur gleichen Zeit in

Byblos vor (Dunand 1973: Pl. 164:35413, Fig. 201:21353, 29317, Fig. 202: untere Reihe, wo 33808 eine verwandte Darstellung zeigt). Eine entfernte Vergleichsmöglichkeit sind auch die tief eingeritzten kalottenförmigen, angeblich auf dem Tepe Giyān gefundenen Siegel (Herzfeld 1933: Abb. 19:TG 2370, 2369).

Quadratische, auf allen vier Längsseiten gravierte Prismen sind in der Spätbronze- und in der Eisenzeit selten belegt und tragen vorwiegend ägyptisierende Darstellungen, so je ein Beispiel aus Lachisch und Megiddo (Tufnell 1958: 123 Nr. 295, Pl. 37:295; Loud 1948: Pl. 163:22). Das Prisma Nr. **179** könnte aus dieser Zeit stammen, die Gravur jedoch später nachgeschnitten sein (D. Collon, mündlich).

Die Nr. **180** jedoch ist eine durch Fischgratmusterung und pseudoalphabetische Inschrift charakterisierte Fälschung, wie sie für den Jerusalemer Markt des späten 19. Jhs. typisch ist (vgl. Keel/Uehlinger 1990: 49).

Der Stein bzw. die Form der Nr. **181** ist im eisenzeitlichen Nordsyrien beheimatet. Die in der Folge abgetragene Siegelfläche wurde zu einem späteren Zeitpunkt überholt, wie besonders die tief eingegrabenen Rumpfteile der Vögel zeigen (P. Amiet, P.R.S. Moorey, mündlich).

Das eigenartige Material und die wie maschinell glatt abgeschnittene, scharfkantige Stempelfläche lassen Zweifel über die Echtheit der Nr. **182** aufkommen. P. Amiet und J.-W. Meyer (mündlich) plädieren trotzdem für echt, P.R.S. Moorey (mündlich) betrachtet das Siegel als Fälschung. Es gehört zur nordsyrischen Pferd-und-Zweig/Capride- und Zweig-Gruppe des 10.-8. Jhs. (vgl. Nrn. **71-74**). Der Reiter ist hier zwar selten belegt, so auf dem unpublizierten ᶜAmuq-Material, s. die unter Nr. **96** erwähnte Parallele; ferner erscheint er auf gleichzeitigen Erzeugnissen der Levante (vgl. unsere Nrn. **83-84** und **96**).

Das Skaraboid Nr. **183** mag echt sein und vergleichbar mit andern Beispielen aus der Levante der 1. Hälfte des 1. Jts. Das Hauptmotiv wurde vermutlich wieder ausgekratzt. Bei der Inschrift könnte es sich um späte (3./2. Jh.) aramäische Buchstaben handeln (A. Lemaire, Brief vom 28. April 1989). Ein missglücktes und/oder nachgeschnittenes Stück?

Bei Nr. **184** handelt es sich um einen antiken Stein, der zu einem späteren Zeitpunkt graviert wurde; da das Siegelbild unvollendet geblieben ist, kann nicht ausgemacht werden, wann.

Die Form der Nr. **185** weicht vom üblichen Gewichtsententyp mit zurückgelegtem Kopf ab (vgl. unsere Nrn. **151**, **163-165**). Auch sind die Augen unproportioniert gross und der Vorderkopf zu hoch. Das Siegelbild ist nicht in gewohnter Schleifrad/Kugelbohrer-Technik gefertigt, sondern mit dem Grabstichel eingeritzt bzw. eingebohrt. Es scheint sich weniger um das Produkt einer Werkstätte als vielmehr um eine individuelle Arbeit zu handeln. Vom Tall Ḥalaf stammt ein ähnlicher ruhender Vogel mit erhobenem Kopf und axialsymmetrischer, geometrischer Darstellung. Leider fehlen nähere Angaben, ausser dass in der Vorpublikation die Buntkeramikschicht als Fundlage erwähnt wurde (Hrouda 1962: 32, Taf. 27:61; vgl. Wickede 1990: 106). Es ist schwer zu entscheiden, ob es sich bei unserem Stück um eine lokale Arbeit (so P.R.S. Moorey, mündlich, vgl. unsere Nrn. **144-145**) oder um eine Fälschung handelt.

Die Verwendung des Konoids Nr. **186** als Siegel ist fraglich, zumal es nicht durchbohrt ist.

Der grosse Kalksteinstempel Nr. **187** mit den für Zeigefinger und Daumen gedachten Einbuchtungen auf dem Rücken ist sicher nicht als Siegel anzusprechen. Er mag zum Stempeln von Backwaren gedient haben, wie dies für einen ähnlichen Gegenstand des späten 3., evtl. frühen 2. Jts. aus Gritille/Türkei vermutet worden ist (Ellis/Vogt 1982: 325, Pl. 43:12).

175 (Schmidt 259)

OBJEKT: Ovaler Anhänger mit seitlich durchbohrter Öse. Öse auf einer Seite nochmals angebohrt. Grüngestein. 30 x 40 x 8,5 mm.
DATIERUNG: ʿUbaid-3 Zeit(?) und nachgeschnitten.
HERKUNFT: Mesopotamien.
BASISGRAVUR: Geometrisierende figürliche Darstellung: ein Rumpf mit vier schrägen Strichen (Beine); rechtwinklig darüber zwei parallele Senkrechte mit waagrechten Seitenstrichen zum Rand hin (Geweih), Cervide(?). Unten links augenförmige Einkerbung. Grabsticheltechnik; Kerbschnittstil, relativ tiefe Einritzung mit flacher Aushöhlung des Rumpfes; schematische Zeichnung.
PARALLELEN: Für die Form vgl. einen ʿUbaid-3-zeitlichen Anhänger vom Tall al-ʿUwaili (von Wickede 1990: Taf. 30:i).

176 (Matouk o.Nr.)

OBJEKT: Trapezförmiger Anhänger mit seitlich durchbohrter Öse. Eine Siegelfläche ganz leicht konvex. Beidseitig graviert. Schiefer (G. Galetti). 29,6-40,9 x H. 31 (mit Öse 36), D. 7 mm.
DATIERUNG: ?
HERKUNFT: Ägypten?

BASISGRAVUR: Geometrische Darstellung: a) zentral komponiert: Diagonalkreuz; b) quadratisches Gitter. Grabsticheltechnik; kräftiger Ritzstil.

177 (Schmidt 324)

OBJEKT: Trapezförmiger Anhänger mit frontal durchbohrter Öse. Ecke links unten abgebrochen. Auf dem Rücken dünne Rille dem Rand entlanglaufend. Grüngestein. Basis erhalten 29-25 (rekonstruiert ca. 32) mm, H. 25 mm, mit Öse 36,5; D. 9,5 mm.
DATIERUNG: 7./8. Jh. n. Chr.?
HERKUNFT: Anatolien? Fälschung?
BASISGRAVUR: Darstellung geometrisch? oder figürlich? Pseudo-Schriftzeichen? Zwei lineare eckige Muster, ein drittes lineares Muster mit Kreis, evtl. ein Tier den oberen Rand entlang schreitend? Randleiste. Grabsticheltechnik; tief eingekerbt.
PARALLELEN: Vgl. einen Anhänger der Slg. Aulock, ohne Herkunftsangabe (von der Osten 1957 Nr. 336).

178 (Matouk 6714)

OBJEKT: Kalotte. Schräg zur Darstellung durchbohrt. An einer Stelle Rand leicht bestossen. Chloritit (Asher/Stern). Ø 21 x H. 12 mm.
DATIERUNG: Prähistorisch?
HERKUNFT: Levante ? (Iran ?)
BASISGRAVUR: Geometrische Darstellung; Eine Mittellinie teilt die Siegelfläche in zwei Hälften. Vier Querlinien füllen die eine Hälfte, eine mittlere Querlinie mit je einer winkelartigen Einkerbung in den Quadranten die andere Siegelhälfte. Grabsticheltechnik; tief aushöhlender Stil.
PARALLELEN: Eine elfenbeinerne Kalotte aus dem Byblos des späten 4. Jts. trägt eine verwandte Darstellung (Dunand 1973: Fig. 202:33808).

179 (Schmidt 169)

OBJEKT: Prisma, auf allen vier Längsseiten graviert; der Länge nach, senkrecht zu den Siegelbildern durchbohrt; die quadratischen Enden zum Bohrloch hin trichterförmig ausgebildet; Ränder teilweise leicht bestossen. Nephrit. 25 x 11 x 11 mm.
DATIERUNG: Ende 2./Anfang 1. Jt., nachgeschnitten.
HERKUNFT: Nordsyrien/Palästina.
BASISGRAVUR: Figürliche Darstellungen: zweimal eine stehende und zweimal eine thronende Gestalt mit erhobenem Arm; Leiterbandumrandung.

180 (Schmidt o.Nr.)

OBJEKT: Prisma, auf allen vier Längsseiten graviert; der Länge nach, senkrecht zu den Siegelbildern durchbohrt. Achat. 38 x 16 x 16 mm.
DATIERUNG: Fälschung; spätes 19. Jh.
HERKUNFT: Jerusalem.
BASISGRAVUR: Figürliche Darstellungen: dreimal eine nach links schreitende menschliche Gestalt, einmal zwei sich gegenüberliegende Tiere. Kleider bzw. Leib der Tiere mit Fischgratmuster überzogen; pseudoalphabethische Inschriften.
PARALLELEN: Vgl. Keel/Uehlinger 1990: 49 Abb. 59.

181 (Schmidt 177)

OBJEKT: Viereckige Platte mit gerundeten Ecken und hohem, kubischem Griff. Letzterer ungefähr auf halber Höhe, senkrecht zum Siegelbild durchbohrt. Ein grösseres und ein kleineres Stück der Siegelplatte weggebrochen. Rand bestossen. Gründgestein. Platte 31 x 31 x 8 (mit Griff 27) mm.
DATIERUNG: Frühe Eisenzeit, nachgeschnitten.
HERKUNFT: Nordsyrien.
BASISGRAVUR: Figürliche Darstellung: nach rechts gerichteter (Schwimm-)Vogel mit schwanartigem Hals. Darüber zweiter kleinerer Vogel (Jungtier?). Zwei Kugeln und zwei weitere längliche Füllmotive im Feld. Grabsticheltechnik, Kugelbohrungen für Augen und Kugeln; naturalistischer Stil, tief ausgehöhlter Rumpf; Rest auf der Oberfläche eingeritzt.
PARALLELEN: Für die Form vgl. Hogarth 1920: 20 Fig. 15:F („stalks"), Nr. 79 = Buchanan/Moorey 1988: Nr. 203; Jakob-Rost 1975: Nr. 153.

182 (Schmidt 212)

OBJEKT: Konoid mit gerundetem oberem Ende und kreisrunder Siegelfläche. Ungefähr auf halber Höhe, schräg zum Siegelbild durchbohrt. Grüngestein, hellgrün mit schwarzgrünem Netz durchzogen. Ø 16 x H. 16,6 mm.
DATIERUNG: 10.-7. Jh. oder Fälschung?
HERKUNFT: Nordsyrien.
BASISGRAVUR: Figürliche Darstellung: Reiter mit erhobenen Armen und spitzer Mütze auf nach rechts gerichtetem Pferd. Vor dem Pferd und zwischen Vorder- und Hinterbeinen je ein nicht näher deutbares Zeichen. Grabsticheltechnik; Kerbschnittstil.
PARALLELEN: Vgl. allgemein das unter Nrn. **71-74**, für die Ikonographie das unter der Nr. **96** Gesagte.

183 (PS 159)

OBJEKT: Skaraboid, der Länge nach, senkrecht zum Siegelbild durchbohrt; ein Stück vom Bohrkanal und der Siegelfläche weggebrochen. Weisser, beige gebänderter Marmor. 17,7 x 16 x 8,6 mm.
DATIERUNG: 1. Hälfte 1. Jt, zu einem späteren Zeitpunkt nachgeschnitten?
HERKUNFT: Levante.
BASISGRAVUR: Figürliche Darstellung: Zweig und zwei nicht näher definierbare Vertiefungen über (Pseudo-?)Inschrift. Grabsticheltechnik; Ritzstil, teilweise später ausgeschabt.

184 (Schmidt 73)

OBJEKT: Skaraboid mit fast kreisrunder Siegelfläche. Der Länge nach und nicht ganz waagrecht zum Siegelbild durchbohrt. Unterer Rand und Bohrlochrand bestossen. Karneol. 16,6 x 17,4 x 8,9 mm.
DATIERUNG: 1. Jt., nachgeschnitten, unfertig.
HERKUNFT: ?
BASISGRAVUR: Figürliche Darstellung: Ein nach links gerichteter Mann mit spitzer Mütze und Lanze erhebt die Rechte anbetend vor L-förmigem Bau (Altar). Unvollendet? Schleifrad/Kugelbohrer-Technik und -Stil.
BIBLIOGRAPHIE: Unveröffentlicht.

185 (Schmidt o.Nr.)

OBJEKT: Liegende Ente mit erhobenem Kopf. Der Breite nach und waagrecht zum Siegelbild durchbohrt. Unterer Rand und Siegelfläche teilweise beschädigt. Eisengestein, fast schwarze Strichfarbe. 24,5 x 9,6 x 17,6 mm.
DATIERUNG: Ende 8./7. Jh. oder Fälschung?
HERKUNFT: Nordsyrien.
BASISGRAVUR: Figürliche Darstellung; axialsymmetrische Komposition: in der Mitte der oberen Hälfte der Siegelfläche zwei senkrecht aufsteigende Äste mit je drei Seitenästen. Die Enden sind mit einer Kugel markiert. Pflanze? Untere Hälfte der Siegelfläche leer. Grabsticheltechnik; schematischer Ritzstil.

186 (Matouk 6736)

OBJEKT: Abgerundeter Konoid mit ovaler, konvexer Stempelfläche. Keine Durchbohrung. Rand leicht bestossen, Stempelfläche abgenutzt. Kalkstein. 25 x 23 x 27 mm.
DATIERUNG: ?
HERKUNFT: ?

BASISGRAVUR: Geometrische Darstellung; zentral komponiert: drei den Rand umlaufende Rillen; sehr abgenutzt, dünn eingeritzt.

187 (VS 1985,3; Geschenk von K. Bester)

OBJEKT: Bikonvexes Oval, zwei tiefe Einbuchtungen als Griff. Brotstempel? Kalkstein. 66 x 54 x 27 mm.
DATIERUNG: 3./2. Jt.?
HERKUNFT: Anatolien?
BASISGRAVUR: Geometrische Darstellung; axial komponiert: der Länge nach verlaufende Rillen, drei der so entstandenen Felder sind punktiert; kurze, schräge Einkerbungen dem Rand entlang, an den Enden des Ovals fehlen sie. Grabsticheltechnik; tief eingeritzt, Punkte mit einem spitzen Instrument gestochen.
PARALLELEN: Für einen ähnlichen Tonstempel aus Gritille/Türkei vom Ende des 3. Jts., evtl. Anfang des 2. Jts. vgl. Ellis/Vogt 1982: 325, Pl. 43:12.

Literaturverzeichnis

ABEL, F.-M./BARROIS, A., 1928, Fouilles de l'Ecole Archéologique Française de Jérusalem effectuées à Neirab du 12 septembre au 6 novembre 1927: Syria 9, 187-206.

AKURGAL, E., 1956, Recherches faites à Cyzique et à Ergili: Anatolia 1, 15-24, Taf. 12.

ALBRIGHT, W.F., 1943, The Excavation of Tell Beit Mirsim 2. The Iron Age. Annual of the American Schools of Oriental Research 17, New Haven.

AL-SOOF, B. Abu ,1969, Excavations at Tell Qalinj Agha (Erbil), Summer 1968: Sumer 25, 3ff.

AMIET, P., 1957, Les intailles orientales de la collection Henri de Genouillac conservées au Musée Départemental des Antiquités de Seine-Maritime à Rouen, Cahiers de Byrsa 7, 35-73 Taf. 1-22.

— 1963, La glyptique syrienne archaïque: Syria 40, 57-83.

— 1971, La glyptique de l'acropole (1969-1971). Tablettes lenticulaires de Suse. Cahiers de la Délégation Archéologique Française en Iran 1, 217-233, Taf. 22-25.

— 1972, La Glyptique Susienne des origines à l'époque des Perses achéménides. Cachets, sceaux-cylindres et empreintes antiques découverts à Suse de 1913 à 1967. Mémoires de la Délégation Archéologique en Iran 43, Vol. 1: Texte; Vol. 2: Planches, Paris.

— 1973, Glyptique élamite. A propos de documents nouveaux: Arts Asiatiques 26, 3-32, Taf. 1-11.

— 1973a, Quelques aspects peu connus de l'art iranien. La Revue du Louvre 4-5, 215-224.

— 1973b, Aperçu préliminaire sur la glyptique d'Arslantepe: Origini 7, 217-224.

— 1979, L'iconographie archaïque de l'Iran. Quelques documents nouveaux: Syria 56, 333-352.

— ²1980, La glyptique mésopotamienne archaïque, Paris.

— 1986, L'âge des échanges interiraniens 3500-1700 av. J.-C., Paris.

— 1986a, Le problème de l'iconographie divine de Mésopotamie dans la glyptique antérieure à l'époque d'Agade. Contributi e materiali di archeologia orientale 1, Roma, 1-65.

— 1989, Recension de B.Buchanan/P.R.S. Moorey, Catalogue of Ancient Near Eastern Seals in the Ashmolean Museum Vol. 3: The Iron Age Stamp Seals (c. 1200-350 BC), Oxford: Revue d'assyriologie et d'archéologie orientale 83, 92-94.

ANDRAE, W., 1943, Die Kleinfunde von Sendschirli. Mitteilungen aus den orientalischen Sammlungen 15, Berlin.

BALENSI, J., 1985, Revising Tell Abu Hawam: Bulletin of the American School of Oriental Research 257, 65-74.

BALKAN, K., 1959, Inscribed Bullae from Daskyleion-Ergili: Anatolia 4, 123-128, Taf. 33-34.

BARAG, D., 1985, Catalogue of Western Asiatic Glass in the British Museum, Vol. 1, London.

BARNETT, R.D., 1939, A Cylinder Seal from Syria: Iraq 6, 1f, Taf. 1.

— 1966, Homme masqué ou dieu-ibex?: Syria 43, 259-276.

— 1969-1971, Scaraboids and Engraved Seals: Sefunim-Bulletin. The National Maritime Museum Haifa 3, 47f, Taf. 14.

BARNETT, R.D./MENDLESON, C., 1987, Tharros. A Catalogue of Material in the British Museum from Phoenician and other Tombs at Tharros Sardinia, London.

VAN BEEK, G., 1986, Tel Ğemme 1984: Ḥadašot Arḵeologiot 88 (hebräisch), 32f.

BENNETT, C.M., 1971, A brief Note on Excavations at Tawilan, Jordan 1968-1970: Levant 3, V-VII, Taf. 1-2b.

— 1984, Excavations at Tawilan in Southern Jordan, 1982: Levant 16, 1-23, Taf. 1-12.

BENNETT, L., 1989, The Seals of Tappeh Hesār, 1931-1932, in: R.H. Dyson/S.M. Howard (ed.), Tappah Hesār. Reports of the Restudy Project. Monografie di Mesopotamia, Firenze.

BEN-TOR, A., 1978, Cylinder Seals of Third-Millenium Palestine. Bulletin of the American Schools of Oriental Research. Supplement Series 22, Cambridge/Mass.

BEN-TOR, J., 1946, A Hebrew Seal from Samaria: The Quarterly of the Department of Antiquities in Palestine 12, 77-83, Taf. 25 a-c.

BEN-TOR, J./ROSENTHAL A. R., 1978, The First Season of Excavations at Tel Yoqneᶜam Preliminary Report: Israel Exploration Journal 28, 57-82.

BERAN, TH., 1967, Die hethitische Glyptik von Boğazköy, 1: Die Siegel und Siegelabdrücke der vor- und althethitischen Perioden und die Siegel der hethitischen Grosskönige. Wissenschaftliche Veröffentlichungen der Deutschen Orient-Gesellschaft 76, Berlin.

BEVILACQUA, F./CIASCA, A./MATTHIAE SCANDONE, G./MOSCATI, S./TUSA, V./TUSA CUTRONI, A., 1972, Mozia VII, Roma.

BISI, A.M., 1980, Da Bes a Herakles. A proposito di tre Scarabei del Metropolitan Museum: Rivista di Studi Fenici 8/1, 19-42, Taf. 3-5.

BOARDMAN, J., 1963, Island Gems. A Study of Greek Seals in the Geometric and Early Archaic Periods, London.

— 1968, Archaic Greek Gems. Schools and Artists in the Sixth and Early Fifth Centuries BC, London.

— 1970, Greek Gems and Fingerrings. Early Bronze Age to Late Classical, London.

— 1970a, Pyramidal Stamp Seals in the Persian Empire: Iran 8, 19-45, Taf. 1-8.

— 1981, s. MUSCARELLA.

BOARDMAN, J./BUCHNER, G., 1966, Seals from Ischia and the Lyre-player Group: Jahrbuch des Deutschen Archäologischen Institus 81, 1-62.

BOARDMAN, J./MOOREY, P.R.S., 1986, The Yunus Cemetery Group: Haematite Scarabs, in: M. Kelly-Buccellati (ed.), Insight through Images. Studies in Honour of E. Porada, Bibliotheca Mesopotamica 21, Malibu, California, 35-48, Taf. 17-19.

BOEHMER, R.M., 1974, Das Rollsiegel im prädynastischen Ägypten: Archäologischer Anzeiger 4, 494-514.

BOEHMER, R.M./GÜTERBOCK, H.G., 1987, Glyptik aus dem Stadtgebiet von Boğazköy, Grabungskampagnen 1931-1939, 1952-1978, Berlin.

BONDI, S.F., 1975, Gli Scarabei di Monte Sirai: Saggi Fenici I (Collezione di Studi Fenici 6), Roma, 73-98.

BORDREUIL, P., 1986, Charges et fonctions en Syrie-Palestine: Académie des Inscriptions et Belles-lettres. Comptes rendus des séances de l'année 1986. Avril-juin. Paris, 290-307.

BORDREUIL, P./LEMAIRE, A., 1976, Nouveaux sceaux hébreux, araméens et ammonites: Semitica 26, 45-63.

BOROWSKI, E., 1947, Cylindres et cachets orientaux. Artibus Asiae Supplementum 3-4, Ascona/Suisse.

— 1948, Die Steinschneidekunst in den ältesten Kulturen der Menschheit: Atlantis 20/11, 486-488.

BOSSERT, H.TH., 1942, Altanatolien, Kunst und Handwerk in Kleinasien von den Anfängen bis zum völligen Aufgehen in der griechischen Kultur (Berlin).

— 1951, Altsyrien. Kunst und Handwerk in Cypern, Syrien, Palästina, Transjordanien und Arabien von den Anfängen bis zum völligen Aufgehen in der griechisch-römischen Kultur. Die ältesten Kulturen des Mittelmeerkreises 3, Tübingen.

BRANDES, M., 1985, Vorderasien, in: Vom Euphrat zum Nil. Kunst aus dem Alten Ägypten und Vorderasien. Eine Ausstellung der Gesellschaft der Freunde eines Schweizerischen Orient-Museums im Kunstmuseum des Kantons Thurgau, Kartause Ittingen, 28. April - 15. September 1985, Zürich, Nrn. 31-55.

BRANDT, E., 1968, Antike Gemmen in deutschen Sammlungen 1. Staatliche Münzsammlung München. Teil 1. Griechische Gemmen von minoischer Zeit bis zum späten Hellenismus, München.

BRAIDWOOD, R.J., 1951, Discovering the World's Earliest Village Community. The Claims of Jarmo as the Cradle of Civilisation: Illustrated London News 15.12.1951, 992-995.

BRAIDWOOD, R.J./BRAIDWOOD, L.S., 1960, Excavations in the Plain of Antioch 1: The Earliest Assemblages, Phases A-J. Oriental Institute Publication 61, Chicago.

BRAUN-HOLZINGER, E.A., 1987, Löwendämon: Reallexikon der Assyriologie 7, Berlin/New York, 100-102.

BRENTJES, B., 1983, Alte Siegelkunst des Vorderen Orients, Leipzig.

BRIEND, J./HUMBERT J.B. (éds.), 1980, Tell Keisan (1971-1976). Une cité phénicienne en Galilée. Orbis Biblicus et Orientalis. Series Archaeologica 1, Fribourg/Paris/Göttingen.

BUCHANAN, B., 1966, Catalogue of Ancient Near Eastern Seals in the Ashmolean Museum 1: Cylinder Seals, Oxford.

— 1967, The Prehistoric Stamp Seal. A Reconsideration of Some Old Excavations: Journal of the American Oriental Society 87, 265-279 (Part I); 525-540 (Part II).

— 1981, Early Near Eastern Seals in the Yale Babylonian Collection, New Haven Connecticut/London.

BUCHANAN, B./MOOREY, P.R.S., 1984, Catalogue of Ancient Near Eastern Seals in the Ashmolean Museum 2: The Prehistoric Stamp Seals, Oxford.

— 1988, Catalogue of Ancient Near Eastern Seals in the Ashmolean Museum 3: The Iron Age Stamp Seals (c. 1200-350 BC), Oxford.

BUKOWSKIS AUKTIONEN, 1983, Figurenamulette, klassische Antiken, präkolumbianische Kunst, Zürich 8.12.1983.

BURTON BROWN, T., 1951, Excavations in Azarbeidjan 1948, London.

CALDWELL, D.H., 1976, The Early Glyptic of Gawra, Giyan and Susa, and the Development of Long Distance Trade: Orientalia 45, 227-250.

CAUVIN, J., 1968, Fouilles de Byblos 4: Les outillages néolithiques de Byblos et du littoral libanais, Paris.

CESNOLA, A.P. di, 1884, Salaminia (Cyprus). The History, Treasures and Antiquities of Salamis in the Island of Cyprus, London.

CHAMBON, A., 1984, Tell el-Farʿah 1. L'âge du fer. Editions Recherche sur les Civilisations, Mémoire 31, Paris.

CHESTER, G.J., 1886, More Notes on Phoenician Gems and Amulets: Palestine Exploration Fund Quarterly Statement, January 1886, 43-50.

CLERC, G./KARAGEORGHIS, V./LAGARCE, E./LECLANT, J., 1976, Fouilles de Kition 2: Objects égyptiens et égyptisants, Nicosia.

COHEN, R./DEVER, W.G., Preliminary Report of the Third and Final Season of the Central Negev Highland Project: Bulletin of the American Schools of Oriental Reaserch 243, 57-77.

COLLON, D., 1987, First Impressions. Cylinder Seals in the Ancient Near East, London/New York.

CONTENAU, G./GIRSHMAN, R., 1935, Fouilles du Tépé Giyan, Paris.

CONTENSON, H. de, 1973, Le niveau halafien de Ras Shamra. Rapport préliminaire sur les campagnes 1968-1972 dans le sondage préhistorique: Syria 50, 13-33.

— 1977, Le Néolithique de Ras Shamra V d'après les campagnes 1972-1976 dans le sondage SH: Syria 54, 1-23.

COURTOIS, J.-C., 1962, Contribution à l'étude des niveaux II et III de Ras Shamra, in:C.F.A. Schaeffer (ed.), Ugaritica 4, 330-414.

CROSS Jr., F.M., 1974, in: P.W. Lapp/N.L. Lapp (ed.), Discoveries in the Wâdī Ed-Dâliyeh: The Annual of the American Schools of Oriental Research 41, Cambridge, Mass., 17-29, Taf. 61-63.

CROWFOOT, J.W./CROWFOOT, G.M./KENYON, K.M., 1957, Samaria-Sebaste. Reports of the Work of the Joint Expedition in 1931-1933 and of the British Expedition in 1935, Vol. 3: The Objects from Samaria, London.

CULICAN, W., 1960-61, Melqart Representations on Phoenician Seals: Abr-Nahrain 2, 41-54.

— 1968, Iconography of some Phoenician Seals and Seal Impressions: The Australian Journal of Biblical Archaeology 1/1, 50-103.

— 1970, Problems of Phoenico-Punic Iconography — A Contribution: The Australian Journal of Biblical Archaeology 3, 28-57.

— 1974, A Phoenician Seal from Khaldeh: Levant 6, 195-198.

— 1977, Seals in Bronze Mounts: Rivista di Studi Fenici 5/1, 1-4, Taf. 1-3.

— 1986, Opera Selecta. From Tyre to Tartessos. Göteborg.

CURTIS, J., 1984, Nush-i Jan 3: The Small Finds. British Institute of Persian Studies, London.

DAJANI, A.K., 1953, An Iron Age Tomb at al-Jib: Annual of the Department of Antiquities in Jordan 2, 66-94, Taf. 9-10.

DALMAN, G., 1906, Ein neugefundenes Jahwebild: Palästina Jahrbuch 2, 44-49.

DAVIES, G.J., 1986, Megiddo in the Period of the Judges: Oudtestamentische Studiën 24, 34-53.

DELAPORTE, L., 1910, Catalogue des cylindres orientaux et des cachets assyro-babyloniens, perses et syro-cappadociens de la Bibliothèque Nationale, Paris.

— 1920, Catalogue des cylindres, cachets et pierres gravées de style oriental, Musée du Louvre 1: Fouilles et missions, Paris.

— 1923, Catalogue des cylindres, cachets et pierres gravées de style oriental, Musée du Louvre 2: Acquisitons, Paris.

DELLA MARMORA, A., 1855, Memoria sopra alcune antichità sarde, Torino.

DESHAYES, J., 1974, Cachets susiens et chronologie iranienne: Syria 51, 253-264.

DITTMANN, R., 1986, Seals, Sealings and Tablets, in: U. Finkbeiner/W. Röllig (Hrsg.), Ǧamdat Naṣr Period or Regional Style?, Wiesbaden, 332-366.

DOTHAN, M., 1971, Ashdod II-III. The second and Third Seasons of Excavations 1963, 1965, Soundings in 1967, Text, Figures and Plates: ʿAtiqot 9-10, Jerusalem.

— 1982, The Philistines and their Material Culture, Jerusalem.

DUNAND, M., 1937-1939, Fouilles de Byblos 1, 1926-1932: Atlas et Texte, Paris.

— 1945, Byblia Grammata. Documents et Recherches sur le développement de l'écriture en Phénicie, Beyrouth.

— 1950-1958, Fouilles de Bybos 2, 1933-1938: Atlas et 2 vol. Texte, Paris.

— 1973, Fouilles de Byblos 5, L'architecture, les tombes, le matériel domestique, des origines néolithiques à l'avènement urbain. Texte et Planches, Paris.

EICHLER, S., 1984, Götter, Genien und Mischwesen in der urartäischen Kunst. Archäologische Mitteilungen aus Iran, Ergänzungsband 12, Berlin.

EISEN, G.A.,1940, Ancient Oriental Cylinder and Other Seals with a Description of the Collection of Mrs. William H. Moore. Oriental Institute Publication 47, Chicago.

ELLIS, R.S./VOGT, M.M., 1982, 1981 Excavations at Gritille, Turkey: American Journal of Archaeology 86, 319-332, Taf. 41-44.

ERLENMEYER, M.-L. u. H., 1964, Frühiranische Stempelsiegel 1, Iranica Antiqua 4, 85-89, Taf. 17-21.

— 1970, Über Schlangendarstellungen in der Bildkunst des Alten Orients: Archiv für Orientforschung 23, 52-62.

ESIN, U., 1983, Zur Datierung der vorgeschichtlichen Schichten von Değirmentepe bei Malatya in der östlichen Türkei, in: R.M. Boehmer /H. Hauptmann (Hrsg.), Festschrift K. Bittel, Beiträge zur Altertumskunde Kleinasiens, Mainz am Rhein, 175-190, Taf. 34-36.

— 1985, Some Small Finds from the Chalcolithic Occupation at Değirmentepe (Malatya) in Eastern Turkey, in: M. Liverani/A. Palmieri/R. Peroni (ed.), Studi di paletnologia in onore di Salvatore Puglisi, Roma, 253-263.

FRANGIPANE, M./PALMIERI, A., 1983, erschienen 1988, A Protourban Centre of the late Uruk Period. Origini 12, 287-454.

FRANKFORT, H., 1939, Cylinder Seals. A Documentary Essay on the Art and Religion of the Ancient Near East, London.

FUGMANN, E., 1958, Fouilles et recherches de la fondation Carlsberg 1931-38. L'architecture des périodes pré-hellénistiques, Copenhagen.

FURTWÄNGLER, A., 1900, [2]1964, Die antiken Gemmen. Geschichte der Steinschneidekunst im klassischen Altertum 1: Tafeln; 3: Geschichte, Amsterdam/Osnabrück.

GALLING, K., 1941, Beschriftete Bildsiegel des ersten Jahrtausends v.Chr. vornehmlich aus Syrien und Palästina: Zeitschrift des deutschen Palästina-Vereins 64, 121-202, Taf. 5-12.

GAMER-WALLERT, I., 1978, Ägyptische und ägyptisierende Funde von der Iberischen Halbinsel. Beihefte zum Tübinger Atlas des Vorderen Orients B 21, Wiesbaden.

GARBINI, G., 1982, I sigilli del regno di Israele: Oriens Antiquus 21, 163-176.

GARDNER, E.A., 1888, Naukratis 2. Memoir of The Egypt Exploration Fund 6, London.

GARSTANG, J., 1953, Prehistoric Mersin. Yümuk Tepe in Southern Turkey, Oxford.

GENOUILLAC, H. DE, 1934, Fouilles de Telloh 1. Epoques présargoniques, Paris.

GJERSTAD, E. et al., 1935, The Swedish Cyprus Expedition. Finds and Results of the Excavations in Cyprus, 1927-1931, Vol. 2, Stockholm.

GIVEON, R., 1985, Egyptian Scarabs from Western Asia from the Collections of the British Museum, Orbis Biblicus et Orientalis. Series Archaeologica 3, Freiburg Schweiz/ Göttingen.

GIVEON, R./KERTESZ, T., 1986, Egyptian Scarabs and Seals from Acco from the Collection of the Israel Department of Antiquities and Museums, Freiburg Schweiz.

GOLDMAN, H., 1956, Excavations at Gözlü Kule, Tarsus. 2 vols., Princeton/NJ.

GORDON, C.H., 1939, Western Asiatic Seals in the Walters Art Gallery: Iraq 6/1, 3-34, Taf. 2-15.

GRANT, E., 1934, Rumeileh being Ain Shems Excavations (Palestine) Part 3, Haverford, Pennsylvania.

GREEN, A., 1986, The Lion-Demon in the Art of Mesopotamia and Neighbouring Regions: Baghdader Mitteilungen 17, 141-254, Taf. 2-41.

— 1988, A Note on the „Lion-Demon“: Iraq 50, 167f, Pl. 11.

GUBEL, E., 1980, An Essay on the Axe-Bearing Astarte and her Role in a Phoenician "Triad": Rivista di Studi Fenici 8/1, 1-17, Taf. 1-2.

— 1987, "Syro-Cypriote" Cubical Stamps: The Phoenician Connection (Corpus Glyptica Phoenicia 2): Studia Phoenicia 5, Leuven, 195-224.

— 1987a, Phoenician Furniture. A Typology based on Iron Age Representations with Reference to the Iconographical Context. Studia Phoenicia 7, Leuven.

— 1990, Le sceau de Menaḥem et l'iconographie royale sigillaire: Semitica 38/1, 167-170, Taf. 26.

HALL, H.R., 1913, Catalogue of Egyptian Scarabs, etc., in the Birtish Museum 1: Royal Scarabs, London.

HAMILTON, R.W., 1935, Excavation at Tell Abu Hawām: The Quarterly of the Department of Antiquities in Palestine 4, 1-69, Taf 1-39.

HAUPTMANN, H., 1976, Die Grabungen auf dem Norsuntepe 1972, in: Keban Project 1972 Activities. Keban Project Publications 1/5, Ankara, 71-90, Taf. 29-62.

HEINRICH, E., 1936, Kleinfunde aus den archaischen Tempelschichten in Uruk-Warka, Berlin.

HENRICKSON, E.F., 1988, Chalcolithic Seals and Sealings from Seh Gabi, Central Western Iran: Iranica Antiqua 23, 1-19, Taf. 1-3.

HERR, L.G., 1978, The Scripts of Ancient Northwest Semitic Seals. Harvard Semitic Monograph Series 18, Missoula/Montana.

HERRMANN, G., 1968, Lapis Lazuli: The Early Phases of its Trade: Iraq 30/1, 21-57.

HERZER, H., 1960, Ägyptische Stempelsiegel. Beiheft zum Katalog "Antike Kunstwerke", Auktion II, 30.4.1960, Ars Antiqua AG, Luzern.

HERZFELD, E., 1933, Aufsätze zur altorientalischen Archäologie 2: Stempelsiegel: Archäologische Mitteilungen aus dem Iran 5, 49-124.

— 1941, [2]1976, Iran in the Ancient East, London/New York, Reprint Teheran.

HERZOG, Z., 1984, Tel Gerisa 1983: Israel Exploration Journal 34, 55f, Taf. 7C.

HESTRIN, R./DAYAGI-MENDELS, M., 1979, Inscribed Seals. First Temple Period. Hebrew, Ammonite, Moabite, Phoenician and Aramaic, from the Collections of the Israel Museum and the Israel Department of Antiquities and Museums, Jerusalem.

HILL, G.F., [2]1965, Catalogue of the Greek Coins in the British Museum, Phoenicia, Bologna.

HOGARTH, D.G., 1920, Hittite Seals with Particular Reference to the Ashmolean Collection, Oxford.

HÖLBL, G., 1979, Beziehungen der ägyptischen Kultur zu Altitalien 1: Textteil; 2: Katalog, Leiden.

— 1986, Ägyptisches Kulturgut im phönikischen und punischen Sardinien 1: Text; 2: Anmerkungen, Indizes und 188 Tafeln. Etudes préliminaires aux religions orientales dans l'Empire Romain 102, Leiden.

HOMES-FRÉDÉRICQ, D., 1970, Les cachets mésopotamiens protohistoriques. Documenta et Monumenta Orientis Antiqui 14, Leiden.

— 1976, Glyptique sur les tablettes araméennes des Musées Royaux d'Art et d'Histoire (Bruxelles): Revue d'assyriologie et d'archéologie orientale, 57-70.

HOOD, S., 1951, Excavations at Tabara el Akrad 1948-49: Anatolian Studies 1, 113-146.

HORN, S.H., 1962, Scarabs from Shechem 1: Journal of Near Eastern Studies 21, 1-14.

HORNUNG, E./STAEHELIN, E. 1976, Skarabäen und andere Siegelamulette aus Basler Sammlungen. Ägyptische Denkmäler in der Schweiz 1, Mainz am Rhein.

HROUDA, B., 1962, Rollsiegel, Stempelsiegel, Skarabäen und "Matrizen", in: M. v. Oppenheim, Tell Halaf 4, Berlin.

HÜBNER, U., 1986, Aegyptiaca vom Tell el-ʿOrēme: Liber Annuus 36, 253-264, Taf. 5-6.

— 1988, Ein nordsyrisches Stempelsiegel aus Galiläa: Ugarit-Forschungen 20, 89-92.

INGOLT, H., 1940, Rapport préliminaire sur sept campagnes de fouilles à Hama en Syrie,1932-1938, Copenhagen.

JAEGER, B., 1982, Essai de classification et datation des scarabées Menkhéperrê, Orbis Biblicus et Orientalis, Series Archaeologica 2, Fribourg Suisse/Göttingen.

JAKOB-ROST, L., 1975, Die Stempelsiegel im Vorderasiatischen Museum, Berlin.

JAMES, F., 1966, The Iron Age at Beth Shan, A Study of Levels VI-IV, Philadelphia.

JAROŠ, K., 1980, Die Motive der Heiligen Bäume und der Schlange in Gen 2-3, Zeitschrift für die Alttestamentliche Wissenschaft, 92, 1980, Heft 2, 204-215.

JOHNS, C.N., 1933, Excavations at ʿAtlît (1930-1931): The South-Eastern Cemetery: Quarterly of the Department of Antiquities in Palestine 2, London 41-104, Taf. 14-37.

KAHANE, P.P./BOROWSKI, E., 1965, The Israel Museum, Jerusalem, The Bible in Archaeology, Jerusalem.

KEEL, O., 1976, Musikinstrumente, Figurinen und Siegel im judäischen Haus der Eisenzeit II (900-586 v.Chr.) in: Heiliges Land, Luzern 4, 35-43.

— 1977, Jahwe-Visionen und Siegelkunst. Stuttgarter Bibel-Studien 84/85, Stuttgart.

— 1978, Jahwes Entgegnungen an Ijob, Eine Deutung von Ijob 38-41 vor dem Hintergrund der zeitgenössischen Bildkunst. Forschungen zur Religion und Literatur des Alten und Neuen Testaments 121, Göttingen.

— 1978a, Grundsätzliches und das Neumondemblem zwischen den Bäumen: Biblische Notizen 6, 40-55.

— 1980, La glyptique, in: Briend/Humbert (ed.), 1980, 257-295, Taf. 88-90, 136 = Keel 1990

— 1980a, Das Böcklein in der Milch seiner Mutter und Verwandtes. Orbis Biblicus et Orientalis 33, Freiburg Schweiz/Göttingen.

— 1986, Das Hohelied. Zürcher Bibelkommentare, Altes Testament 18, Zürich.

— 1990, La glyptique de Tell Keisan (1971-1976) und Nachträge, in: Keel/Shuval/Uehlinger 1990: 163-260 und 298-330.

— 1990a, Früheisenzeitliche Gylptik in Palästina/Israel, in: Keel/Shuval/Uehlinger 1990, 331-421.

KEEL-LEU, H., 1989, Die frühesten Stempelsiegel Palästinas. Von den Anfängen bis zum Ende des 3. Jt. in: Keel/Keel-Leu/Schroer, Studien zu den Stempelsiegeln aus Palästina/Israel 2. Orbis Biblicus et Orientalis 88, Freiburg Schweiz/Göttingen, 1-38.

KEEL-LEU, H. u. O., 1984, The Ancient Near Eastern Seal Collection of the Biblical Institute of the University of Fribourg/Switzerland: Collected Papers of the Society for Near Eastern Studies, Montreal, 37-39.

KEEL, O./KEEL-LEU H./SCHROER, S., 1989, Studien zu den Stempelsiegeln aus Palästina/ Israel 2. Orbis Biblicus et Orientalis 88, Freiburg Schweiz/Göttingen.

KEEL, O./SCHROER, S., 1985, Studien zu den Stempelsiegeln aus Palästina/Israel 1. Orbis Biblicus et Orientalis 67, Freiburg Schweiz/Göttingen.

KEEL O./SHUVAL M./UEHLINGER CH., 1990, Studien zu den Stempelsiegeln aus Palästina/ Israel 3: Die frühe Eisenzeit. Ein Workshop. Orbis Biblicus et Orientalis 100, Freiburg Schweiz/Göttingen.

KEEL O./UEHLINGER CH, 1990, Altorientalische Miniaturkunst. Die ältesten visuellen Massenkommunikationsmittel. Ein Blick in die Sammlungen des Biblischen Instituts der Universität Freiburg/Schweiz. Mainz am Rhein.

KENNA, V.E.G., 1968, The Seal Use of Cyprus in the Bronze Age III: Bulletin de Correspondance Hellenique 92, 142-156.

KJAERUM, P., 1983, Failaka/Dilmun. The Second Millenium Settlements I.1. The Stamp and Cylinder Seals. Jutland Archaeological Society Publications 17,1, Aarhus.

LAMON, R.S./SHIPTON, G.M., 1939, Megiddo 1, Seasons of 1925-34, Strata I-V. Oriental Institute Publications 42, Chicago.

LAPP, P.W., 1967, The 1966 Excavations at Tell Ta[c]annek, Bulletin of American Schools of Oriental Research 185, 2-39.

LAYARD, A.H., 1853, A Second Series of the Monuments of Nineveh, including Bas-Reliefs from the Palace of Sennacherib and Bronzes from the Ruins of Nimroud, London.

LEBEAU, M., 1983, Small Finds from Level Obeid 4 at Tell el Oueili: Sumer 39, 50-55.

LE BRETON, L., 1957, The Early Period at Susa, Mesopotamian Relations: Iraq 19/2, 79-124.

LEGRAIN, L., 1925, The Culture of the Babylonians from their Seals in the Collections of the Museum, University Museum, Philadelphia.

— 1951, Ur Excavations 10. Seal Cylinders, New York.

LEMAIRE, A., 1979, Nouveau Sceau nord-ouest sémitique avec un lion rugissant: Semitica 29, Paris, 67-69.

— 1986, Nouveaux sceaux nord-ouest sémitiques: Syria 63, 305-325.

— 1990, Trois sceaux inscrits inédits avec lion rugissant: Semitica 39/2, 13-22.

LENZEN, H.J., 1962, Siegelabrollungen. Abhandlung der Deutschen Orientgesellschaft 7, Vorläufiger Bericht übr die von dem Deutschen Archäologischen Institut und der Deutschen Orientgesellschaft unternommenen Ausgrabungen in Uruk-Warka 18, Berlin.

LLOYD, S., 1954, Sultantepe II: Anatolian Studies 4, 101-110.

LLOYD, S./MELLAART, J., 1962, Beycesultan I, London.

LOUD, G., 1948, Megiddo 2, Seasons of 1935-39, Text and Plates. Oriental Institute Publication 62, Chicago.

LOUD, G./ALTMANN, B., 1938, Khorsabad 2: The Citadel and the Town. Oriental Institute Publication 40, Chicago.

LUSCHAN, F. von/ANDRAE, W., 1943, Die Kleinfunde von Sendschirli. Mitteilungen aus den orientalischen Sammlungen 15, Berlin.

MACALISTER, R.A.S., 1912, The Excavation of Gezer 1902-1905 and 1907-1909, Vols. 1-3, London.

MACKENZIE, D., 1912-13, Excavations at Ain Shems (Beth Shemesh). Palestine Exploration Fund Annual 2, London.

MALLOWAN, M.E.L., 1936, The Excavations at Tall Chagar Bazar, and an Archaeological Survey of the Ḫabur Region, 1934-1935: Iraq 3, 1-86.

— 1937, The Excavations at Tall Chagar Bazar, Second Campaign, 1936: Iraq 4, 91-177.

— 1946, The Excavations in the Baliḫ Valley, 1938: Iraq 8, 111-159.

— 1947, Excavations at Brak and Chagar Bazar: Iraq 9, 1-259.

MALLOWAN, M.E.L./ROSE, J.CH., 1935, Excavations at Tall Arpachiyah 1933: Iraq 2/1, 1-178.

MARANGOU, E.-L. J., 1969, Lakonische Elfenbein- und Beinschnitzereien, Tübingen.

MARKOE, G., 1985, Phoenician Bronze and Silver Bowls from Cyprus and the Mediterranean. University of California Publications: Classical Studies 26, Berkeley/Los Angeles.

MATOUK, F.S., 1977, Corpus du scarabée égyptien 2, Analyse thématique, Beirut.

MATTHIAE SCANDONE G., 1975, Scarabei e scaraboidi egiziani ed egittizzanti del Museo Nazionale di Cagliari. Collezione di Studi Fenici 7, Roma.

MATZ, F., 1928, Die frühkretischen Siegel. Eine Untersuchung über das Werden des frühminoischen Stiles, Berlin/Leipzig.

MAYER-OPIFICIUS, R. s. OPIFICIUS, R.

MAZAR, A., 1983, Tell Qasile (hebräisch), Tel Aviv.

MAZZONI, ST., 1980, Sigilli a stampo protohistorici di Mardikh 1: Studi Eblaiti 2/4-5, 53-80.

— 1986, Continuity and Development in the Syrian and the Cypriote Common Glyptic Styles. in: M. Kelly-Buccelati (ed.), Insight through Images. Studies in Honor of Edith Porada, Malibu, 171-182.

MCCOWN, CH.CH., 1947, Tell en Naşbeh 1, Archaeological and Historical Results, Berkeley/New Haven.

MELLAART, J., 1964, Excavation at Çatal Hüjük. Third Preliminary Report: Anatolian Studies 14, 39-119.

MENANT, J., 1888, Collection de Clercq. Catalogue méthodique et raisonné 1. Cylindres orientaux, Paris.

— 1903, Collection de Clerq. Catalogue méthodique et raisonné 2. Cachets, Briques, Bronzes, Bas reliefs, Paris.

MERPERT, N./MUNCHAEV, R./BADER, N., 1976, The Investigations of Soviet Expedition in Iraq 1973: Sumer 32, 25-61.

MILLARD, A.R., 1980-1983, Königssiegel: Reallexikon der Assyriologie 6/1-2, Berlin/New York, 135-140.

MORA, C., 1982, I sigilli anatolici del Bronzo Antico: Orientalia 51, 204-226.

MOOREY, P.R.S., 1978, Excavations at Kish, 1923-1933, Oxford.

— 1980, Cemeteries of the First Millennium B,C. at Deve Höyük, near Carchemish, Salvaged by T.E. Lawrence and C.L. Woolley in 1913, British Archaeological Reports, International Series 87, Oxford.

MOORTGAT, A., 1940, Vorderasiatische Rollsiegel. Ein Beitrag zur Geschichte der Steinschneidekunst, Berlin.

MURRAY, A., 1953, Hieroglyphic and Ornamental Seals, in: Tufnell 1953, 360-373.

MUSCARELLA, O.W. (ed.), 1981, Ladders to Heaven. Art Treasures from Lands of the Bible, Toronto.

NAGEL, W., 1954, Das Stempelsiegel im Frühen Vorderasien. Ungedruckte Dissertation der Freien Universität Berlin.

— 1963, Datierte Glyptik aus Altvorderasien: Archiv für Orientforschung 20, 125-140.

— 1963a, Zum neuen Bild des vordynastischen Keramikums in Vorderasien - 3. Teil. Berliner Jahrbuch der Vor- und Frühgeschichte 3, 1-57, Taf. 12-13.

— 1964, Djamdat Nasr-Kulturen und frühdynastische Buntkeramiker. Berliner Beiträge zur Vor- und Frühgeschichte 8, Berlin.

NEWBERRY, P.E., 1907, Scarab-Shaped Seals. Catalogue général des Antiquités égyptiennes du Musée du Caire Nos. 36001-37521, Le Caire.

NOVECK, M., 1975, The Mark of Ancient Man. Ancient Near Eastern Stamp Seals and Cylinder Seals: The Gorelick Collection. The Brooklyn Museum, New York.

OPIFICIUS, R., 1968, Roll- und Stempelsiegel Vorderasiens, in: Geschnittene Steine der Antike, Münzen und Medaillen A.G., Basel, 4-40.

OPPENHEIM, M. VON, 1943, Tell Halaf 1. Die prähistorischen Funde, bearbeitet von H. Schmidt, Berlin.

ORTHMANN, W., 1971, Untersuchungen zur späthethitischen Kunst. Saarbrücker Beiträge zur Altertumskunde 8, Bonn.

VON DER OSTEN, H.H., 1934, Ancient Oriental Seals in the Collection of Mr. Edward T. Newell. Oriental Institute Publication 22, Chicago.

— 1937, The Alishar Hüyük-Seasons of 1930-32, Part 1. Oriental Institute Publication 28, Chicago.

— 1957, Altorientalische Siegelsteine der Sammlung Hans Silvius von Aulock. Studia Ethnographica Upsaliensia 13, Uppsala.

ÖZGÜÇ, T.N., 1949, Ausgrabungen in Karahöyük, Ankara.

— 1968, Seals and Seal Impressions of Level Ib from Karum Kanish, Ankara.

— 1980, Seal Impressions from the Palaces at Acem Höyük, in: E. Porada, (ed.): Ancient Art in Seals, Princeton, 61-99.

PARAYRE, D., 1990, Les cachets ouest-sémitiques à travers l'image du disque solaire ailé (perspective iconographique): Syria 67, 269-301, Taf. 1-13.

PARKER, B., 1955, Excavations at Nimrud, 1949-53; Seals and Seal Impressions: Iraq 17,2 93-125, Taf. 10-21.

— 1962, Seals and Seal Impressions from the Nimrud Excavations 1955-58, Iraq 24/1, 26-40.

PARROT, A., 1948, Tello. Vingt campagnes de fouilles 1877-1933, Paris.

PELTENBURG, E.J. 1985, Lemba Archaeological Project 1. Excavations of Lemba Lakkous 1976-1983. Studies in Mediterranean Archaeology 70/1, Göteborg.

— 1987, Lemba Archaeological Project, Cyprus, 1985: Levant 19, 221-224.

PETRIE, W.M.F., 1886, Naukratis 1, 1884-1885. Memoir of The Egypt Exploration Fund 3, London.

— 1906, Hyksos and Israelite Cities. British School of Archaeology in Egypt, London.

— 1925, ^{2}1974, Buttons and Design Scarabs. Illustrated by the Egyptian Collection in the University College, London. British School of Archaeology in Egypt, London.

— 1930, Beth-Pelet 1 (Tell Fara), London.

— 1931, Ancient Gaza 1 (Tell el Ajjûl), London.

— 1932, Ancient Gaza 2 (Tell el Ajjûl), London.

PINI, J., 1970, Iraklion Archäologisches Museum Teil 5: Die Siegelabdrücke von Phästos. Corpus der Minoischen und Mykenischen Siegel 2/5, Berlin.

PIOTROVSKII, B.B., 1967, Urartu. The Kingdom of Van and its Art, London.

— 1969, The Ancient Civilization of Urartu, New York.

PLATON, N., 1969, Iraklion Archäologisches Museum Teil 1. Die Siegel der Vorpalastzeit. Corpus der Minoischen und Mykenischen Siegel 2/1, Berlin.

POPPA, R., 1978, Kāmīd el-Lōz 2. Der eisenzeitliche Friedhof. Befunde und Funde. Saarbrücker Beiträge zur Altertumskunde 18, Bonn.

PORADA, E., 1938, Die Siegel aus der Sammlung des Franziskanerklosters Flagellatio in Jerusalem: Berytus 5, 1-26, Taf. 1-4.

— 1947, Seal Impressions of Nuzi. The Annual of the American School of Oriental Research 24 for 1944-1945, New Haven.

— 1948, The Collection of the Pierpont Morgan Library. Corpus of Ancient Near Eastern Seals in North American Collections. The Bollingen Series 14, Washington, D.C.

— 1948a, The Cylinder Seals of the Late Cypriote Bronze Age: American Journal of Archaeology 52, 78-198, Taf. 8-11.

— 1956, A Lyre Player from Tarsus and his relations, in: S.S. Weinberg (ed.), The Aegean and The Near East, Studies presented to Hetty Goldman on the Occasion of her Seventy-fith Birthday, New York, 185-211, Taf. 17-18.

— 1962, Alt-Iran. Die Kunst in vorislamischer Zeit. Die Kunst der Welt, Baden-Baden.

— 1963, Seals, in: Goldman 1956, 347-358, Taf. 162-167.

— 1965, The Relative Chronology of Mesopotamia 1: Seals and Trade (6000-1600), in: R.E. Ehrich (ed.), Chronologies in Old World Archaeologies, Chicago, 133-200.

— 1965a, The Art of Ancient Iran. Pre-Islamic Cultures. Art of the World, New York.

— 1971, Seals, in: P. Dikaios, Enkomi, Excavations 1948-1958, 2: Chronology, Summary and Conclusions, Appendices, 783-817, Taf. 322; 3: Taf. 179-186a, Mainz am Rhein.

— 1981, Stamp and Cylinder Seals of the Ancient Near East, in: G. Markoe (ed.), Ancient Bronzes, Ceramics and Seals. Los Angeles County Museum of Art, 187-234, Los Angeles.

PRITCHARD, J.B., 1975, Sarepta. A Preliminary Report on the Iron Age. The University Museum University of Philadelphia, Philadelphia.

PUECH, É., 1980, Inscriptions sur sceaux, in: Briend/Humbert 1980: 296-297.

RACHEL LEVY, G., 1934, The Oriental Origin of Herakles: The Journal of Hellenic Studies 54, 40-53.

RASHAD, M., 1990, Die Entwicklung der vor- und frühgeschichtlichen Stempelsiegel in Iran. Archäologische Mitteilungen aus Iran. Ergänzungsband 13, Berlin.

RICHTER, G.M.A., 1956, Catalogue of Engraved Gems, Greek, Etruscan and Roman in the Metropolitan Museum of Art, New York.

— 1968, Engraved Gems of the Greeks and Etruscans. A History of Greek Art in Miniature, London.

DE RIDDER, A., 1911, Collection de Clercq. Catalogue. Les bijoux et les pierres gravées 2: Les pierres gravées. Paris.

RIIS, P.J., 1948, Les cimetières à crémation de la ville pré-hellénique de Hamath, Copenhagen.

— 1958-1959, L'activité de la Mission archéologique Danoise sur la côte phénicienne en 1958: Annales du Service des Antiquités de la Syrie 8-9, 107-132.

ROSE, M., 1975, Der Ausschliesslichkeitsanspruch Jahwes, Deuteronomische Schultheologie und die Volksfrömmigkeit in der späten Königszeit, Beiträge zur Wissenschaft vom Alten und Neuen Testament 106, Stuttgart.

ROWE A., 1936, A Catalogue of Egyptian Scarabs, Scaraboids, Seals and Amulets in the Palestine Archaeological Museum, Le Caire.

RÜHLMANN, G., 1964, Der Löwe im altägyptischen Triumphalbild, in: Wissenschaftliche Zeitschrift der Martin-Luther-Universität Halle/Wittenberg 13, Heft 9/10, 651-658, Taf. 1-7.

SACHS A.J., 1953, The Late Assyrian Royal-Seal Type: Iraq 15, 167-70, Taf. 18-19.

SCHAEFFER, C.F.A., 1952, Enkomi-Alasia I, Paris.

SCHAEFFER-FORRER, C.F.A., 1983, Corpus des cylindres-sceaux de Ras Shamra-Ugarit et d'Enkomi-Alasia 1, Paris.

SCHMIDT, E.F., 1937, Excavations at Tepe Hissar Damghan. Publications of the Iranian Section of the University Museum, Philadelphia.

— 1957, Persepolis 2, Contents of the Treasury and other Discoveries. Oriental Institute Publications 69, Chicago.

SCHROER, S., 1987, In Israel gab es Bilder. Nachrichten von darstellender Kunst im Alten Testament. Orbis Biblicus et Orientalis 74, Freiburg Schweiz/Göttingen.

SCHUMACHER, G., 1908, Tell el-Mutesellim 1, Leipzig 1908.

SEIDL, U., 1979, Die Siegelbilder, in: W. Kleiss, Bastam 1: Ausgrabungen in den urartäischen Anlagen 1972-1975, Berlin, 137-149, Taf. 33-42.

— 1988, Die Siegelbilder, in: W. Kleiss Bastam 2: Ausgrabungen in den urartäischen Anlagen 1977-1978, Berlin, 145-154, Taf. 19-36.

SETON-WILLIAMS, M.V., 1967, The Excavations at Tell Rifaᶜat 1964: Second Preliminary Report: Iraq 29/1 16-33.

SHUVAL, M., 1990, A Catalogue of Early Iron Stamp Seals from Israel. in: Keel/Shuval/Uehlinger 1990, 67-161.

SPEISER, E.A., 1935, Excavations at Tepe Gawra 1: Levels I-VIII, Philadelphia.

SPYCKET, A., 1973, Le culte du dieu-lune à Tell Keisan, Revue Biblique 80, 384-395, Taf. 7.

— 1974, Nouveaux documents pour illustrer le culte du dieu-lune, Revue Biblique 81, 258f.

STARKEY, J.L./HARDING, L., 1932, Beth-Pelet II. British School of Archaeology in Egypt, London.

STARR, R.F.S., 1939, Nuzi-Report on the Excavation at Yorgan Tepe near Kirkuk, Iraq 2: Plates and Plans, Cambridge, Mass.

STERN, E., 1982, Material Culture of the Land of the Bible of the Persian Period 538-332 BC, Warminster.

— 1985, The Excavations at Tel Dor, in: E. Lipinski (ed.), The Land of Israel: Cross-Roads of Civilizations. Orientalia Lovaniensa Analecta 19, Leuven, 169-192.

STROMMENGER, E., 1979, Ausgrabungen der Deutschen Orientgesellschaft in Habuba Kabira: Annual of the American Schools of Oriental Reasearch 44, 63-78.

— 1982, in: K. Kohlmeyer/E. Strommenger (Hrsg.), Land des Baal. Syrien – Forum der Völker und Kulturen, Mainz am Rhein.

STUBBINGS, J.M., 1962, Ivories, in: T. J. Dunbabin (ed.), Perachora, The Sanctuaries of Hera Akraia and Limenia 2, Oxford.

STUCKY, R., 1983, Ras Shamra-Leukos Limen, Paris.

TARAMELLI, A., 1912, La necropoli punica di Predio Ibba a S. Avendrace, Cagliari (Scavi del 1909): Monumenti Antichi Pubblicati a Cura dell'Accademia dei Lincei 21, 46-218.

TAŞYÜREK, A., 1979, Some New Urartian Seals mostly from the Adana Regional Museum, Oriens Antiquus 18, 309-318, Taf. 21-29.

TEISSIER, B., 1987, Glyptic Evidence for a Connection between Iran, Syro-Palestine and Egypt in the Fourth and Third Millenia: Iran 25, 27-53.

TEZCAN, B., 1958, Aksaray çevresinden derlenen eserler (Acemhöyük): Belleten 22/88, 517-526.

— 1966, Koçumbeli Excavation 1964, Ankara.

TOBLER, A.J., 1950, Excavations at Tepe Gawra 2, Philadelphia.

TOOMBS, E./WRIGHT, G.E., 1963, The Fourth Campaign at Balâṭah (Shechem): Bulletin of the American Schools of Oriental Research 169, 1-16.

TUFNELL, O., 1953, Lachish (Tell ed-Duweir) 3: The Iron Age, London/New York/Toronto.

— 1958, Lachish (Tell ed-Duweir) 4: The Bronze Age, London/New York/Toronto.

— 1962, Seals and Scarabs, in: G.A. Buttrick (ed.), The Interpreters Dictionary of the Bible, An illustrated Encyclopedia 4, Nashville, 254-259.

TUSHINGHAM, A.D., 1971, God in a Boat: Australian Journal of Biblical Archaeology 1/4, 23-28.

UEHLINGER, Ch., 1990, Ein ᶜnḫ-ähnliches Astralkultsymbol auf Stempelsiegeln des 8./7. Jhs. in: Keel/Shuval/Uehlinger 1990, 322-330.

— 1991, Anepigraphic [Ancient Near Eastern Stamp Seals], in: Ancient Art of the Mediterranean World & Ancient Coins (Numismatic & Ancient Art Gallery, Catalogue N° 7), Public Auction Thursday, 11th April 1991, Zürich, 18-24.

VAN BUREN, E.D., 1945, Symbols of the Gods in Mesopotamian Art. Analecta Orientalia 23, Rome.

VAN LOON, M.N., 1966, Urartian Art. Its Distinctive Traits in the Light of New Excavations, Istanbul.

VANDEN BERGHE, L., 1973, Le Luristān avant l'âge du Bronze. La nécropole de Hakalān: Archeologia 57, 49-58.

— 1975, La Nécropole de Dum-Gar-Parchinah: Archeologia 79, 47-61.

— 1987, Luristān Pusht-i Kūh au chalcolithique moyen (Les Nécropoles de Parchināh et de Hakalān), in: Actes du Colloque International: La Mésopotamie préhistorique et l'exploration récente du Djebel Hamrin, Paris, 91-126.

VERCOUTTER J., 1945, Les objets égyptiens et égyptisants du mobilier funéraire carthaginois. Bibliothèque Archéologique et Historique 40, Paris

VINCHON, J., 1973, Catalogue: Monnets, Cachets, Cylindres, Hotel Drouot, Paris, 17-18 décembre 1973, Paris.

VIGNEAU, A./OZENFANT, A., 1936, Encyclopédie photographique d'Art 2, Paris.

VOLLENWEIDER, M.-L., 1967, Musée d'Art et d'Histoire de Genève, Catalogue raisonné des sceaux cylindres et intailles 1, Genève.

— 1983, Musée d'Art et d'histoire de Genève, Catalogue raisonné des sceaux, cylindres, intailles et camées 3: La collection du Révérend Dr. V.E.G. Kenna et d'autres acquisitions récents, Mainz am Rhein.

VOLLENWEIDER, M.-L./BRÜSCHWEILER, F./STUCKY, R., 1966, Trésor de l' Ancien Iran, Musée Rath, Genève.

WALTERS, H.B., 1926, Catalogue of the engraved Gems and Cameos Greek Etruscan and Roman in the British Museum, London.

WARD, W.A., 1967, Three Phoenician Seals of the Early First Millennium B.C.: Journal of Egyptian Archaeology 53, 69-74, Taf. 12.

WEIPPERT, H., 1978, Siegel mit Mondsichelstandarten aus Palästina: Biblische Notizen 5, 43-58.

WELTEN, P., ²1977, Siegel und Stempel, in: K. Galling (Hrsg.), Biblisches Reallexikon, Tübingen, 299-307.

VON WICKEDE, A., 1990, Prähistorische Stempelglyptik in Vorderasien. Münchner Universitäts-Schriften: Philosophische Fakultät 12 = Münchner Vorderasiatische Studien 6, München.

WIESE, A., 1990, Zum Bild des Königs auf ägyptischen Siegelamuletten. Orbis Biblicus et Orientalis 96, Freiburg Schweiz/Göttingen.

WILLIAMS-FORTE, E., 1983, The Snake and the Tree in the Iconography and the Texts of Syria during the Bronze Age, in: L. Gorelick/E. Williams-Forte (ed.), Ancient Seals and the Bible, Malibu.

WISEMAN, D.J., 1958, Götter und Menschen im Rollsiegel Westasiens, Prag.

WOOLLEY, C.L., 1938, Al Mina (Sueidia): Journal of Hellenic Studies 58/I, 1-30, II 133-170, Taf. 11-15.

— 1953, ²1968, A Forgotten Kingdom, London/New York.

WRIGHT, G.E., 1975, Bet-Shemesh, in: M. Avi-Yonah (ed.): Encyclopedia of Archaeological Excavations in the Holy Land 1, London, 248-253.

ZAZOFF, P., 1983, Die antiken Gemmen, München.

ZETTLER, R.L., 1979, On the chronological Range of Neo-Babylonian and Achaemenid Seals: Journal of Near Eastern Studies 38/4, 257-270.

ZWIERLEIN-DIEHL, E., 1969, Antike Gemmen in deutschen Sammlungen 2: Staatliche Museen Preussischer Kulturbesitz Antikenabteilung Berlin, München.

Tafeln

1
2
3
4
5
6

7
8
9
10

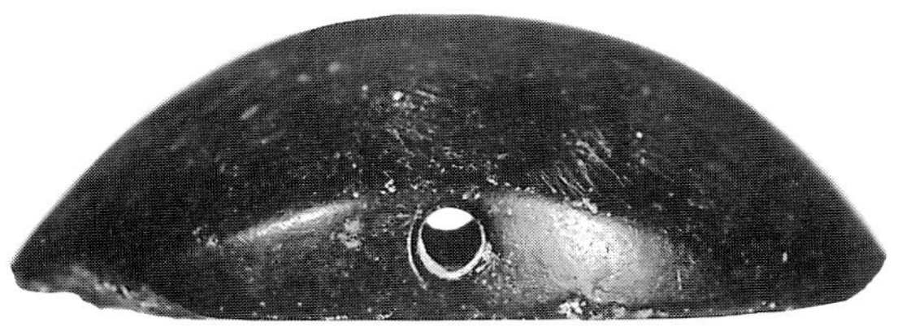

11

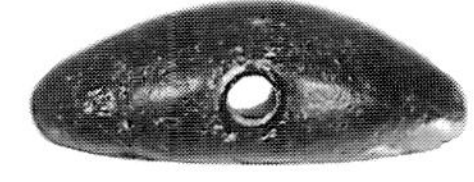

12

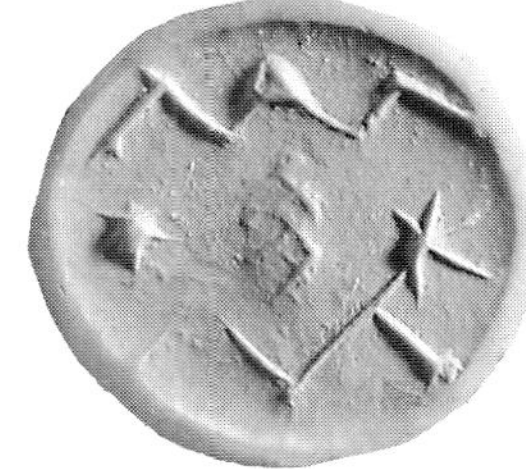

14

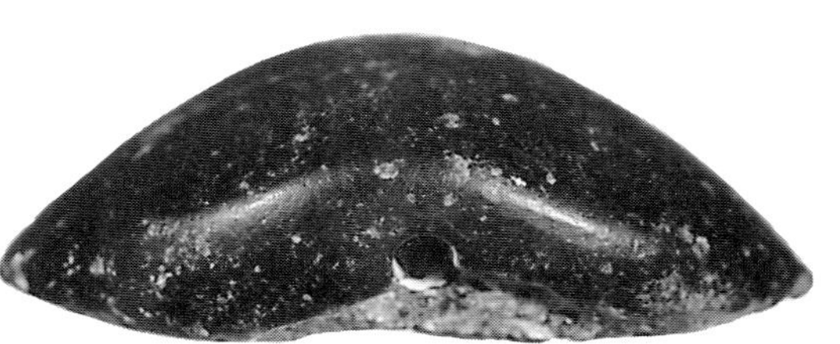

13

15

16
17
18
19
20
21
22

23
24
25
26
27

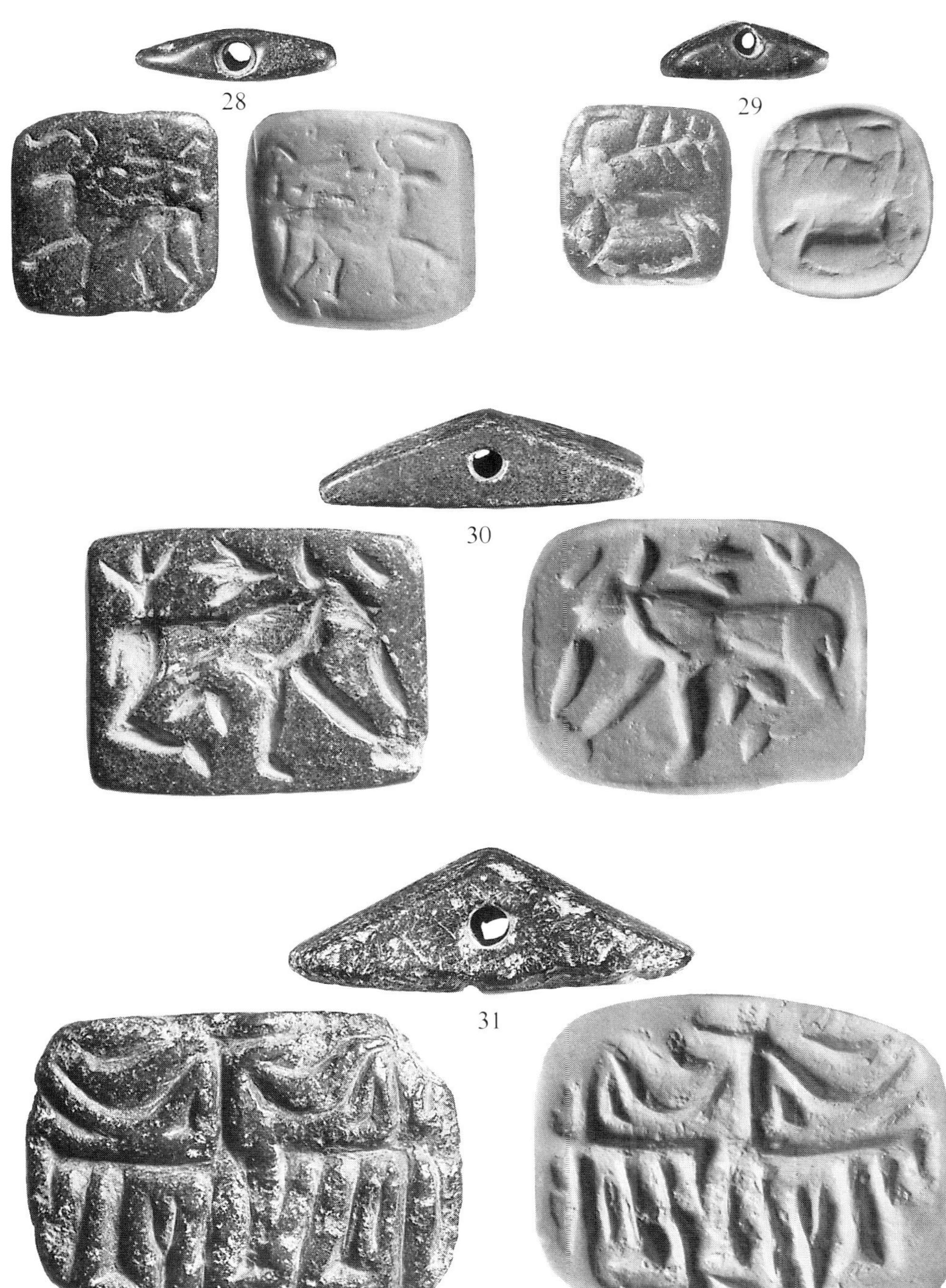

28 29

30

31

32
33
34
35

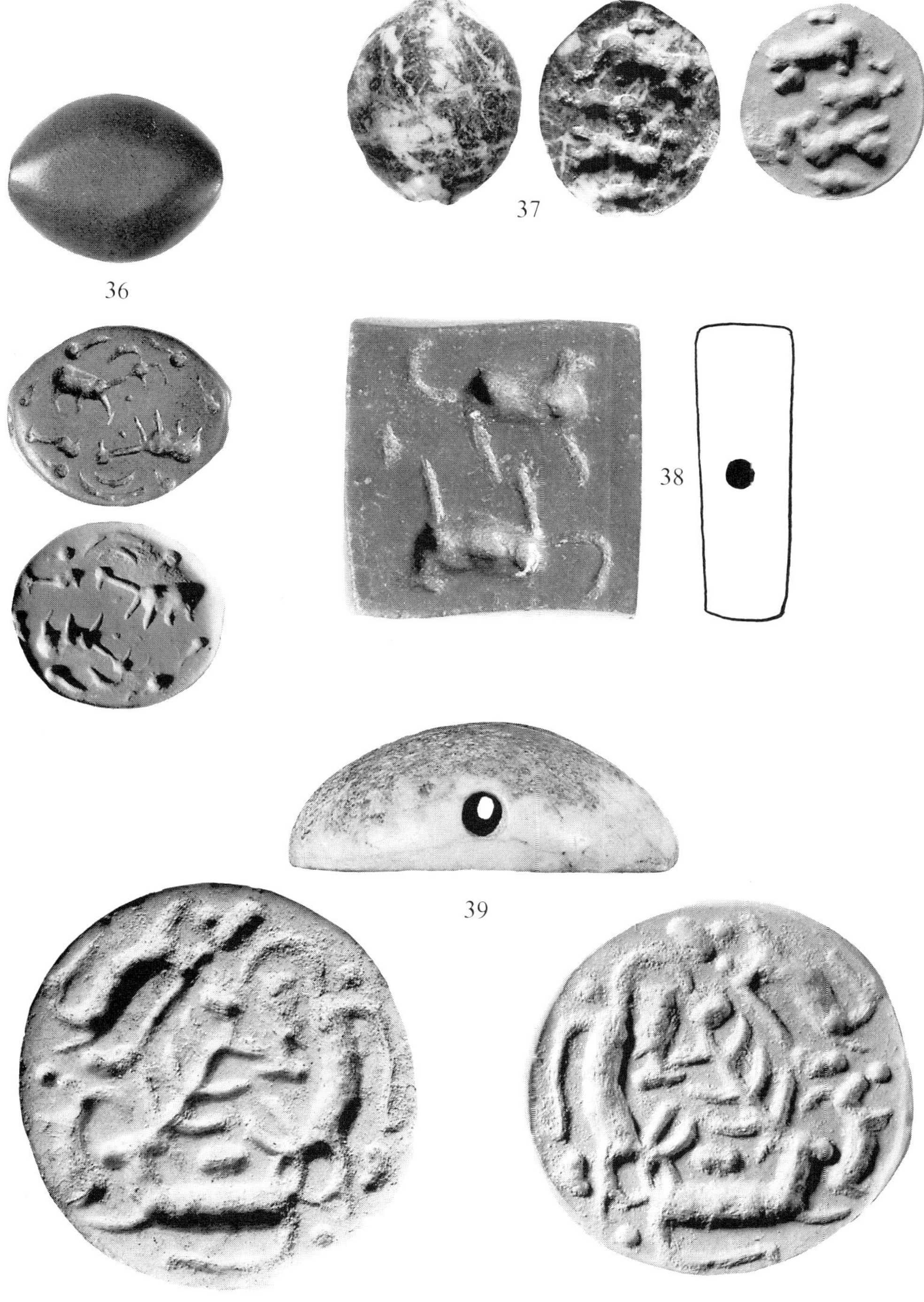
37
36
38
39

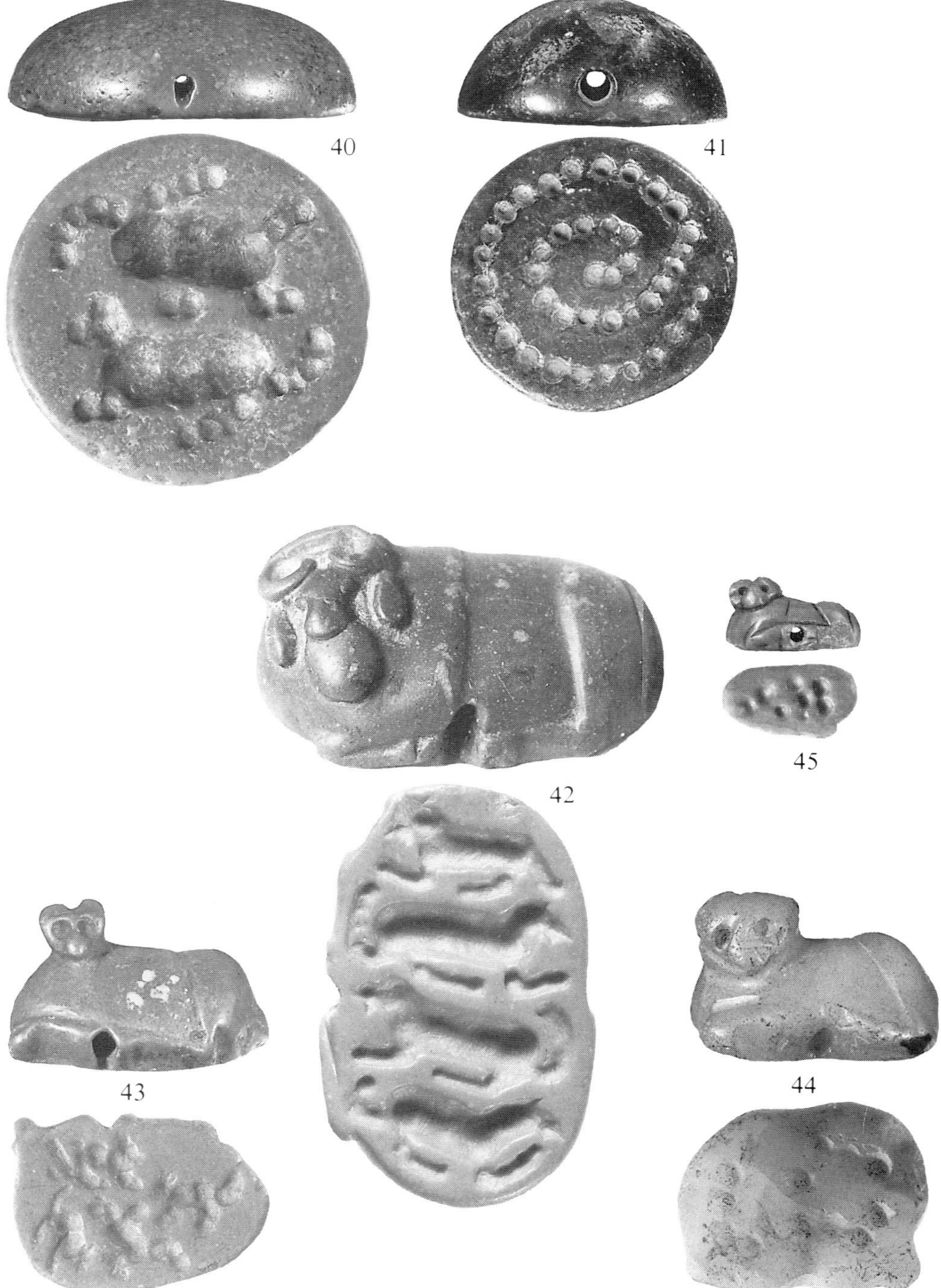

40
41
42
45
43
44

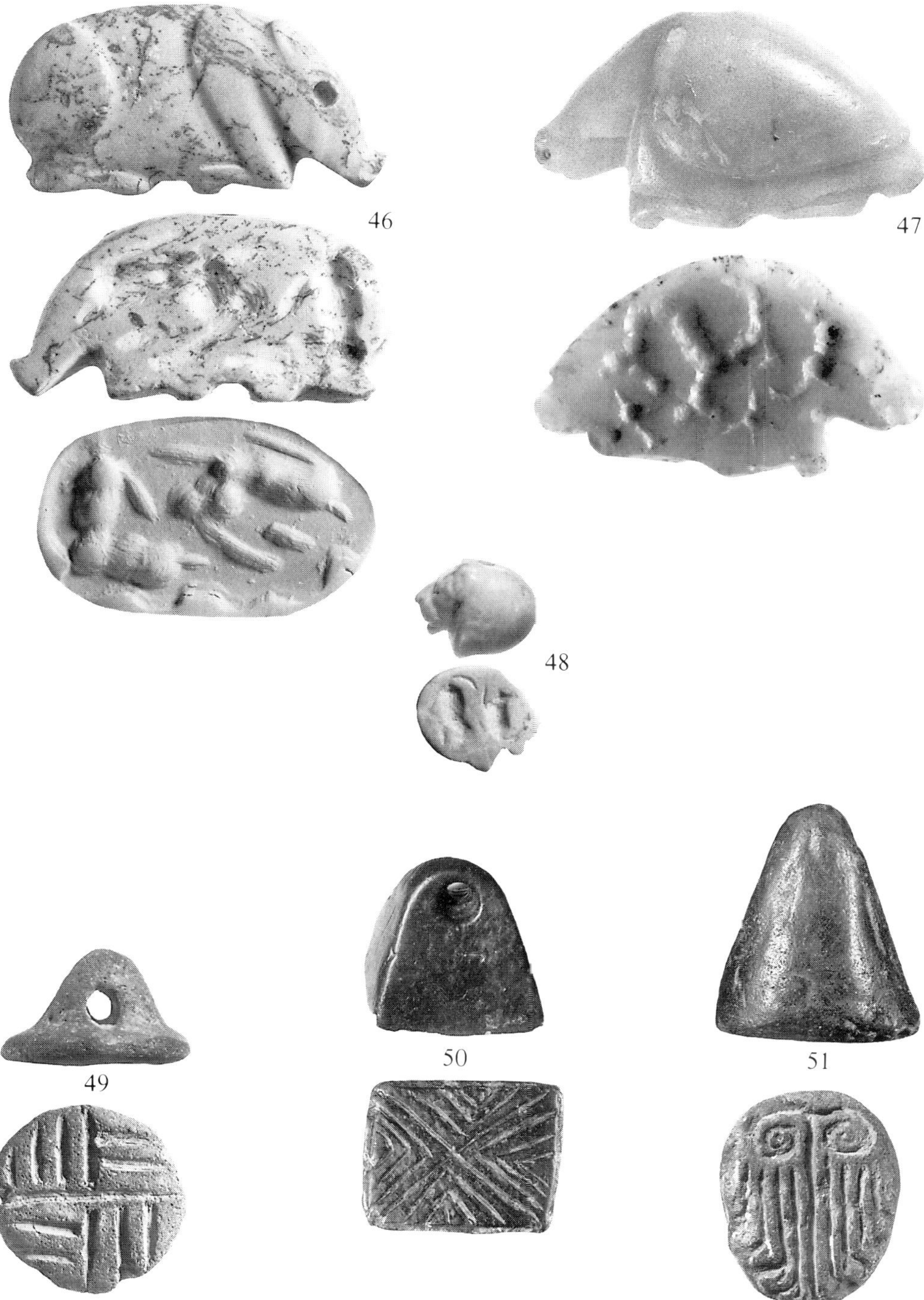
46
47
48
49
50
51

52
53
54
55
56
57
58
59
60
61
62
63
64
65
66
67
68
69

70
71
72
73
74
75
76
77
78
79
80
81
82
83
84
85
86
87
88
89

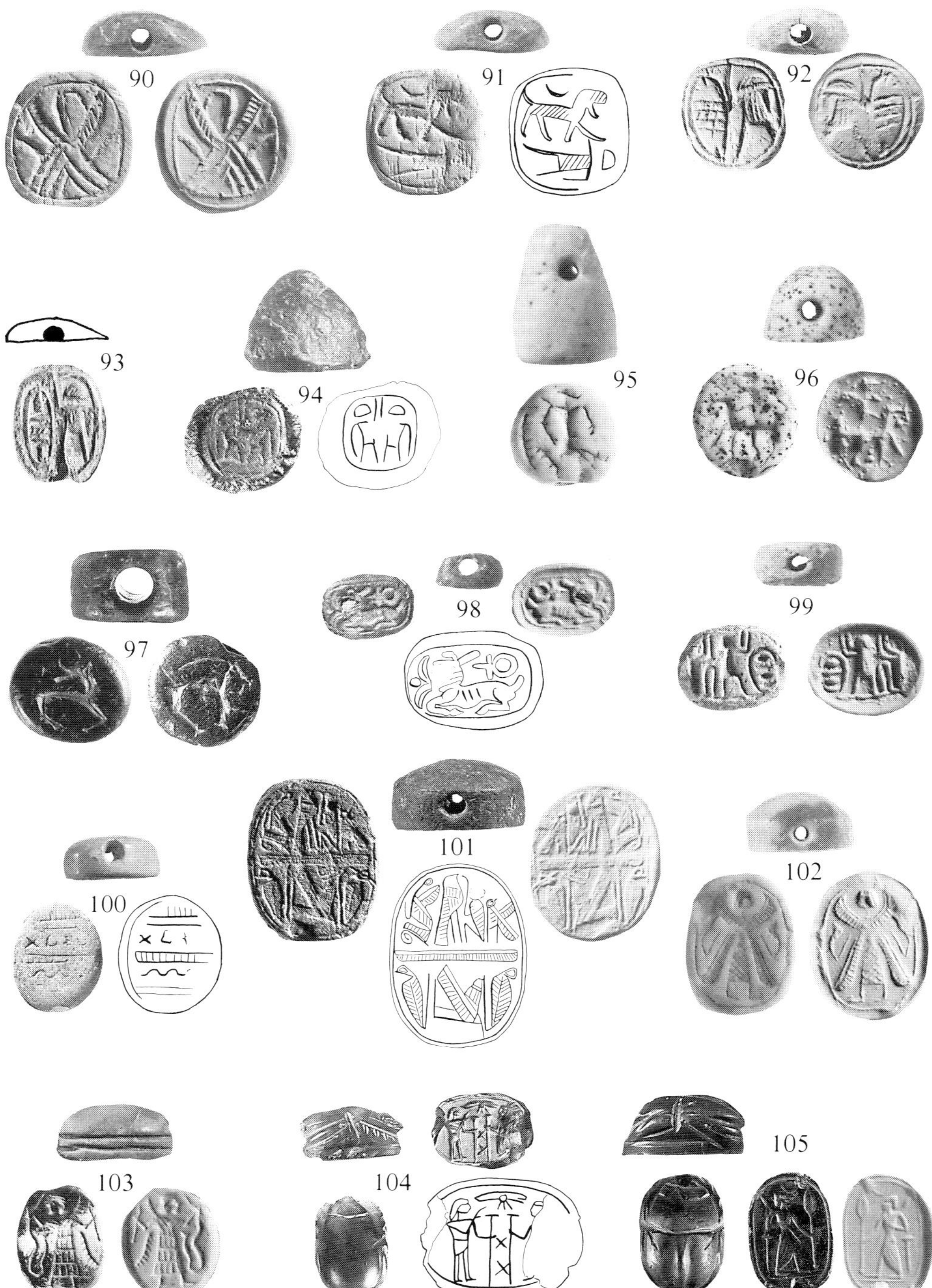

90
91
92
93
94
95
96
97
98
99
100
101
102
103
104
105

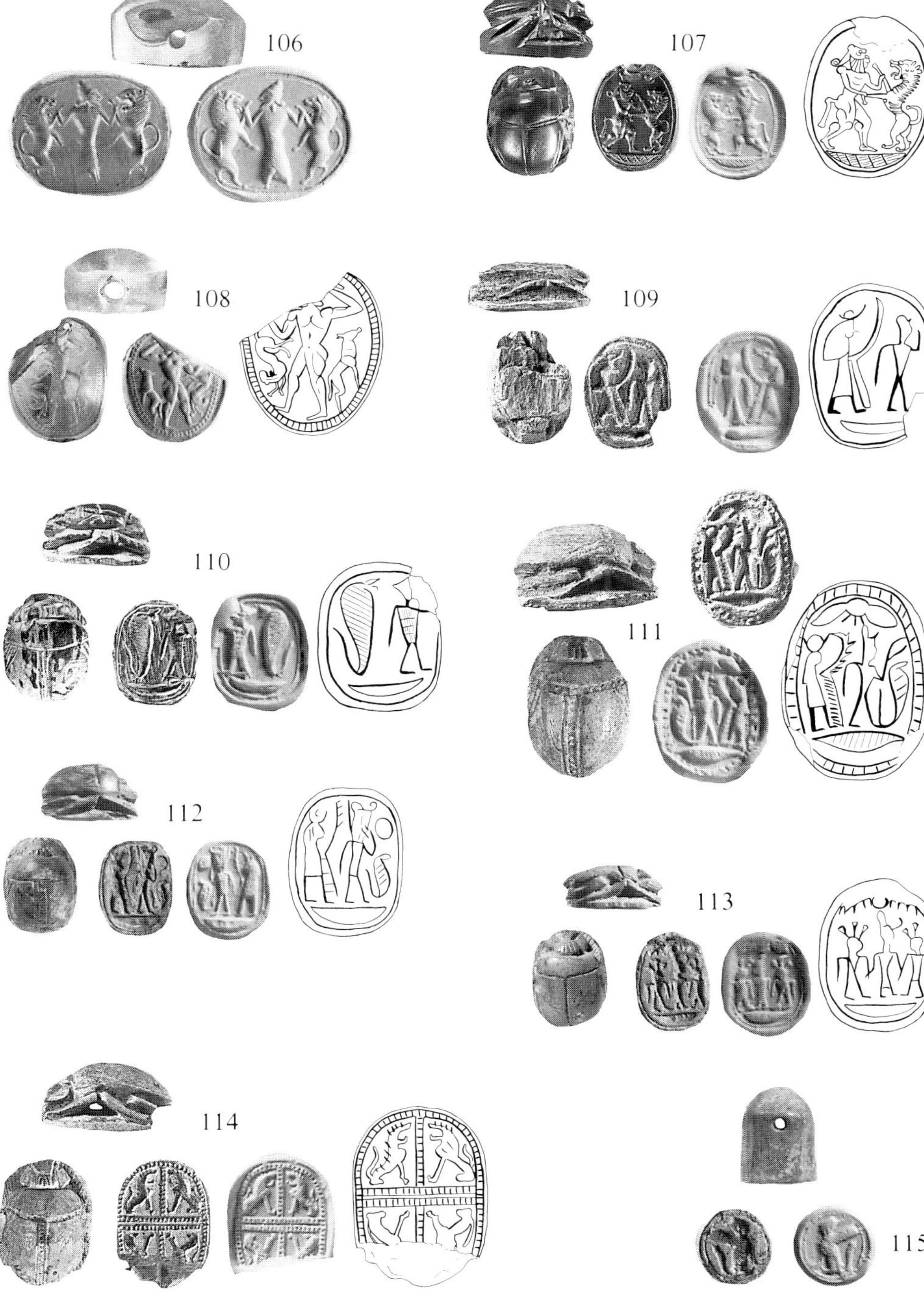
106
107
108
109
110
111
112
113
114
115

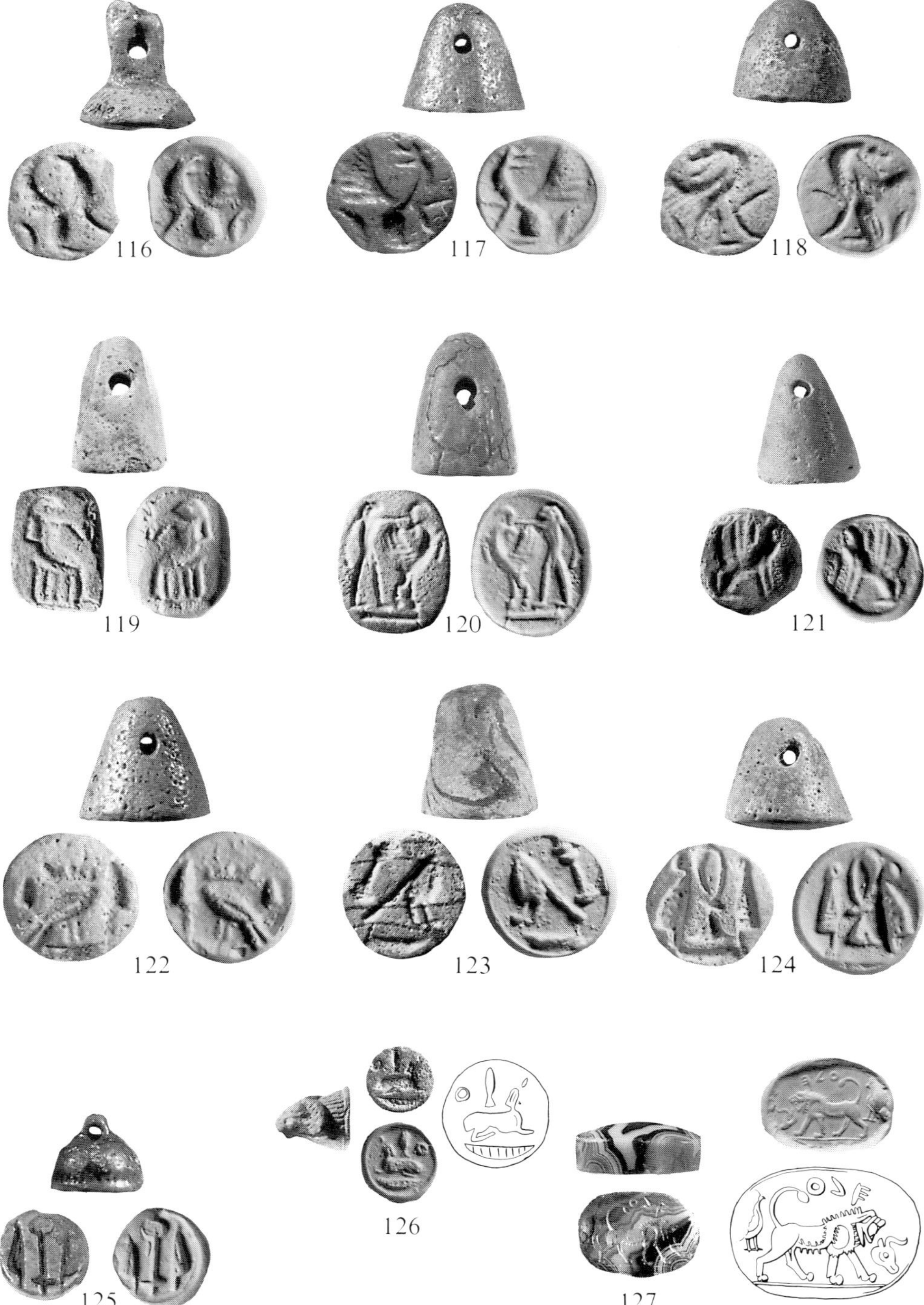
116
117
118
119
120
121
122
123
124
125
126
127

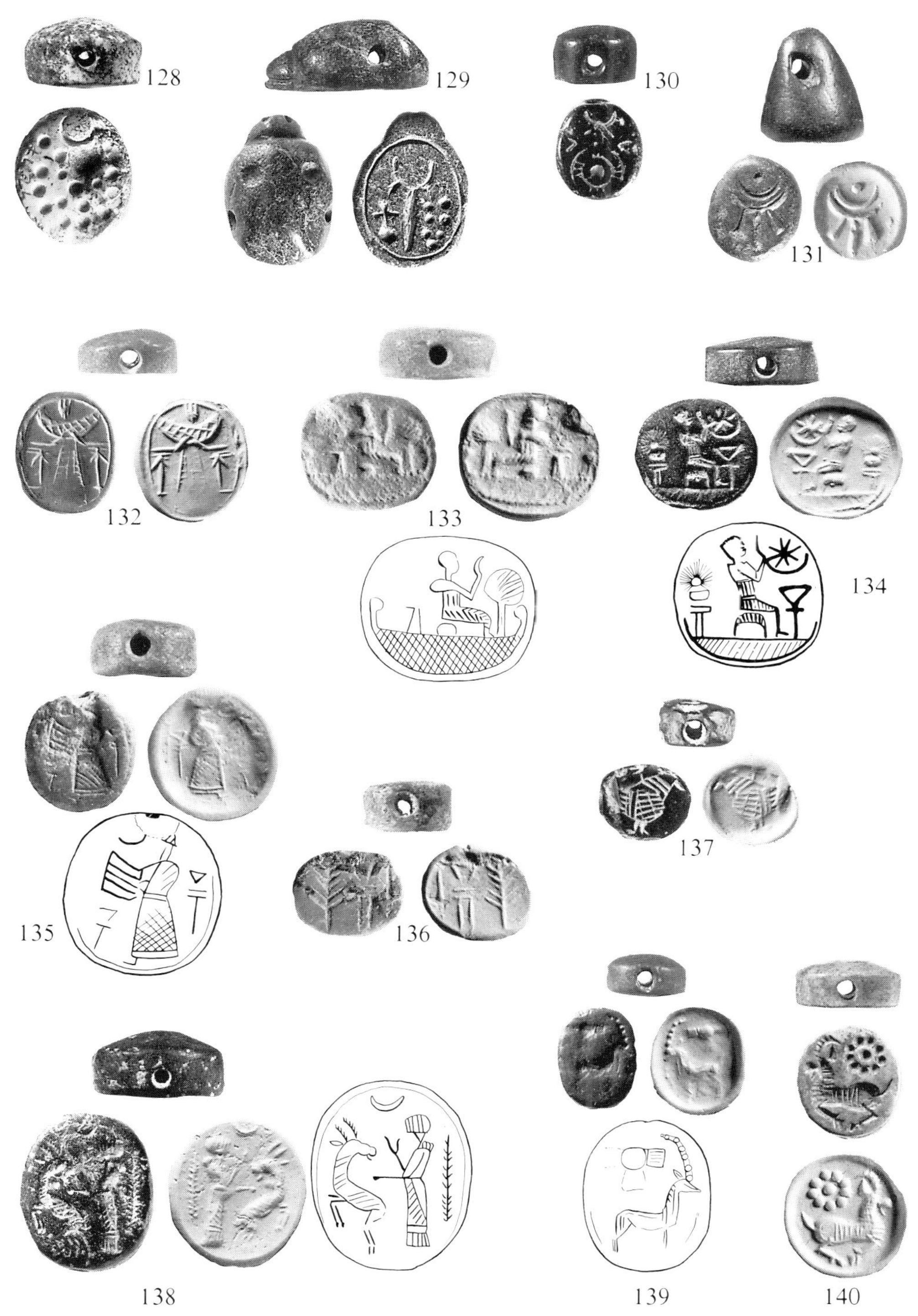
128
129
130
131
132
133
134
135
136
137
138
139
140

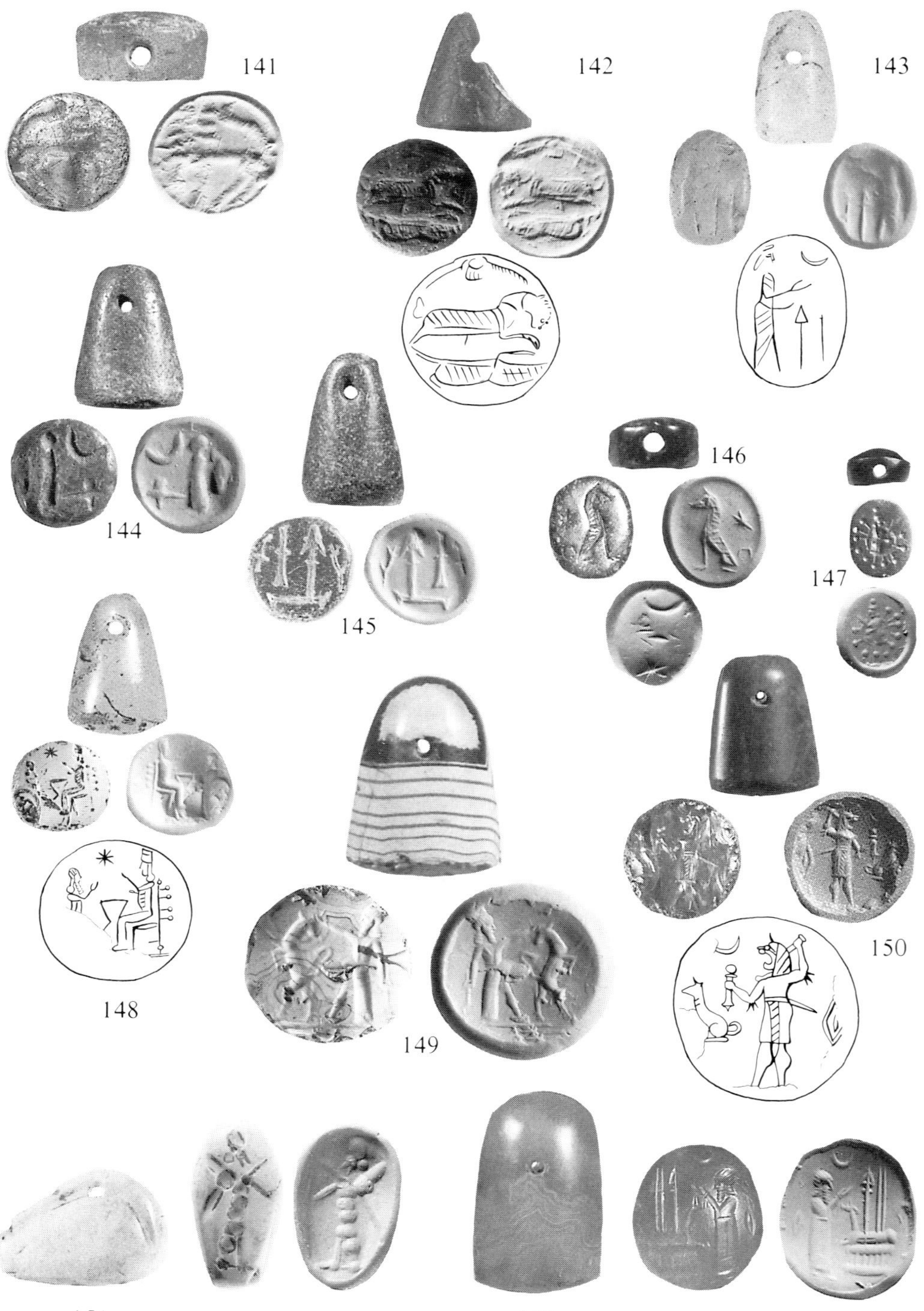
141
142
143
144
145
146
147
148
149
150
151
152

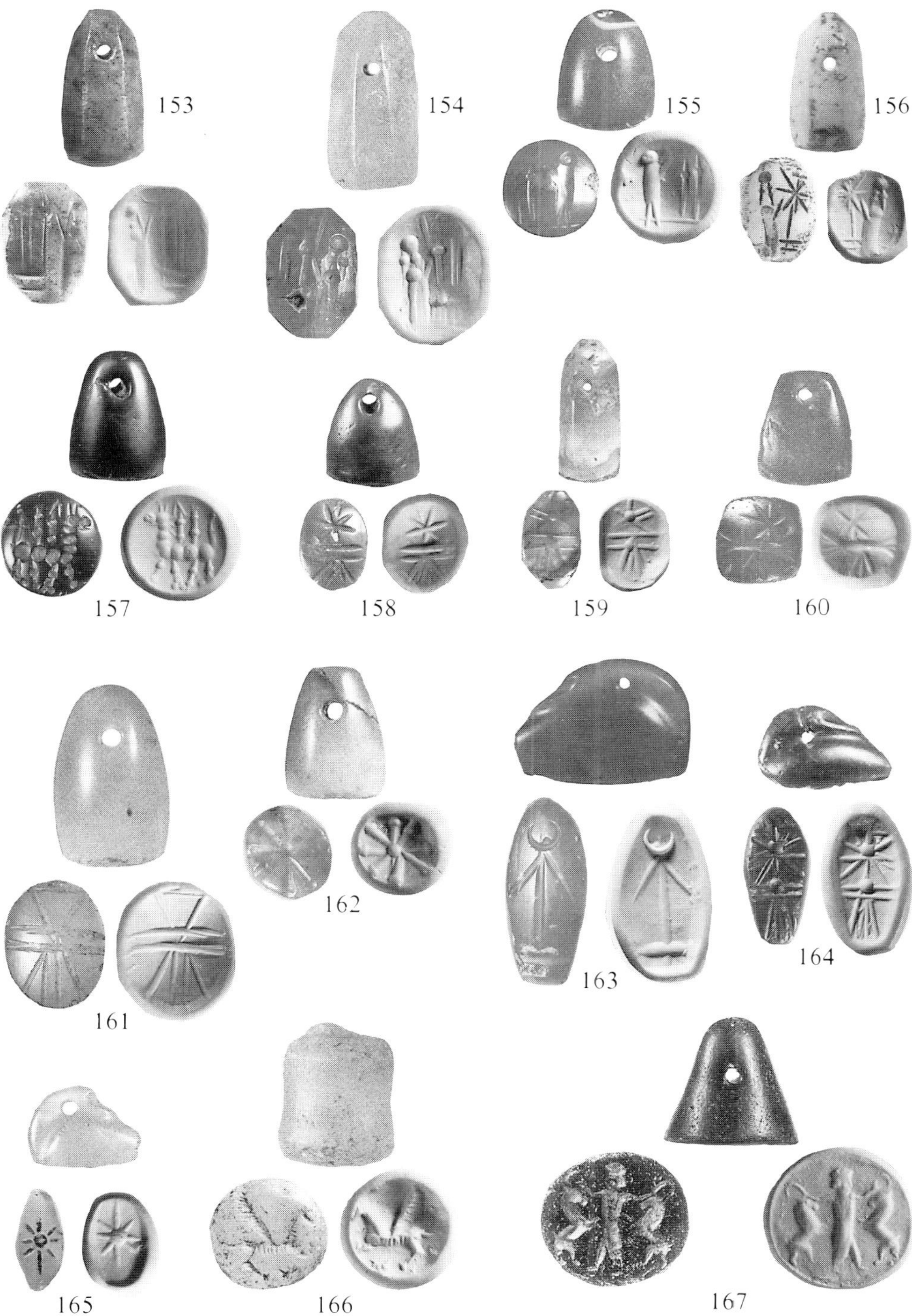
153
154
155
156
157
158
159
160
161
162
163
164
165
166
167

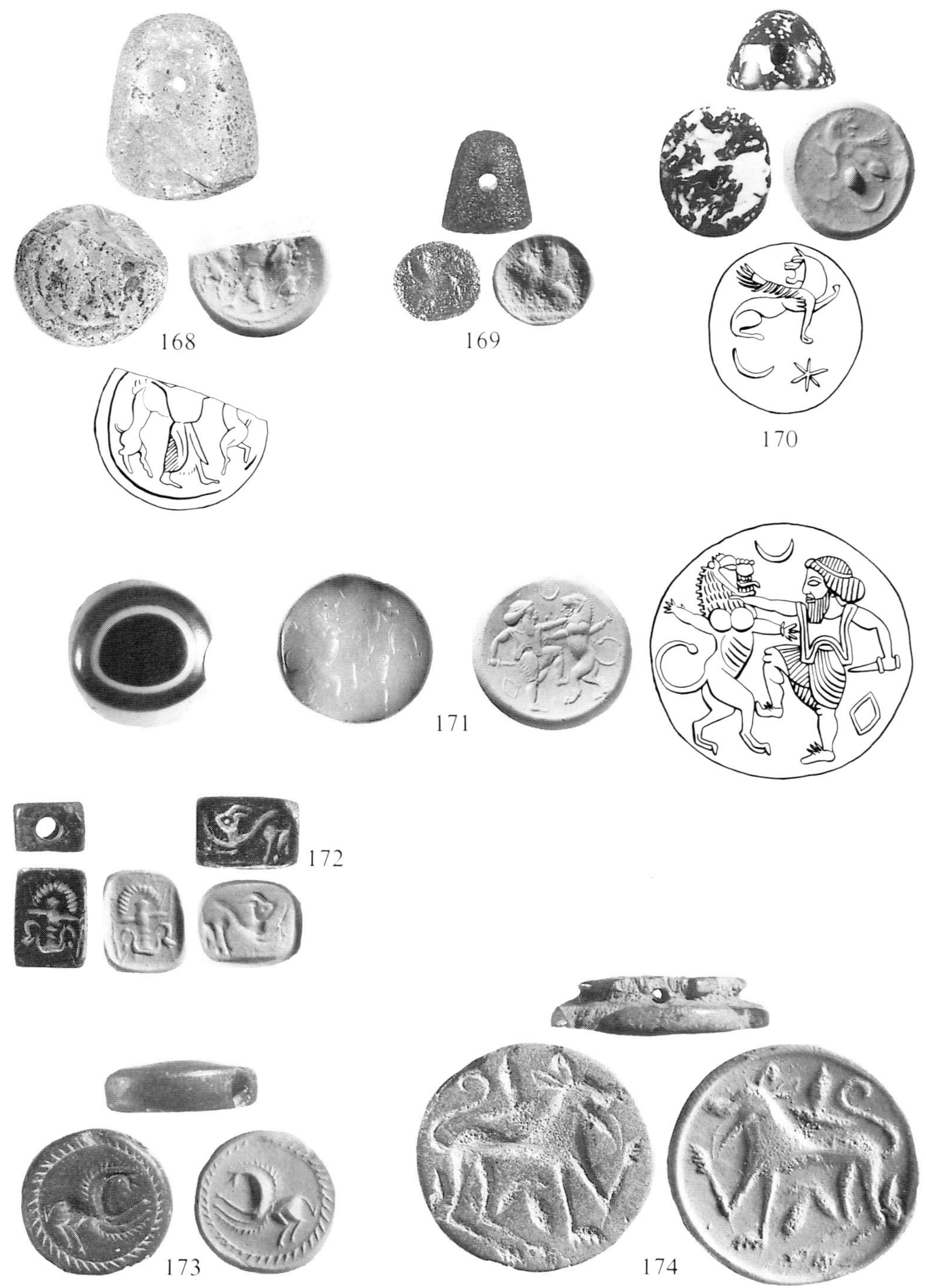
168
169
170
171
172
173
174

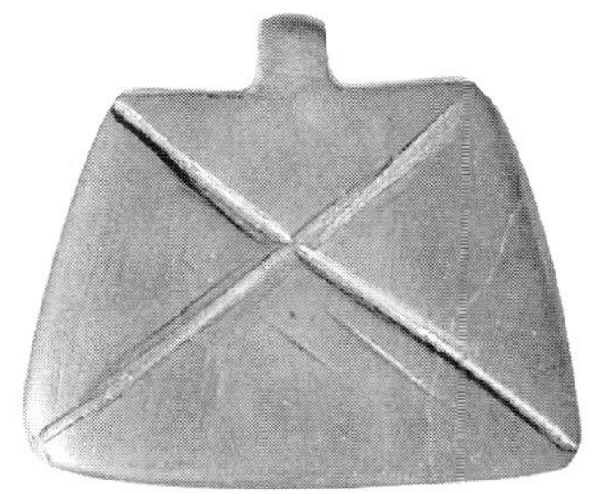

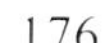

175

176

177

178

179

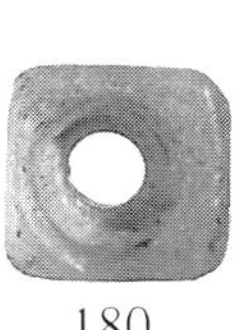
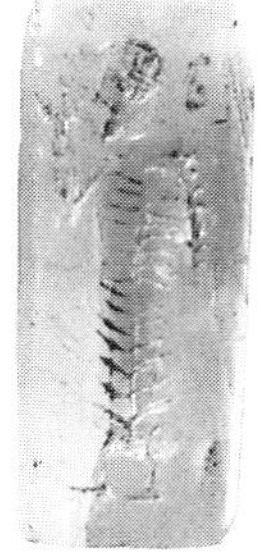

180

181
182
183
184
185
186
187

ORBIS BIBLICUS ET ORIENTALIS

Bd. 1 OTTO RICKENBACHER: *Weisheitsperikopen bei Ben Sira.* X–214–15* Seiten. 1973. Vergriffen.

Bd. 2 FRANZ SCHNIDER: *Jesus der Prophet.* 298 Seiten. 1973. Vergriffen.

Bd. 3 PAUL ZINGG: *Das Wachsen der Kirche.* Beiträge zur Frage der lukanischen Redaktion und Theologie. 345 Seiten. 1974. Vergriffen.

Bd. 4 KARL JAROŠ: *Die Stellung des Elohisten zur kanaanäischen Religion.* 294 Seiten, 12 Abbildungen. 1982. 2. verbesserte und überarbeitete Auflage.

Bd. 5 OTHMAR KEEL: *Wirkmächtige Siegeszeichen im Alten Testament.* Ikonographische Studien zu Jos 8, 18–26; Ex 17, 8–13; 2 Kön 13, 14–19 und 1 Kön 22, 11. 232 Seiten, 78 Abbildungen. 1974. Vergriffen.

Bd. 6 VITUS HUONDER: *Israel Sohn Gottes.* Zur Deutung eines alttestamentlichen Themas in der jüdischen Exegese des Mittelalters. 231 Seiten. 1975.

Bd. 7 RAINER SCHMITT: *Exodus und Passa. Ihr Zusammenhang im Alten Testament.* 124 Seiten. 1982. 2. neubearbeitete Auflage.

Bd. 8 ADRIAN SCHENKER: *Hexaplarische Psalmenbruchstücke.* Die hexaplarischen Psalmenfragmente der Handschriften Vaticanus graecus 752 und Canonicianus graecus 62. Einleitung, Ausgabe, Erläuterung. XXVIII–446 Seiten. 1975.

Bd. 9 BEAT ZUBER: *Vier Studien zu den Ursprüngen Israels.* Die Sinaifrage und Probleme der Volks- und Traditionsbildung. 152 Seiten. 1976. Vergriffen.

Bd. 10 EDUARDO ARENS: *The ΗΛΘΟΝ-Sayings in the Synoptic Tradition.* A Historico-critical Investigation. 370 Seiten. 1976.

Bd. 11 KARL JAROŠ: *Sichem.* Eine archäologische und religionsgeschichtliche Studie, mit besonderer Berücksichtigung von Jos 24. 280 Seiten, 193 Abbildungen. 1976.

Bd. 11a KARL JAROŠ/BRIGITTE DECKERT: *Studien zur Sichem-Area.* 81 Seiten, 23 Abbildungen. 1977.

Bd. 12 WALTER BÜHLMANN: *Vom rechten Reden und Schweigen.* Studien zu Proverbien 10–31. 371 Seiten. 1976. Vergriffen.

Bd. 13 IVO MEYER: *Jeremia und die falschen Propheten.* 155 Seiten. 1977. Vergriffen.

Bd. 14 OTHMAR KEEL: *Vögel als Boten.* Studien zu Ps 68, 12–14, Gen 8, 6–12, Koh 10, 20 und dem Aussenden von Botenvögeln in Ägypten. – Mit einem Beitrag von Urs Winter zu Ps 56, 1 und zur Ikonographie der Göttin mit der Taube. 164 Seiten, 44 Abbildungen. 1977. Vergriffen.

Bd. 15 MARIE-LOUISE GUBLER: *Die frühesten Deutungen des Todes Jesu.* Eine motivgeschichtliche Darstellung aufgrund der neueren exegetischen Forschung. XVI–424 Seiten. 1977. Vergriffen.

Bd. 16 JEAN ZUMSTEIN: *La condition du croyant dans l'Evangile selon Matthieu.* 467 pages. 1977. Epuisé.

Bd. 17 FRANZ SCHNIDER: *Die verlorenen Söhne.* Strukturanalytische und historisch-kritische Untersuchungen zu Lk 15. 105 Seiten. 1977.

Bd. 18 HEINRICH VALENTIN: *Aaron.* Eine Studie zur vor-priesterschriftlichen Aaron-Überlieferung. VIII–441 Seiten. 1978.

Bd. 19 MASSÉO CALOZ: *Etude sur la LXX origénienne du Psautier.* Les relations entre les leçons des Psaumes du Manuscrit Coislin 44, les Fragments des Hexaples et le texte du Psautier Gallican. 480 pages. 1978.

Bd. 20 RAPHAEL GIVEON: *The Impact of Egypt on Canaan.* Iconographical and Related Studies. 156 Seiten, 73 Abbildungen. 1978.

Bd. 21 DOMINIQUE BARTHÉLEMY: *Etudes d'histoire du texte de l'Ancien Testament.* XXV–419 pages. 1978. Epuisé.

Bd. 22/1 CESLAS SPICQ: *Notes de Lexicographie néo-testamentaire.* Tome I: p. 1–524. 1978. Epuisé.

Bd. 22/2 CESLAS SPICQ: *Notes de Lexicographie néo-testamentaire.* Tome II: p. 525–980. 1978. Epuisé.

Bd. 22/3 CESLAS SPICQ: *Notes de Lexicographie néo-testamentaire.* Supplément. 698 pages. 1982.

Bd. 23 BRIAN M. NOLAN: *The Royal Son of God.* The Christology of Matthew 1–2 in the Setting of the Gospel. 282 Seiten. 1979. Out of print.

Bd. 24 KLAUS KIESOW: *Exodustexte im Jesajabuch.* Literarkritische und motivgeschichtliche Analysen. 221 Seiten. 1979. Vergriffen.

Bd. 25/1 MICHAEL LATTKE: *Die Oden Salomos in ihrer Bedeutung für Neues Testament und Gnosis.* Band I. Ausführliche Handschriftenbeschreibung. Edition mit deutscher Parallel-Übersetzung. Hermeneutischer Anhang zur gnostischen Interpretation der Oden Salomos in der Pistis Sophia. XI–237 Seiten. 1979.

Bd. 25/1a MICHAEL LATTKE: *Die Oden Salomos in ihrer Bedeutung für Neues Testament und Gnosis.* Band Ia. Der syrische Text der Edition in Estrangela Faksimile des griechischen Papyrus Bodmer XI. 68 Seiten. 1980.

Bd. 25/2 MICHAEL LATTKE: *Die Oden Salomos in ihrer Bedeutung für Neues Testament und Gnosis.* Band II. Vollständige Wortkonkordanz zur handschriftlichen, griechischen, koptischen, lateinischen und syrischen Überlieferung der Oden Salomos. Mit einem Faksimile des Kodex N. XVI–201 Seiten. 1979.

Bd. 25/3 MICHAEL LATTKE: *Die Oden Salomos in ihrer Bedeutung für Neues Testament und Gnosis.* Band III. XXXIV–478 Seiten. 1986.

Bd. 26 MAX KÜCHLER: *Frühjüdische Weisheitstraditionen.* Zum Fortgang weisheitlichen Denkens im Bereich des frühjüdischen Jahweglaubens. 703 Seiten. 1979. Vergriffen.

Bd. 27 JOSEF M. OESCH: *Petucha und Setuma.* Untersuchungen zu einer überlieferten Gliederung im hebräischen Text des Alten Testaments. XX–392–37* Seiten. 1979.

Bd. 28 ERIK HORNUNG / OTHMAR KEEL (Herausgeber): *Studien zu altägyptischen Lebenslehren.* 394 Seiten. 1979.

Bd. 29 HERMANN ALEXANDER SCHLÖGL: *Der Gott Tatenen.* Nach Texten und Bildern des Neuen Reiches. 216 Seiten, 14 Abbildungen. 1980.

Bd. 30 JOHANN JAKOB STAMM: *Beiträge zur Hebräischen und Altorientalischen Namenkunde.* XVI–264 Seiten. 1980.

Bd. 31 HELMUT UTZSCHNEIDER: *Hosea - Prophet vor dem Ende.* Zum Verhältnis von Geschichte und Institution in der alttestamentlichen Prophetie. 260 Seiten. 1980.

Bd. 32 PETER WEIMAR: *Die Berufung des Mose.* Literaturwissenschaftliche Analyse von Exodus 2, 23–5, 5. 402 Seiten. 1980.

Bd. 33 OTHMAR KEEL: *Das Böcklein in der Milch seiner Mutter und Verwandtes.* Im Lichte eines altorientalischen Bildmotivs. 163 Seiten, 141 Abbildungen. 1980.

Bd. 34 PIERRE AUFFRET: *Hymnes d'Egypte et d'Israël.* Etudes de structures littéraires. 316 pages, 1 illustration. 1981.

Bd. 35 ARIE VAN DER KOOIJ: *Die alten Textzeugen des Jesajabuches.* Ein Beitrag zur Textgeschichte des Alten Testaments. 388 Seiten. 1981.

Bd. 36 CARMEL McCARTHY: *The Tiqqune Sopherim and Other Theological Corrections in the Masoretic Text of the Old Testament.* 280 Seiten. 1981.

Bd. 37 BARBARA L. BEGELSBACHER-FISCHER: *Untersuchungen zur Götterwelt des Alten Reiches im Spiegel der Privatgräber der IV. und V. Dynastie.* 336 Seiten. 1981.

Bd. 38 MÉLANGES DOMINIQUE BARTHÉLEMY. *Etudes bibliques offertes à l'occasion de son 60e anniversaire.* Edités par Pierre Casetti, Othmar Keel et Adrian Schenker. 724 pages, 31 illustrations. 1981.

Bd. 39 ANDRÉ LEMAIRE: *Les écoles et la formation de la Bible dans l'ancien Israël.* 142 pages, 14 illustrations. 1981.

Bd. 40 JOSEPH HENNINGER: *Arabica Sacra.* Aufsätze zur Religionsgeschichte Arabiens und seiner Randgebiete. Contributions à l'histoire religieuse de l'Arabie et de ses régions limitrophes. 347 Seiten. 1981.

Bd. 41 DANIEL VON ALLMEN: *La famille de Dieu.* La symbolique familiale dans le paulinisme. LXVII–330 pages, 27 planches. 1981.

Bd. 42 ADRIAN SCHENKER: *Der Mächtige im Schmelzofen des Mitleids.* Eine Interpretation von 2 Sam 24. 92 Seiten. 1982.

Bd. 43 PAUL DESELAERS: *Das Buch Tobit.* Studien zu seiner Entstehung, Komposition und Theologie. 532 Seiten + Übersetzung 16 Seiten. 1982.

Bd. 44 PIERRE CASETTI: *Gibt es ein Leben vor dem Tod?* Eine Auslegung von Psalm 49. 315 Seiten. 1982.

Bd. 45 FRANK-LOTHAR HOSSFELD: *Der Dekalog.* Seine späten Fassungen, die originale Komposition und seine Vorstufen. 308 Seiten. 1982. Vergriffen.

Bd. 46 ERIK HORNUNG: *Der ägyptische Mythos von der Himmelskuh.* Eine Ätiologie des Unvollkommenen. Unter Mitarbeit von Andreas Brodbeck, Hermann Schlögl und Elisabeth Staehelin und mit einem Beitrag von Gerhard Fecht. XII–129 Seiten, 10 Abbildungen. 1991. 2. ergänzte Auflage.

Bd. 47 PIERRE CHERIX: *Le Concept de Notre Grande Puissance (CG VI, 4).* Texte, remarques philologiques, traduction et notes. XIV–95 pages. 1982.

Bd. 48 JAN ASSMANN/WALTER BURKERT/FRITZ STOLZ: *Funktionen und Leistungen des Mythos.* Drei altorientalische Beispiele. 118 Seiten, 17 Abbildungen. 1982. Vergriffen.

Bd. 49 PIERRE AUFFRET: *La sagesse a bâti sa maison.* Etudes de structures littéraires dans l'Ancien Testament et spécialement dans les psaumes. 580 pages. 1982.

Bd. 50/1 DOMINIQUE BARTHÉLEMY: *Critique textuelle de l'Ancien Testament.* 1. Josué, Juges, Ruth, Samuel, Rois, Chroniques, Esdras, Néhémie, Esther. Rapport final du Comité pour l'analyse textuelle de l'Ancien Testament hébreu institué par l'Alliance Biblique Universelle, établi en coopération avec Alexander R. Hulst †, Norbert Lohfink, William D. McHardy, H. Peter Rüger, coéditeur, James A. Sanders, coéditeur. 812 pages. 1982.

Bd. 50/2 DOMINIQUE BARTHÉLEMY: *Critique textuelle de l'Ancien Testament.* 2. Isaïe, Jérémie, Lamentations. Rapport final du Comité pour l'analyse textuelle de l'Ancien Testament hébreu institué par l'Alliance Biblique Universelle, établi en coopération avec Alexander R. Hulst †, Norbert Lohfink, William D. McHardy, H. Peter Rüger, coéditeur, James A. Sanders, coéditeur. 1112 pages. 1986.

Bd. 51 JAN ASSMANN: *Re und Amun.* Die Krise des polytheistischen Weltbilds im Ägypten der 18.–20. Dynastie. XII–309 Seiten. 1983.

Bd. 52 MIRIAM LICHTHEIM: *Late Egyptian Wisdom Literature in the International Context.* A Study of Demotic Instructions. X–240 Seiten. 1983.

Bd. 53 URS WINTER: *Frau und Göttin.* Exegetische und ikonographische Studien zum weiblichen Gottesbild im Alten Israel und in dessen Umwelt. XVIII–928 Seiten, 520 Abbildungen. 1987. 2. Auflage. Mit einem Nachwort zur 2. Auflage.

Bd. 54 PAUL MAIBERGER: *Topographische und historische Untersuchungen zum Sinaiproblem.* Worauf beruht die Identifizierung des Ǧabal Mūsā mit dem Sinai? 189 Seiten, 13 Tafeln. 1984.

Bd. 55 PETER FREI/KLAUS KOCH: *Reichsidee und Reichsorganisation im Perserreich.* 119 Seiten, 17 Abbildungen. 1984. Vergriffen. Neuauflage in Vorbereitung

Bd. 56 HANS-PETER MÜLLER: *Vergleich und Metapher im Hohenlied.* 59 Seiten. 1984.

Bd. 57 STEPHEN PISANO: *Additions or Omissions in the Books of Samuel.* The Significant Pluses and Minuses in the Massoretic, LXX and Qumran Texts. XIV–295 Seiten. 1984.

Bd. 58 ODO CAMPONOVO: *Königtum, Königsherrschaft und Reich Gottes in den Frühjüdischen Schriften.* XVI–492 Seiten. 1984.

Bd. 59 JAMES KARL HOFFMEIER: *Sacred in the Vocabulary of Ancient Egypt.* The Term *D̲SR,* with Special Reference to Dynasties I–XX. XXIV–281 Seiten, 24 Figures. 1985.

Bd. 60 CHRISTIAN HERRMANN: *Formen für ägyptische Fayencen.* Katalog der Sammlung des Biblischen Instituts der Universität Freiburg Schweiz und einer Privatsammlung. XXVIII-199 Seiten. 1985.

Bd. 61 HELMUT ENGEL: *Die Susanna-Erzählung.* Einleitung, Übersetzung und Kommentar zum Septuaginta-Text und zur Theodition-Bearbeitung. 205 Seiten + Anhang 11 Seiten. 1985.

Bd. 62 ERNST KUTSCH: *Die chronologischen Daten des Ezechielbuches.* 82 Seiten. 1985.

Bd. 63 MANFRED HUTTER: *Altorientalische Vorstellungen von der Unterwelt.* Literar- und religionsgeschichtliche Überlegungen zu «Nergal und Ereškigal». VIII–187 Seiten. 1985.

Bd. 64 HELGA WEIPPERT/KLAUS SEYBOLD/MANFRED WEIPPERT: *Beiträge zur prophetischen Bildsprache in Israel und Assyrien.* IX–93 Seiten. 1985.

Bd. 65 ABDEL-AZIZ FAHMY SADEK: *Contribution à l'étude de l'Amdouat.* Les variantes tardives du Livre de l'Amdouat dans les papyrus du Musée du Caire. XVI–400 pages, 175 illustrations. 1985.

Bd. 66 HANS-PETER STÄHLI: *Solare Elemente im Jahweglauben des Alten Testamentes.* X–60 Seiten. 1985.

Bd. 67 OTHMAR KEEL / SILVIA SCHROER: *Studien zu den Stempelsiegeln aus Palästina/Israel.* Band I. 115 Seiten, 103 Abbildungen. 1985.

Bd. 68 WALTER BEYERLIN: *Weisheitliche Vergewisserung mit Bezug auf den Zionskult.* Studien zum 125. Psalm. 96 Seiten. 1985.

Bd. 69 RAPHAEL VENTURA: *Living in a City of the Dead.* A Selection of Topographical and Administrative Terms in the Documents of the Theban Necropolis. XII–232 Seiten. 1986.

Bd. 70 CLEMENS LOCHER: *Die Ehre einer Frau in Israel.* Exegetische und rechtsvergleichende Studien zu Dtn 22, 13–21. XVIII–464 Seiten. 1986.

Bd. 71 HANS-PETER MATHYS: *Liebe deinen Nächsten wie dich selbst.* Untersuchungen zum alttestamentlichen Gebot der Nächstenliebe (Lev 19,18). XIV–196 Seiten. 1986. Vergriffen. Neuauflage in Vorbereitung.

Bd. 72 FRIEDRICH ABITZ: *Ramses III. in den Gräbern seiner Söhne.* 156 Seiten, 31 Abbildungen. 1986.

Bd. 73 DOMINIQUE BARTHÉLEMY/DAVID W. GOODING/JOHAN LUST/EMANUEL TOV: *The Story of David and Goliath.* 160 Seiten. 1986.

Bd. 74 SILVIA SCHROER: *In Israel gab es Bilder.* Nachrichten von darstellender Kunst im Alten Testament. XVI–553 Seiten, 146 Abbildungen. 1987.

Bd. 75 ALAN R. SCHULMAN: *Ceremonial Execution and Public Rewards.* Some Historical Scenes on New Kingdom Private Stelae. 296 Seiten, 41 Abbildungen. 1987.

Bd. 76 JOŽE KRAŠOVEC: *La justice (Ṣdq) de Dieu dans la Bible hébraïque et l'interprétation juive et chrétienne.* 456 pages. 1988.

Bd. 77 HELMUT UTZSCHNEIDER: *Das Heiligtum und das Gesetz.* Studien zur Bedeutung der sinaitischen Heiligtumstexte (Ez 25–40; Lev 8–9). XIV–326 Seiten. 1988.

Bd. 78 BERNARD GOSSE: *Isaie 13,1-14,23.* Dans la tradition littéraire du livre d'Isaïe et dans la tradition des oracles contre les nations. 308 pages. 1988.

Bd. 79 INKE W. SCHUMACHER: *Der Gott Sopdu - Der Herr der Fremdländer.* XVI–364 Seiten, 6 Abbildungen. 1988.

Bd. 80 HELLMUT BRUNNER: *Das hörende Herz.* Kleine Schriften zur Religions- und Geistesgeschichte Ägyptens. Herausgegeben von Wolfgang Röllig. 449 Seiten, 55 Abbildungen. 1988.

Bd. 81 WALTER BEYERLIN: *Bleilot, Brecheisen oder was sonst?* Revision einer Amos-Vision. 68 Seiten. 1988.

Bd. 82 MANFRED HUTTER: *Behexung, Entsühnung und Heilung.* Das Ritual der Tunnawiya für ein Königspaar aus mittelhethitischer Zeit (KBo XXI 1 – KUB IX 34 – KBo XXI 6). 186 Seiten. 1988.

Bd. 83 RAPHAEL GIVEON: *Scarabs from Recent Excavations in Israel.* 114 Seiten, 9 Tafeln. 1988.

Bd. 84 MIRIAM LICHTHEIM: *Ancient Egyptian Autobiographies chiefly of the Middle Kingdom.* A Study and an Anthology. 200 Seiten, 10 Seiten Abbildungen. 1988.

Bd. 85 ECKART OTTO: *Rechtsgeschichte der Redaktionen im Kodex Ešnunna und im «Bundesbuch».* Eine redaktionsgeschichtliche und rechtsvergleichende Studie zu altbabylonischen und altisraelitischen Rechtsüberlieferungen. 220 Seiten. 1989.

Bd. 86 ANDRZEJ NIWIŃSKI: *Studies on the Illustrated Theban Funerary Papyri of the 11th and 10th Centuries B.C.* 488 Seiten, 80 Seiten Tafeln. 1989.

Bd. 87 URSULA SEIDL: *Die babylonischen Kudurru-Reliefs.* Symbole mesopotamischer Gottheiten. 236 Seiten, 33 Tafeln und 2 Tabellen. 1989.

Bd. 88 OTHMAR KEEL/HILDI KEEL-LEU/SILVIA SCHROER: *Studien zu den Stempelsiegeln aus Palästina/Israel.* Band II. 364 Seiten, 652 Abbildungen. 1989.

Bd. 89 FRIEDRICH ABITZ: *Baugeschichte und Dekoration des Grabes Ramses' VI.* 202 Seiten, 39 Abbildungen. 1989.

Bd. 90 JOSEPH HENNINGER SVD: *Arabica varia.* Aufsätze zur Kulturgeschichte Arabiens und seiner Randgebiete. Contributions à l'histoire culturelle de l'Arabie et de ses régions limitrophes. 504 Seiten. 1989.

Bd. 91 GEORG FISCHER: *Jahwe unser Gott.* Sprache, Aufbau und Erzähltechnik in der Berufung des Mose (Ex. 3–4). 276 Seiten. 1989.

Bd. 92 MARK A. O'BRIEN: *The Deuteronomistic History Hypothesis:* A Reassessment. 340 Seiten. 1989.

Bd. 93 WALTER BEYERLIN: *Reflexe der Amosvisionen im Jeremiabuch.* 120 Seiten. 1989.

Bd. 94 ENZO CORTESE: *Josua 13-21.* Ein priesterschriftlicher Abschnitt im deuteronomistischen Geschichtswerk. 136 Seiten. 1990.

Bd. 95 ERIK HORNUNG (Herausgeber): *Zum Bild Ägyptens im Mittelalter und in der Renaissance. Comment se représente-t-on l'Egypte au Moyen Age et à la Renaissance.* 268 Seiten. 1990.

Bd. 96 ANDRÉ WIESE: *Zum Bild des Königs auf ägyptischen Siegelamuletten.* 264 Seiten. 1990.

Bd. 97 WOLFGANG ZWICKEL: *Räucherkult und Räuchergeräte.* Exegetische und archäologische Studien zum Räucheropfer im Alten Testament. 372 Seiten. 1990.

Bd. 98 AARON SCHART: *Mose und Israel im Konflikt.* Eine redaktionsgeschichtliche Studie zu den Wüstenerzählungen. 296 Seiten. 1990.

Bd. 99 THOMAS RÖMER: *Israels Väter.* Untersuchungen zur Väterthematik im Deuteronomium und in der deuteronomistischen Tradition. 664 Seiten. 1990.

Bd. 100 OTHMAR KEEL/MENAKHEM SHUVAL/CHRISTOPH UEHLINGER: *Studien zu den Stempelsiegeln aus Palästina/Israel.* Band III. Die Frühe Eisenzeit. Ein Workshop. XIV–456 Seiten. XXII Tafeln. 1990.

Bd. 101 CHRISTOPH UEHLINGER: *Weltreich und «eine Rede».* Eine neue Deutung der sogenannten Turmbauerzählung (Gen 11,1–9). XVI–654 Seiten. 1990.

Bd. 102 BENJAMIN SASS: *Studia Alphabetica.* On the Origin and Early History of the Northwest Semitic, South Semitic and Greek Alphabets. X–120 Seiten. 16 Seiten Abbildungen. 2 Tabellen. 1991.

Bd. 103 ADRIAN SCHENKER: *Text und Sinn im Alten Testament.* Textgeschichtliche und bibeltheologische Studien. VIII–312 Seiten. 1991.

Bd. 104 DANIEL BODI: *The Book of Ezekiel and the Poem of Erra.* IV–332 Seiten. 1991.

Bd. 105 YUICHI OSUMI: *Die Kompositionsgeschichte des Bundesbuches Exodus 20,22b-23,33.* XII–284 Seiten. 1991.

Bd. 106 RUDOLF WERNER: *Kleine Einführung ins Hieroglyphen-Luwische.* XII–112 Seiten. 1991.

Bd. 107 THOMAS STAUBLI: *Das Image der Nomaden im Alten Israel und in der Ikonographie seiner sesshaften Nachbarn.* XII–408 Seiten. 1991.

Bd. 108 MOSHÉ ANBAR: *Les tribus amurrites de Mari.* VIII–256 Seiten. 1991.

Bd. 109 GÉRARD J. NORTON/STEPHEN PISANO: *Tradition of the Text.* Studies offered to Dominique Barthélemy in Celebration of his 70th Birthday. 336 Seiten. 1991.

Bd. 110 HILDI KEEL-LEU: *Vorderasiatische Stempelsiegel.* Die Sammlung des Biblischen Instituts der Universität Freiburg Schweiz. 180 Seiten. 24 Tafeln. 1991.

UNIVERSITÄTSVERLAG FREIBURG SCHWEIZ

Zum vorliegenden Buch:

Die in diesem Band veröffentlichte Sammlung vorderasiatischer Stempelsiegel ist zwar nicht besonders gross (187 Stück), aber sie umfasst zahlreiche Gruppen und Typen aus den beiden Blütezeiten des Stempelsiegels in Vorderasien, dem fünften/vierten und dem ersten Jahrtausend. Zu jeder der 26 Gruppen hat die Autorin eine sorgfältig recherchierte Einleitung geschrieben, die besonders deren Datierung und kulturelle Zugehörigkeit untersucht. So bietet das Buch eine fundierte Einführung in die prähistorische und eisenzeitliche Stempelsiegelglyptik Vorderasiens. Einen charakteristischen Schwerpunkt bilden die relativ zahlreichen palästinischen Siegel.